「困った人」との接し方・付き合い方

リック・ブリンクマン
Dr. Rick Brinkman
リック・カーシュナー
Dr. Rick Kirschner
菊池由美 訳

DEALING with PEOPLE YOU CAN'T STAND

How to Bring Out the Best in People at Their Worst

世界平和と、誰もが気持ちよく暮らせる世界のために
本書を捧げます。
あなたを困らせる人とうまくつきあえるようになれば、
それらが実現するでしょう。

DEALING with PEOPLE YOU CAN'T STAND:
How to Bring Out the Best in People at Their Worst
3rd Edition

by Dr. Rick Brinkman and Dr. Rick Kirschner

Japanese translation rights arranged with
McGraw-Hill Global Education Holdings, LLC,
through Japan UNI Agency, Inc., Tokyo

はじめに

「困った人」とは、どんな人のことでしょうか。やってほしいことをやらない人、あるいは、やってほしくないことをやる人。そんな人には、いったいどう対応したらいいのかわかりませんよね。でも、もうそんな人たちの犠牲にならなくていいのです！

「困った人」を変えることはできませんが、コミュニケーションのとり方によって、態度を変えてもらうことはできるはず。相手があなたを困らせるふるまいに出たとき、どう対応したらいいいかを心得ておけばいいのです。

本書は、効果的なコミュニケーションとはどういう要素でできているのかをつきとめ、それらをうまく組み合わせるお手伝いをします。

問題のある人々とコミュニケーションをとるのは、電話をかけるのと似ています。相手とつながるためには、正しい順番で番号を押さなければなりません。たったひとつの数字が抜けただけで、電話はつながらなくなります。あとでその番号を追加しても、目指す相手にはつながりません。でも、きちんと番号を確かめて、正しくダイヤルすることはできるはずです。

それと同じように、「困った人」たちに対処することもできるのです！

残念ながら、あなたが何をしようと電話に出ない人はいます。そんな人に対処することは、コミュニケーションの訓練のひとつと考えましょう。「困った人」は、あなたのコミュニケーション力を鍛え、スタミナをつける手助けをしてくれるのです。その力はのちに、別の場所とタイミングで、もっと価値ある関係を保つために必要となるかもしれません。

人間関係の問題を解決するには、次の5つに注目してください。

❶最初に、「困った人」にはさまざまなタイプがありますが、そうなってしまう原因について検証しましょう。誰かがどなりはじめ、ほかの誰かは口を閉ざして何も語らず、また別の人は誰かを攻撃します。その違いはどこから来るのでしょう？　それは阻害された行動目的の違いを示しています。違いを理解すれば、困った行動を自分に向けられた個人的なものとは見なさなくなるでしょう。

❷次に、対立を協調に変え、感情を理性に変え、隠れた意図を正直な会話に変えるためのコミュニケーション・スキルについて検討します。幸い、あなたはいい関係にある人とのつきあいのなかで、すでにそういうスキルを使っているはずです。しかし、「困った人」を相手にするときには、このスキルをうまく使えない。それが大きな問題なのです。コミュニケーションの過程を明確にし、最も必要となる最悪の相手に対してこのスキルを使えるようにしましょう。

❸それから、あなたを困らせる10タイプ（＋3）の最悪な人たちの行動に対する、具体的な戦略に焦点を当てます。彼らの泣き言や攻撃、爆発、さらに約束を破ることなどを阻止する方法を学びましょう。

❹電話や電子メールを使った人間関係がますます増えてきました。そういったツールを最大限利用しつつ、争いを避けて、協調関係を築いていきましょう。

❺本書の最後では、自分が「困った人」になったときの対処法にも触れています。そのころには、おそらく自分がどのタイプに当てはまるかわかっているでしょう。自分の困った行動をつきとめ、変える手助けをします。あなた自身の困った行動が少なくなれば、対処しなければならない「困った人」の数も減るのです。

まずは、1章から9章までを通して読むことをお勧めします。それから、あなたが対処しなければならない「困った人」のタイプの章を読みましょう。

その前に、私たち著者と、本書を出版することになった経緯を紹介させてください。

私たちはふたりともリックという名前で、親友です。ビジネス・パートナーでもあり、どちらも自然療法医*です（この職業は１００年以上前にアメリカで誕生しましたが、その名前を聞いたことのない読者もいらっしゃるかもしれません）。

私たちは医学生時代に友人となりましたが、友情が花開いたのは、地域病院で内科医兼外科医として働いていたひとりの医師から一緒に教えを受けるようになってからです。その医師の指導と励ましによって、私たちは健康というものを、それまでとは別の観点から研究しました。精神的、感情的な健康の原則とは何かをはっきりさせ、それらの原則を用いて身体的な病気を予防し、治癒する方法を見つけようとしました。

そして、私たち人間は、自分の価値を明確にし、目的を果たすために行動し、効果的なコミュニケーションと緊張緩和のスキルを身につけられれば、精神面も変わり、気分がよくなるのだと何度も気づかされました。精神的、感情的な健康が改善されていくうちに、具体的な身体的症状も消えるのです。

英語の「physician（内科医）」とは、もともとは教師という意味です。私たちは自分たちの考えをセミナーやワークショップで広めはじめました。

１９８２年、私たちは、精神の健康に関わるある組織から、困った人の扱い方についてのプログラムをつくってほしいと頼まれました。それから正式な研究プロジェクトが始まり、本書で見事に結実しました。その過程で、私たちは自分たちの研究に対する見方も変わっていきました。今では、私たちの仕事はすべて、生涯教育のひとつと見なしています。

20年以上にわたって、私たちは人々の希望や恐れについて研究してきました。また、人間がどのように自分の生活を築きあげ、そしてそれを壊すのか、どのようにコミュニケーションをとるのか、「困った人」になる原因は何か、最悪な人を相手にするときの最良の方法は何かといったことも研究しました。

本書は、そうした研究結果を読者に伝えるためのものです。私たちはその考えをセミナーや音声、印刷物という形で大勢の人々に伝え、熱狂的な反応を得ました。本書で示す考え方が、読者のみなさんの人生を価値あるものとし、永続的に変えてくれることを願い、そして確信しています。

リック・ブリンクマン博士
リック・カーシュナー博士

＊自然療法医（ＮＤ）は、従来の医科大学予科教育に従い、４年生の医科大学で全人的一次診療医としての訓練を受ける。従来の医学博士（ＭＤ）と同じく、科学、診断技術、臨床技術を学ぶが、その教育では、薬剤治療や問題のある身体部分の外科的切除による症状管理よりも、健康回復と疾病予防に重点が置かれる。学生は、臨床栄養学を４年間学ばなければならない（従来の医学博士の場合は数週間）。そして患者がライフスタイルを変えられるよう指導するためのカウンセリング技術を学び、生来の治癒力を強化し活用する自然療法を学んで、疾病の治療にあたる。さらに詳しい情報は、アメリカ自然療法医連盟（ＡＡＮＰ）のウェブサイト（http://www.naturopathic.org/）を参照のこと。

目次

パート3 10タイプ（＋3）別・傾向と対策

パート 1

あなたを困らせるのは、どんな人？

10タイプ（＋３）の最悪な「困った人」を解き明かし、
「理解のレンズ」を紹介。
「良かれと思ったことが裏目に出る」ということがわかるはず。

1 あなたを困らせる最悪な10タイプ(+3)

コミュニケーションに関する知識の量は人それぞれ違いますが、その違いによって対人関係の円滑さが決まります。

うまくすれば、感情の激しい人や、反対に無感情な人など、誰もが苦手とするような相手とも難なくつきあえるかもしれません。泣き言を並べる人や悲観的な人が苦手な場合も、攻撃的な人がいちばん扱いづらいと感じる場合もあるでしょう。受け身な人にはイライラしがちですし、自慢屋やホラ吹きに耐えるのもたいへんです。

また、自分自身も周囲をイライラさせているかもしれません。誰だって、いつも人当たりをよくしてはいられないものですから。

どんな人がつきあいづらく、どんな人がつきあいやすいかについては、意見が分かれるところでしょう。とはいえ、秩序ある社会では、「困った人」のタイプとその迷惑な行動について、

一定の共通認識があります。

そこで、まっとうな人々が脅かされたり、何かを妨害されたと感じたりしたときの、とくに顕著な行動パターンを10種類にまとめてみました。どのパターンも、好ましくない状況にさらされた人が、立ち向かう様子、あるいは、あきらめて引き下がる様子を示しています。さらに、主に家庭内で起こる、良くない3つの行動パターンもつけ加えました。

最悪な状態の人の具体的な行動は、次に述べる10タイプ（＋3）に分けられます。

タイプ①――戦車

青空が広がる気持ちのよい日。オフィスの窓の外からは鳥のさえずりが聞こえてきます。プロジェクトを進めるジムのまわりは、協力して仕事に取りくむ同僚たちの活気に満ちています。

とつぜん、聞き覚えのある強烈な音が割りこんできました！

戦車が廊下を走ってくるような音です。床が揺れている感じがします。遠くでレーダーが稼働する音が聞こえた気がしました。耳をすましていると、その戦車、ジョー・ビントナーが廊下の角から姿をあらわしました。片腕を砲塔のように上げて、まっすぐにジムのほうを指しています。照準は……ジムに定められているようです！

ジムは心の中で必死に白旗を振りましたが、戦車は止まらずに向かってきます。呆然として、眼前に迫る大砲のような指先を見つめていると、ビントナーは言葉の砲弾を浴びせてきました。ジムを非難し、軽蔑する言葉です。

「愚か者、能なし、人類の恥さらし！　お前は遺伝子レベルの失敗作だ。その仕事を２週間もやってるのに、すでに３週間ぶんも遅れてるじゃないか。もう言い訳は聞かんぞ。いいか、これからは……」

視界のすみで、同僚たちが逃げようとしています。恐怖に凍りついて立ちつくしている人もいます。ビントナーは鳴り響く遠雷のようにどなり散らすと、現れたときと同様に、とつぜん新たな目的地に向かっていきました。ジムは、努力とやる気をズタズタにされ、その残骸のなかに取り残されました。

〈戦車〉タイプは挑戦的で辛辣で怒りっぽく、あつかましくて攻撃的なふるまいをします。

タイプ②——狙撃手

スーは懸命に報告書の準備をしてきました。大事な日なのです。プレゼンテーションをき

ちんとやりとげれば、昇進のチャンスが得られるでしょう。発表を始めると、みんなの注目が集まりました。すべてが順調に進み、勝利の瞬間が見えてきました。

いよいよ結論部分にさしかかったとき、木の葉が揺れるようなざわめきを感じました。部屋のすみで、誰かが動いたのです。その瞬間、狙撃が行われました。

「それね」と、スーをあざけるような粘着性のある声です。「君の意見、本で読んだことがあるよ。第11章だったかな」

いやな感じの笑い声が部屋に響きわたり、その後、ぎこちないくすくす笑いが次々に起こりました。スーはうろたえて集中できなくなり、主張すべき論点を見失ってしまいました。

「ええと……」

モゴモゴとつぶやきながら見回し、茶々を入れてきた声の主を探します。いました。『不思議の国のアリス』に出てくるチェシャ猫みたいなニヤニヤ笑いをうかべた狙撃手が、２発目を撃とうとしています。

「それとも13章だったかな。ハハハ。いや、お気になさらず、どうぞ続けてください。君がこの件について実はなんにも知らないということが、わかってきたところだ」

無礼な意見や辛辣な皮肉を吐き、あきれたような表情をじっくり見せつけて相手をばかにするのが、〈狙撃手〉タイプの得意技です。

タイプ③――博識家

「はい、XYZ社技術サポート、フランクと申します。ご用件をおうかがいします」

フランクが電話に出ると、顧客が話しはじめました。

「私はサディアス・デイビスという者だ。経営情報システムの管理の仕事をしている。いままでたくさんのハードディスクドライブを扱ってきた」

そしてデイビスは問題を説明し、こう締めくくりました。「そちらの製品に欠陥があるのは明らかだね」

「デイビスさん、この製品については熟知しておりますが、お聞きした状況から考えると、製品の不具合とは考えにくく、ソフトウェアの問題のように思われます。ソフトウェアは何をお入れになりましたか？」

「ソフトの問題じゃないよ」

「それを判断させていただきたいんですが、どうしてソフトウェアの問題じゃないとおわかりになったんでしょうか？」

「聞こえないのか？　ソフトの問題じゃないんだ。そっちの製品の問題なんだよ！」

フランクは言い方を変えて尋ねてみました。

「センスキーのエラーメッセージは出ましたか？　どんな内容だったか覚えていらっしゃいますか？」

デイビスは覚えていませんでした。いらだたしげに、製品に欠陥があると繰り返すばかりです。フランクはもう一度聞いてみました。

「そのドライブをほかのコンピュータで試されましたか？」

デイビスは言い返してきました。

「コンピュータの問題じゃないのはわかってるんだ。ほかのドライブだったら、どれも大丈夫なんだからね。君の上司と代わってくれ！」

〈博識家〉タイプは自分自身にはめったに疑いを抱かず、反論には耐えられません。そして何かまずいことになると、あなたの上司を呼び出し、責任を負うべき相手の名を告げるでしょう——つまり、あなたです！

タイプ④——知ったかぶり

ディーナにとっては、まったくの予想外でした。投資委員会では最も経験を積んでいる自分が、精魂傾けて調査してきたのです。やっと自分の実力を披露するときが来たと固く信じていました。レオが邪魔をしてくるなんてまるで考えていなかったのに、悪夢のような出来事が現実に起きてしまいました。

レオは会議を仕切り、さまざまな投資についてくだらない主張を始めました。彼の発言のいい加減さに気づいた人はほかにいません。レオは自信たっぷりに言葉を操り、みんなの注意を完全に引きつけたのです。いったん話を始めると誰にも止めることはできません。

「レオ、そういう投資のことだけど、実績を見たら……」

ディーナはどうにかして情報を伝えようとしましたが、手遅れでした。

レオは「質問があれば、遠慮なくしてくれよ！」と少しもたじろがずに言うと、魅入られている人々に向き直りました。

「何をすべきかは明らかです。もちろん、僕にとっては、正しい投資先を選ぶなんて簡単なんです！　ええ、朝飯前ですよ！　というより、これはもう趣味みたいなもんです！　ええ、得意なんですよ。それに、こういう投資先については何年にもわたって見てきてますからね。これまですばらしい実績をあげていますし！　信用してください！」

すばらしい実績ですって？　レオの言葉から、ディーナには、レオが投資先について何も知らないとよくわかりました。しかし、彼を止める手立てがないこともまた事実です。暗い気分で部屋を見回し、レオの確信に満ちた熱心な態度に惑わされていく人々をなすすべもな

く眺めていました。

「レオは自分の話の内容すらわかっちゃいないって、誰も気づいていないんだわ。実際に調査したのは私だってことも」

〈知ったかぶり〉タイプは、ありとあらゆる人をずっとだましとおせるというわけではありません。けれども、多くの人をかなりの期間だますことはできますし、かなりの数の人をずっとだましとおすこともできます——それもこれも、注目を集めたいからです。

タイプ⑤——手榴弾

仕事をやりとげるにはうってつけの日でした。心地よいそよ風が窓から入ってきます。ラルフは目の前の数字をもう一度チェックしました。

そのとき、ボブが部屋に入ってきました。顔をこわばらせ、両手を固くにぎりしめた様子から、何かまずいことが起きたとわかりました。けれども、ぎゅっと引き結んだ口を見ると、ほうっておくほうが賢明だと思われました。ラルフのそばを通りすぎたとき、ボブはデスクにあぶなっかしく積まれた書類の山をひっかけてしまいました。風に舞う落ち葉のように、書類は床に散らばりました。ラルフは思わず、小声で言ってしまいました。

「気をつけてくれよ、ボブ！」

ボブはすぐさまくるっと振り返り、髪を逆立て、頬の筋肉をぴくつかせながら目を見開き、腕を震わせてどなりました。

「そっちこそ、そのクソみたいなやつをちゃんとしといたらどうだ！　そんなクソがそこにあるなんて、こっちは知らないんだからさ　そもそもこんなとこに来なきゃよかった！　俺より、そのクソが問題なんだよ。世界的問題だ！　クソったれどもが……」

ボブの声が大きくなるにつれ、汚い言葉と激情を浴びせられ、そよ風が突風に変わっていくようでした。嵐は永久に続くようにも思われましたが、ボブの怒りはようやくおさまってきました。大声を出すのをやめ、自分を見つめている周囲の人たちを見回すと、黙って部屋の外に飛び出して、ドアをばたんと閉めました。一枚の書類が、ひらひらと床に舞っていきました。


〈手榴弾〉タイプは、一瞬の静けさのあとで爆発し、現状とはまるで関係のないことを一貫性もなくわめきちらします。

タイプ⑥――八方美人

アリスは最高にいい人でした。いい人すぎて、「ノー」が言えないのです。だからアリスは何ひとつ断ることなく、みんなに「イエス」と言い続けました。すべての人に幸せな気分になってほしいと、心から願っていたのです。

「手伝ってくれる？」とトムに頼まれれば、いつも「もちろん！」と答えます。「これ、届けてもらえる？」というマークの依頼も「大丈夫！」と引き受けます。

「電話をかけ直さなきゃいけないの。リマインドしてくれる？」というエレンの頼みにも「わかった！」と明るく返し、「退社前にこれ、終わらせてくれよ」という上司の指示にも「やります！」と二つ返事です。

けれども、トムの手伝いもできず、マークの荷物を届けることもできず、上司に言われた仕事を終わらせることもできません。そんなとき、アリスはしょっちゅう言い訳します。やりますと言ったことをやれなかったのにはこんな理由があるのだ、と。それでも、言い訳だけではダメなことを思い知るのです。

約束を守らないと、相手は怒ります。怒った人間はとげとげしい態度に出ます。マーク、トム、エレン、そして上司は、それぞれのやり方でアリスを責めました。アリスの問題点を指摘し、解決法を提示しました。アリスはどの人に対しても、そのとおりだと認めました。言い争いは避けたかったからです。

そんなふうに表面上は感じよくふるまっていたものの、アリスの心の中では怒りが煮えくりかえっていました。

「こんな感じの悪い人たちには、二度と何もしてやらないから！」


他人を喜ばせ、争いを避けるために、〈八方美人〉タイプの人はじっくり考えることなく「イエス」と口にします。優先すべき事項を忘れて直近の要求に反応し、時間が足りなくなるまで仕事を抱えこんでしまうのです。そうしてだんだんと、恨みがましくなるのです。

タイプ⑦——優柔不断

マーブは、そろそろスーに決断してもらわなければいけません。期限が迫っていることはスーも承知しているはずなのですが、なぜかどこにも姿が見当たらないのです。通路や階段を延々と探し回ったあげく、やっとスーをつかまえました。

「話している暇はないんです、マーブ。ほんとに申し訳ないですが」と言って逃げようとするスーに、マーブはなんとか追いすがり、問題をつきつけました。

「では、ハワイの会議に誰を派遣するか、もう決めたんだね？」

「そうですね……まだ考えているところです」とスーはためらいながら答えました。

「まだ考えている!?」

マーブはさらに足を急がせました。スーがさっさと立ち去ろうとしたからです。

「会議まであと3週間しかないんだよ。誰か選んでくれって頼んだのは6カ月前だろう？　今年最大のイベントだし、いつもいちばん優秀な営業マンを送っているんだ」

「そうですよね……わかってますけど……そのうち、決めるつもりです……」

マーブは荒い息をつきながら、スーに追いすがります。

「決めるつもり？　いつ？」

スーは足を止めました。

「わからないけど、もうすぐです」

一瞬、心ここにあらずといった様子で床を見つめると、くるっと向きを変えて、来た道を戻ります。マーブはハアハアと息を荒げて突っ立ったまま、呆然とスーを見送りました。そして確信したのです。

「スーの決断は遅すぎて間違いなく間に合わないだろう」

決断の瞬間、〈優柔不断〉タイプの人は、もっといい選択が現れることを期待して、先延ばし

にします。悲しいことに、たいていの決断は遅すぎて、間に合わなくなってしまうのです。

タイプ⑧――何もしない

ナットに何か言いたいことがあったとしても、ちっとも話してくれないので。サリーにはまったくわかりません。ナットはただボーッと座っているだけ。それはごく控えめに言っても、気にさわる態度でした。

結婚生活が長くなればなるほど、ナットは無口になっていきました。このごろでは、サリーしかしゃべっていないように思えるほどです。もちろん、もっと困らせる夫もいるでしょう。ナットは少なくとも、意地悪をしたり、他人の悪口を言ったりはしません。とにかく、ほとんど何もしゃべらないのですから当然ですが。ちょっとくらい噂話をしてくれたほうが沈黙よりましかもしれません。

サリーは試してみることにしました。

「ねえ、ナット、大統領の働きぶりについてどう思う？」

ナットは何も聞こえていないかのように、ただ肩をすくめて、新聞を読みつづけました。サリーはもう一度試しました。

「じゃあ、大統領のことは気に入っている？」

ナットはほんの一瞬、目を上げてサリーを見ました。その瞳は、誰もいない部屋のようにうつろでした。

「俺には……わからん」

ナットが口にした言葉はたったそれだけ。また新聞に目を落とし、読みつづけました。

サリーはいったん始めたことをやめる気はありませんでした。結婚して17年にもなるのです。夫婦間のへだたりは、もはや何メートルというレベルではなく、何キロにもおよぶ気がしました。そこに橋をかけるのが、自分の努めのように思えたのです。そこでまたもや声をかけました。

「ナット、ねえ、私たち、ぜんぜん会話してないんじゃない？　愛しているとも言ってくれなくなったし。私のこと、今も愛している？」

ナットは先ほどと同じ目つきでサリーを見ると、のろのろと顔を動かして窓のほうを向きました。新聞を置き、こう言いました。「何も変わってない。17年前に愛していると言っただろ。何かが変わったら知らせるよ」

それだけです。ナットは新聞をとりあげ、また読みはじめました。サリーの希望はむなしく消えていきました。

言葉の反応も、言葉以外の反応もなし。なんにもなし。〈何もしない〉タイプの人からは、何も期待できません。

タイプ⑨――否定人

ジャックが研究発表の４分の３を終えたところで、後方席の女性が手を挙げました。

「はい、後ろの席の女性の方、どうぞ。ご質問でしょうか？」

女性は目を細めて言いました。

「それはうまくいかないと思います」

相手が何を言いたいのかつかめないまま、ジャックは尋ねました。

「ご自分で試されたのでしょうか？」

「うまくいかないものを試す必要がありますか？」と女性は確信ありげです。

「うまくいかないと、どうしておわかりになるのですか？」

「それは明らかです」

「誰にとって明らかなんです？」

絶望感にとらわれながら、ジャックが聞きました。

「知性のある人間なら誰にとっても。よく考えればわかることですから」

かなり断定的な返事です。

「でも、私にはわかりませんが！」

そう言ってジャックは自分が優位に立ったつもりでした。

「では、あなたはたいして知性がないということですね」

女性は意気揚々と答えました。

そのひとことは銃弾よりも致死力があり、希望よりも強大で、相手のやる気をそぎ、偉大な考えをも打ち負かします。〈否定人〉タイプの人は、穏やかで礼儀正しい普通の人間のふりをして、無益で絶望的な終わりのない戦いを挑んでくるのです。

タイプ⑩――愚痴り屋

ジョアンがやっと集中しかけたころ、シンシアがまた愚痴を言いはじめました。シンシアに邪魔されるのは、これで112回目です。まだお昼にもなっていないというのに。

さらに悪いことに、シンシアの声は延々と続き、チェーンソーのように響くのです。

「この1年半貯金して買った、新しいバーベキュー・グリルを家に持ってかえったって話、したっけ？　とっても重くて、車から出すのがたいへんだったのよ。夫が手伝うって言ってくれたんだけど、あの人腰を痛めてるからやめておいたほうがいいと思って、手を借りなかったの。でも箱があまりにも大きくて、持ちにくくて動かせなくて。がんばったんだけど、あちこちアザだらけになっちゃって。だから台車を出してきて……」

ジョアンは聞いてみました。

「シンシア、車から降ろす方法がなかったなら、手伝ってくれる人が見つかるまでお店で引き取るのを待てばよかったんじゃないの？」

「だけど、頼む当てがなかったのよ。それに、ふたりがかりのほうが、ひとりより簡単ともかぎらないでしょ。箱を開けるとき、ホチキスで指をケガしちゃったの！　誰かに手伝ってもらってたら、その人もケガして、責められてたところよ。そのうえ、セールがいつまで続くかわからなかったし。どうしてもその商品が欲しかったのよ。引き取りを延期したら、夫はがっかりしたでしょうね。私に負けず劣らず、試したがってたから。それなのによ、なんと欠陥商品だったのよ。返品しなきゃならなくなって。重すぎて箱に戻すのもひと苦労だったのよ、だから私……」

シンシアの声がジョアンの無意識に深く突き刺さってきます。ジョアンはふと思いました。

「この人、どうしちゃったのかしら？　ずーっと、愚痴しか言っていないわ」

〈愚痴り屋〉タイプの人は、この不公平な世の中で無力感を覚え、打ちのめされています。完璧であるのが当たり前だと思っているので、どんな人も、どんなものもその人の基準を満たしません。しかも、不幸は仲間を好む、と言うとおり、そういう人は自分の問題を持ち出して人を巻き込みます。それなのに、問題の解決法を提案してあげても、決して受け入れられず、愚痴が激しくなるばかりです。

【＋3タイプ】
身内①——裁判官

巨人は母親の訪問を恐れていました。母親はなんにつけても批判し、文句をつけてばかりだからです。

この前やってきたとき、巨人は母親を塔の部屋に案内しました。そこからの眺めがいちばん良いのです。けれども、その部屋までは階段を上って行かねばならないと、母親は文句を言いました。その前は、1階の部屋に通しました。すると母親はこう言いました。「ええっ？母さんなんて、塔の部屋に通す値打ちもないってことかい？」

今回も、今までと何の変わりもありません。

「お前、なんて格好をしてるんだい！　だらしないし、みすぼらしい！　そんな格好で、人間たちを怖がらせられると思ってるのかい？」

「でも、母さん、４ＸＬサイズのシャツを見つけるのってたいへんなんだよ」

「この怠け者、恐ろしい格好もできなくなったってわけだね！　ここもひどいもんだ。この前、私がここに来てから、ちっとも庭仕事をしてないだろ。見苦しい大きな豆の木を前庭にはびこらせてるとはね。たまには掃除くらいできないもんかねえ。ああ、フィー、ファイ、フォー、ファム、英国人の血のにおいがするよ！（訳注：昔話『ジャックと豆の木』の巨人の決まり文句）　せめて、私のかわいいガチョウのめんどうは見てくれてただろうね？」

母親がガチョウを探しに城に入ると、巨人は大きな目玉をぐるりと回し、石の階段にどすんと座りこみました。自分がとてつもなく小さく思えて、悲しい気分でうなだれました。


〈裁判官〉タイプは、誰にも達成できないような基準を設けて、続けざまに批判的な発言をして、判決を下します。

身内②——おせっかい

ダフネは驚いて立ちあがりました。婚約者の母親、ヘラが訪ねてきたのです。

「おいでいただき、光栄です！　何か私にできることはありませんか？」

「ダフネ、もうすぐ私の娘になるのよね」

ヘラはダフネの両肩に手を置き、全身をじろじろとながめました。

「今日来たのはね、身なりをちゃんとしてあげるため。さあ、始めましょ。かなり時間がかかりそうね」

ダフネがひとことも返事ができないでいるうちに、ヘラはさっとわきを通り過ぎ、円柱の並んだ入り口から家の中に入ってしまいました。ダフネはあとを追いました。

「すみません、今はちょっと都合が悪いんです。買いに行く時間がなくて……」

居間に入りましたが、ヘラの姿はどこにもありません。

「お母様？」とダフネは声を上げました。

「ここよ」

ヘラの声は、ダフネの寝室から聞こえてきました。いきなり寝室に入るなんて、ひどい！

ダフネはそう思いながら寝室に入り、何か言おうとしましたが、そこで目にした光景にまたもや言葉を失ってしまいました。ヘラはクローゼットの中を猛然とかきまわしていたのです。

床やベッドには何枚もの服が投げすてられていき、ヘラはそのたびに何かつぶやいています。

「ゴミ。ゴミ。これはハネムーンに着てよし。これは絶対に合わないからボツね。これはボロ……」

ダフネは口を閉ざしたまま、激怒と、未来の義母を怒らせたくないという思いに引き裂かれていました。ヘラがクローゼットの点検を終えると、どこからともなくゼウスが雲をたなびかせながら部屋に現れました。

「なんてこと！　お母様だけでなく、お父様まで詮索好きだなんて！」

ダフネは絶望しました（訳注：ダフネは、ギリシャ神話で全能の神ゼウスの息子アポロンに求愛される娘。ヘラはゼウスの妻）。


〈おせっかい〉タイプは、あなたにとって何がいちばんいいかを自分が心得ていると勘違いし、あなたを無能だと決めつけ、あなたの人生を支配しようとします。

身内③――殉教者

「ホー、ホー、ホー」とサンタクロースが笑い声をあげました。「さあ、ピンキー、お楽しみの夜まであと1週間だ。準備は予定より早く進んでいるようだな。うれしいよ」

ピンキーは小人の頭です。楽観的になりすぎないよう、いつも気をつけていましたが、そ

んなピンキーですら、何もかも順調であることは否定できません。

「そうですね、この時期に小人がのんびりしていられるなんて、たぶん１００年ぶりだと思いますよ」

サンタはにっこり笑い、ソファに身をあずけて、お祝いとしてパイプに火をつけようとしました。まさにその瞬間、サンタの奥さんが戸口に現れました。手には電話を持っています。

「あなた、南極の母から電話なの。クリスマス・イブのディナーに招待したいって」

サンタはパイプを置き、ひとつ大きく息をついてから答えました。

「よく知ってるはずだろう。クリスマス・イブには仕事があるんだ」

奥さんが耳に当てていた電話を離すと、義母が文句を並べたてる声が聞こえてきます。

「食事に立ち寄れないなんて言わないでおくれよ！　どのみち、何か食べるわけだろう？　いかにも食べそうな図体だよ。それに、ひと晩で全部やらなきゃいけないって誰に言われたんだい？　そもそも、魔法のソリやらトナカイやらの頭金を払ったのは私じゃないか。そのおかげで、そんな大物になれたわけだろ！　私が犠牲を払わなければ、ただの太ったじいさんのままで、今もまだスウェーデンの小さな村で贈り物を配ってるとこだよ」

サンタは両手に顔をうずめて、つぶやきました。

「８００年も前のことじゃないか！　そんな昔のことをいまだに言われなきゃいかんのか？」

〈殉教者〉タイプは、相手が求めていようといまいと、贈り物を与えたがります。そして贈り物の代価として、感謝と義務を要求してくるのです。

困った人に対処する4つの方法

こういった「困った人」と一緒に仕事したり、会話したりするのはたいへんで、扱いづらいものです。けれど、相手の怠慢さや意地の悪さにうんざりし、人間性に失望し、損ばかりしつづけたとしても、希望を失ってはいけません。「困った人」に対処するとき、あなたには常に選択肢があるのです。正確には、4つの選択肢があります。

❶何もしない

つらい思いをがまんし、なんの手助けもしてくれない人に愚痴をこぼすのも同様です。何もしないのは危険です。時間が経てばたつほど、「困った人」への不満はどんどん蓄積して悪化します。何もしてくれない人に愚痴をこぼしても、やる気を失って生産性が下がるだけで、有効な手を打つのが遅れてしまいます。

❷その場を去る

時には、立ち去るのが最適なこともあります。どんな問題も解決するとはかぎりませんが、解決する必要のない問題もあるのですから。これ以上相手をしても仕方がないというときには、行動で意思表示をする価値はあります。

何を言おうが、どうふるまおうが、状況が悪化するばかりで、自制心を失いそうになっていると気づいたなら、「逃げるが勝ち」という言葉を思い出し、その場を離れましょう。エレノア・ルーズベルトはこう言っています。「自らの許可なしに、誰かの犠牲になる必要はありません」

ただし、立ち去ると決める前に、ほかのふたつの選択肢も検討してみてください。

❸相手への態度を変える

相手があなたを困らせる行動を続けていたとしても、その人に対する見方を変えたり、耳を傾けてみたりして、感じ方を変えることはできます。そうすると自分自身の態度が変わり、相手の行動にいちいち反応しなくてすむようになります。

また、自分の態度が変わることで、４番目の選択肢をとるために必要な意志の力と柔軟性が得られます。

❹自分の行動を変える

相手への対処法を変えれば、相手もあなたへの対応を変えざるをえなくなります。あなたのまわりには、自分のいいところを引き出してくれる人もいれば、悪いところを引っぱり出してしまう人もいるでしょう。あなた自身も、まわりの人に対して同じことができるのです。

これは、最悪な問題行動に対する効果的な戦略ですから、ぜひ覚えてください。いったんやり方を心得れば、不愉快な状況をうまく処理し、有益な結果を導くことができるようになります。

2 「理解のレンズ」で目的を知る

この章では、「困った人」をどうしたら理解できるかについて説明します。「理解」は、円滑なコミュニケーションをとる助けになり、争いを未然に防ぎ、すでに起こった問題が手に負えなくなる前に解決してくれます。「困った人」の行動を拡大鏡のレンズで見て、その行動をじっくりと調べれば、その奥にある動機が見えてくるのです。

世の中には、慎重な人と楽天的な人がいます。物静かな人もいれば騒々しい人もいるし、気弱な人や押しの強い人もいます。

その理由を考えたことがあるでしょうか？　先ほどまで脅すような態度をとっていた人が、次の瞬間にはいい人になって親切までしてくれるなんてこと、経験ありませんか？　あっという間に態度を変えてしまう人に、驚いたことはありませんか？

人間の行動に理解のレンズを向けるときには、まずは自己主張のレベルを観察しましょう。消極的なレベルからかなり積極的なレベルまでと幅広いですが、たいていの人はその間のどこかの段階におさまっています。

次に、極端な例を見てみましょう。自分の置かれた状況に対する消極的な対応には、従属、屈服、完全な退却などがあります。積極的な行動には、大胆な決断から支配、好戦的行動、攻撃までさまざまなレベルがあります。私たち人間は、自己主張の強さに応じて、さまざまな状況に対しさまざまな反応をします。ストレスを受けたつらいときには、ふだんのレベルを超えて、消極的、あるいは積極的な態度をとりがちです。

たとえば自己主張のかなり強い人は、困難に直面すると、話す声を大きくしたり動きを速めたりして、自分の存在をアピールしようとします。自己主張の弱い人は、ますます寡黙な態度をとるでしょう。相手の自己主張の強さは、態度（エネルギーを外に発散するか内に向けているか）、話し声（大声か小声か、あるいは無言か）、発言内容（命令するか、おずおずと提案するか）などで判断できます。

理解のレンズを通して見れば、どんな状況においても、集中するやり方にはパターンがあることもわかるでしょう。たとえば、何かに集中するあまり、まわりに人がいることを忘れてしまったことはありませんか？　目の前のことにだけ集中している状態を「**仕事志向**」と呼びます。一方、まわりの人の行動に気を取られて、ほかのことに集中できなくなったことはありませんか？　人との関係性に集中している状態を、「**人間志向**」と呼びましょう。

そうした状態では、状況に応じて、極端な行動から、すぐに別の極端な行動に走ることがあります。たとえば、友好的な態度がいきなりビジネスライクな態度に変わったりしますし、その逆もありえます。ストレスを受けた状況では、たいていの人は何か（仕事）に、あるいは誰か（人間）に、ふだんよりももっと集中しようとします。

何に集中しているかを見きわめるには、その人の話によく耳を傾けましょう。仕事に集中している場合は、その関心の対象が言葉に表れます。「報告書を持ってきた？」「宿題（お手伝い）を終わらせた？」「数字で示せる？」「そのプロジェクトはあとどれくらいで終わる？」。人間に集中している場合も、言葉の選択の仕方に表れます。「週末はどうだった？」「ご家族はお元気？」「今日はどんな気分？」「私がやったこと、

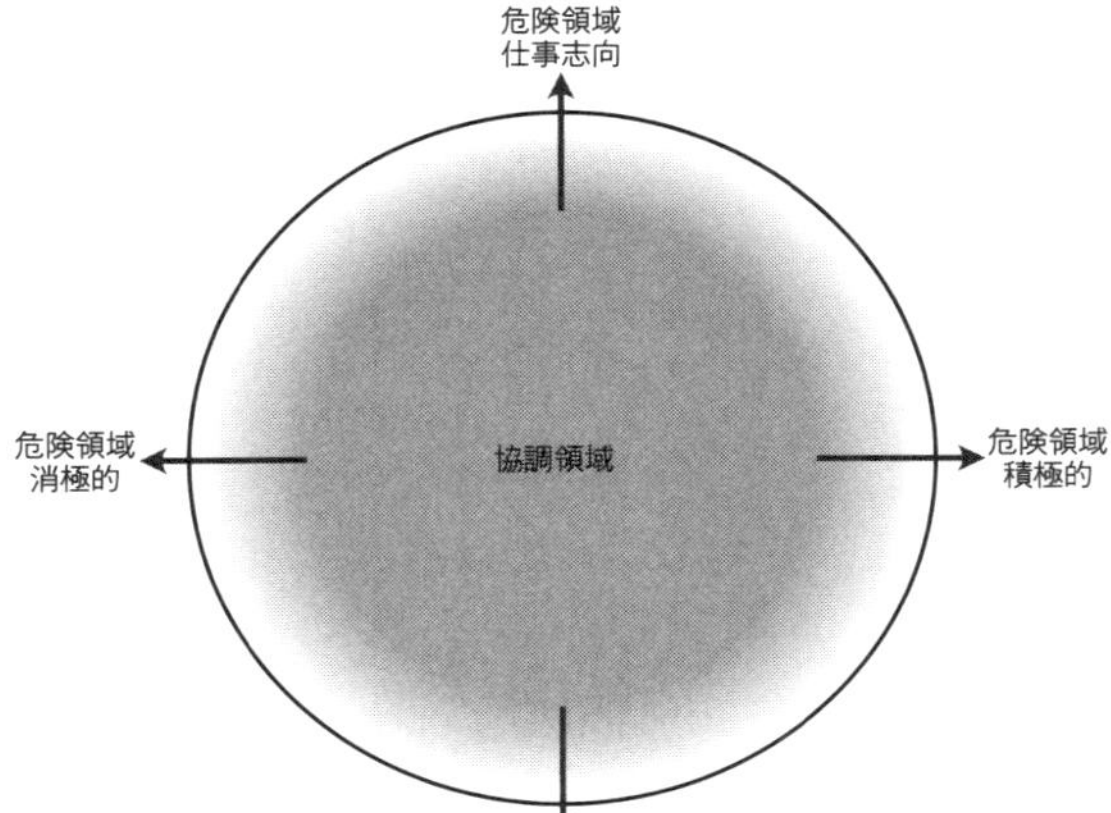

見た？」

では、まとめてみましょう。

私たちは他人に対して積極的に（好戦的に）、意識的に集中することもあり、消極的に（従属的に）関わることもあります。作業に対して積極的に（大胆な決断力をもって）、意識的に（関わりをもって）集中することもあれば、消極的に（引きこもりに）なることもあります。理解のレンズを通して、こういった行動の特徴を観察できます。

人間は誰しも、さまざまなレベルの行動をとることができ、時には大きく変化し、時にはじっと態度を変えずにいます。私たちひとりひとりにとって、正常な（最適な）行動のレベルと過激な（最悪な）行動のレベルがあるのです。

集中と自己肯定をもたらすもの

どんな行動にも、達成すべき目的や意図があります。私たちはなんらかの意図があって行動し、どんなときも、最も重要だと思われることをやります。

どんな状況にも当てはまる、行動を決定する「**４つの一般的な目的**」を定めました。もちろん、行動の要因となる目的はこれだけではありませんが、ほかの目的も、これらの枠組みのどこかに仕分けできるのではないかと思います。あなたを困らせる行動を理解し、対処するため

の基本的な枠組みとして次の４つの目的が挙げられます。

■終わらせる

■きちんとやる

■仲良くやる

■認めてもらう

さまざまな衣服（たとえば礼服、仕事着、週末用の服など）の中から何を着るか選ぶように、私たちはさまざまな行動から状況に応じたものを選択します。お気に入りのシャツやズボンがあるように、それぞれ好みの行動スタイルがあるでしょう。とはいっても、いつも同じ行動スタイルをとるわけではなく、何を優先するかによって行動は変わります。

さまざまな状況において、自分の目的が４つのうちのどれであるかを判別し、自分の行動との関連性を意識することは役に立つでしょう。また、他人を観察し、理解しやすくなります。

■終わらせる

早く終わらせたいのに、なかなかできなかったという経験はありませんか？　何かを終わらせたいときには、目の前のことに集中します。その達成に必要でないかぎり、他人のことは気にとめなくなります。本当に終わらせる必要があるなら、のろのろせずにスピードを上げるでしょうし、考えこまずにまず行動し、積極的になるでしょう。達成に緊急性があるなら、焦って不注意なことをしたり、不用意な発言をしたりするかもしれません。

とはいえ、終わらせることだけが重要なのではありません。ミスを避け、細部まできちんと正確であるよう注意することのほうがもっと重要なときもあります。

■きちんとやる

ミスを避けるために、あらゆる手を尽くしたという経験はありませんか？　仕事志向の状態では、「きちんとやる」という目的にも行動を左右されます。きちんとやることが最優先になっていれば、細部に目を配るために動きが遅くなるでしょう。そして、目の前のことにますます集中し、没頭することになります。行動する前によく考えるはずです。結果を恐れて、行動に出ないなどということもあるかもしれません。

「終わらせる」と「きちんとやる」のバランスをとることが大事です。もちろん、早く仕上げることは大事ですが、きちんとできていなければ、本当に達成したとはいえません。

しかし、このバランスは、ちょっとした要因によって変わってしまいます。たとえば、ある仕事の達成に2週間が与えられたとしましょう。最初のうちは、「きちんとやる」ほうに力を注

ぎ、ゆっくりと注意深く作業します。締め切りが近づくと――とくに締め切り前夜は――このバランスが大きく変わり、「終わらせる」ほうに向かうでしょう。当初は思ってもみなかったことですが、細部を犠牲にするようになるかもしれません。

■仲良くやる

人の行動の背後には、「仲良くやる」という目的もあります。人とのつながりをつくり、育てていきたいなら、これは不可欠です。仲良くやっていきたい相手がいるなら、その相手の要求を優先し、自己主張は抑えるでしょう。

人と仲良くやるのが最優先事項なら、誰かに「ランチはどこに行きたいですか?」と聞かれたときに「あなたの行きたいところはどこですか?」と答えるでしょう。その相手も仲良くやることを望んでいるなら、返事は「あなたが行きたいところならどこでもいいですよ。お腹は空いていますか?」となるでしょう。すると、さらに「あなたのほうは、お腹空いていますか?」と答えることになります。

この状況では、「仲良くやる」という目的のほうが、個人の希望より優先されています。けれども、自分が注目されることのほうが優先されるときもあります。

■認めてもらう

一般的な目的の４つめは「認めてもらう」です。他人の注目を集め、認めてもらうためには、より強い自己主張と人間志向が必要になります。他人に貢献し、それを認めてもらいたいという欲求は、人間の強い動機のひとつです。研究によれば、自分の仕事を好きな人や、結婚生活に幸福を感じている人は、自分の行動や自分自身を認めてもらえているという感覚を抱いています。

友人とランチに行くとき、相手に理解してもらうという目的があるなら、こう言うでしょう。「君を連れていきたい、素敵なレストランがあるんだよ！　きっと気に入ると思うよ。そこに連れていった人はみんな、感謝してくれるんだ」

相手に与えたぶんだけ、自分に返ってくるものです。２つの目的のバランスを保つことが大切なのです。相手を認めることで、自分も認めてもらえます。人を認めることと、人と仲良くやることには、密接な関連があります。

そうはいっても、ちょっとしたことでバランスは崩れます。たとえば、新入社員ははじめのうちは、まわりと仲良くやっていくことに重きをおいて、あれこれと気を使い、人の役に立つようにふるまいます。ところが昇進の時期が近づけば、バランスは大きく崩れ、認めてもらうほうに走ります。努力が見逃されるのではないかと心配していると、他人の感情に気を配るゆ

とりは減ってしまうでしょう。

同様に、結婚前のカップルは、お互いの欲求や関心に気をつけています。それなのに何年か経てば、結婚相手が自分の欲求だけを満たしたがるようになるのも、珍しくありません。

バランスの問題

日々の暮らしにおいては、「終わらせる」「きちんとやる」「仲良くやる」「認めてもらう」という目的をもつことは頻繁にあります。それらのバランスを保つことで、ストレスが減り、成功につながる可能性が高まります。

早く終わらせたいなら、きちんとやりましょう。きちんとやりたければ、まわりと仲良くやることに気をつけて、やっかいごとを避けましょう。チームの努力が実を結ぶには、ひとりひと

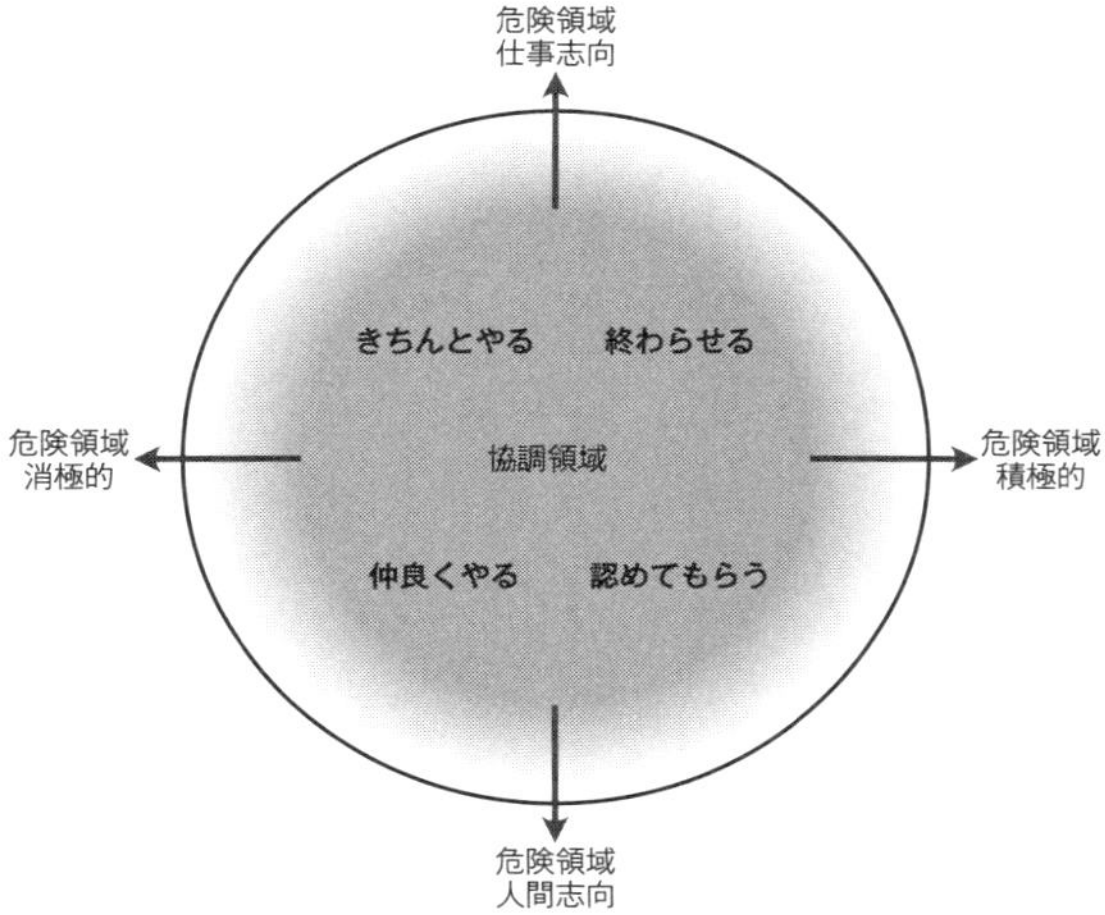

りが尊重され、認められていると感じていなければなりません。

それぞれの目的の優先度は刻々と変わります。図の中の色つきの円は、誰もがもっているそれぞれの目的のバランスがとれている状態を示しています。私たちは、その状態を「**協調領域**」と名づけました。協調領域にいる人たちは、目的はそれぞれ違っていても、お互いに争ったり脅かしたりはしません。

目的が変われば、行動も変わる

目的が変化すると行動がどのように変わるか、次の状況で観察してみましょう。

ジャックはあるプロジェクトを任されていました。期限は3年です。昇進につながるかもしれない仕事とあって、どうしてもきちんとやりとげたいと思っていました。

ある日、同僚のラルフにいくつかの数字を示してもらうことになりました。すると、ラルフは紙をよこして、こう言いました。「収益はだいたい１０５０だね」

ジャックは尋ねました。

「『だいたい１０５０』ってどういうこと？　正確には？」

ラルフはこう答えました。「１０５０だ」

「確かか？」

「ああ、おそらく」

ジャックは妻に電話をかけ、帰りは遅くなると伝えました。その夜、ジャックはオフィスにこもり、時間をかけて入念にラルフの数字をチェックしました。

ジャックは、図のどのあたりにいると思いますか？ 明らかに、ジャックは「きちんとやる」ことを優先しています。仕事を正確にやりとげるよう、時間をかけて没頭します。

週末、ジャックは自宅で仕事をしています。7歳の娘がやってきて言いました。

「パパ、お部屋で描いた絵を見に来てよ」

ジャックは仕事の手を止め、娘と一緒に午後を過ごしました。

その夜、妻が言いました。

「ベビーシッターを見つけたから、今夜はふたりきりで外食しましょうよ」

そしてどこへ行きたいかと聞くと、ジャックは答えました。

「君の行きたいところでいいよ」

夕食の席で、妻はまた尋ねました。

「明日、キッチンの蛇口の水もれを直してくれる？」

プロジェクトのことが頭をよぎりました。もうあまり時間はありません。けれども、ジャックはこう答えていました。「わかった、大丈夫だよ」

ジャックは図のどのあたりにいるでしょうか？　言うまでもなく、「仲良くやる」です。やらねばならないことをなおざりにしてまで、大事な人たちを喜ばせようとします。家族とうまくやっていくために、自分のプロジェクトは後回しにされてしまいました。

翌日、ジャックは水道を修理し、その勢いのまま、壊れていたコンロを直し、破れた網戸を取り替えました。買い物から戻った妻が、買ってきたものを見せようとしましたが、ジャックは、自分がやりとげた仕事を先に見てもらいたがりました。

ジャックは今、どのあたりにいるでしょうか？　そう、「認めてもらう」が正解です。妻が帰宅したときのジャックの態度に着目してください。「仲良くやる」モードだったなら、おそらく、妻が買ってきたものを先に見てあげたでしょう。「認めてもらう」ほうが優先されていたからこそ、自分がやりとげたことをまず示したかったのです。

その週末、ジャックの仕事は期待したほど進みませんでした。次の週は、危機的な状況で

時間が取れませんでした。締切が目の前に迫ってきました。

ジャックが家で仕事をしていると、いちばん末の娘が来て、「パパ、寝るまでそばにいて。モンスターから守ってほしいの」と頼みました。「部屋にモンスターなんていないよ。ベッドに入りなさい」とジャックは言いました。

しばらくして、妻が「お茶飲まない？」と誘ってきました。ジャックは顔も上げずに、きっぱりと断りました。

「いらない」

すると妻は、「今度の週末は何をする？」と尋ね、いくつかの提案をしました。

「今はそんなことを考えてる暇がないんだ！　どれでもいいから、好きなのを選んでくれ」

ジャックはいらいらと答えて仕事に戻りました。

「ちくしょう！　数字を確認する時間がない」

さあ、今ジャックはどの領域にいるでしょう？　答えは「終わらせる」です。締切のプレッシャーによって仕事への集中度が高くなり、家族のために時間をとろうとしなくなりました。要点に絞った直接的な対応をしています。数字についても推測に頼ろうとしはじめました。「きちんとやる」時間がふんだんにあった数週間前には考えられなかったことです。

状況や時期によって優先する対象が変わり、ジャックの行動が変化したことに注目してください。ここでのポイントは、常に最優先事項に応じて行動が変化している点です。
私たちは誰でも、これらの4つの目的のために行動する能力をもっています。他人と円滑なコミュニケーションをとるには、相手が何を最も優先しているかを理解しなければなりません。

相手の目的を把握する

では、どうすれば他人の目的を見きわめることができるでしょうか。手っ取り早いのは、相手のコミュニケーション方法を見ることです。
ここで、優先する目的の違う4人が参加した会議の様子を見てみましょう。各自のコミュニケーション方法に注意を払いながら、それぞれの優先する目的がどれなのか、当ててみてください。最初のひとりが言いました。

「とにかく、やりましょうよ！　次の議題はなんですか？」

要点を端的に述べるこういった短いコミュニケーション方法からは、どんな目的が読み取れますか？「終わらせる」という目的が優先されているとわかりましたか？　終わらせたいと思っている人のコミュニケーションは短いものになります。

では、次の発言に移りましょう。次の参加者は、こう言いました。

「うーん……ここ2年間の数字と、市場分割、海外競争を考慮し、もちろん将来も見据えて考えると……私は……うん……もっと時間をかけてこの問題をよく検討したほうがよいのではないかと思いますが、今すぐ決断しなければならないのなら、それなら……やりましょう」

この参加者のような、説明の多い遠回しなコミュニケーション方法は、どんな目的を意味しているでしょう？　「きちんとやる」という目的だと思いますか？　正解です。

ここまでのふたりは、どちらも「やりましょう」と言っていますね。ただし、きちんとやりたい人は、詳しい説明を省略できません。そして、3番目の参加者が口を開きました。

「私は……異論があればおっしゃってください。皆さんにはこれまでずいぶんと勉強させてもらってますから、ご意見は尊重させていただきますよ。ただ、私が思うに……もし皆さんが賛成なら、やるべきかもしれませんが、本当に全員が賛成されているんでしょうか？」

慎重で、しかも婉曲なこのコミュニケーション方法は、どんな目的の表れでしょうか？　「仲良くやる」例のひとつ？　当たりです。人と協調したい場合には、相手の意志や感情に配慮します。

ここでいきなり、４番目の参加者が立ちあがり（ほかの参加者は座ったまま発言していたのですが）、大声で語りはじめました。

「私はやるべきだと思います。理由を説明しましょう。祖父がよく言っていたことですが、『いいか……ボーッとしてたら、負けだぞ』って。祖父がどんなつもりで言ったのかはぜんぜんわかりませんでしたが。それはともかく、この言葉は、あるジョークを思い起こさせます。きっと皆さんも気に入りますよ……」

発言はまだまだ続きますが、このへんで考えてみましょう。この手の込んだコミュニケーション方法は、どんな目的を示していますか？「認めてもらう」だと思ったなら、コミュニケーション方法から目的を読み取る練習は、なかなかいい成果をあげています。認めてもらいたがる人は、大げさになりがちなのです。

優先したい目的が食い違うと、相手をいらいらさせてしまうことがあることをおわかりいただけましたでしょうか？

では、あなたの実生活での「困った人」について考えてみましょう。扱いづらいと感じた状況で、その人たちがどんなコミュニケーション方法をとっていたか、思い出せますか？　あな

た自身のコミュニケーション方法はどうでしたか？　どの方法が、要点に絞っていましたか？　どの方法が、詳細に説明していましたか？　まわりに従っていたのはどれですか？　大げさに語っていたのは？　仕事に集中していましたか？　それとも、人に集中していましたか？　積極的だった、また、消極的だったのはどれでした？

行動を観察し、「困った人」とのコミュニケーション方法を把握すれば、優先されている目的をつきとめられます。

優先事項を合わせれば、問題は起きない

優先するものが同じなら、誤解や争いもあまり起きなくなります。例を挙げましょう。

■一緒に取り組む仲間が、プロジェクトを「早く終わらせたい」場合

あなたは仕事に集中し、終わらせることを目的として、仲間とのコミュニケーションでは短く要点だけを伝える。

■一緒に取り組む仲間が、プロジェクトを「きちんとやりたい」場合

あなたは仕事に集中し、細かく気を配って、仲間に細大漏らさず報告する。

■相手が、あなたと「仲良くやりたい」場合

親しげなおしゃべりや思いやりのあるコミュニケーションで、相手を気遣い、好意を抱いていることを伝える。

■相手が、自分の行為をあなたに「認めてもらいたい」場合

熱心に感謝の言葉を口にし、相手の行為を認めていることを伝える。

目的が満たされないと……

目的が果たせないと、行動は変化しはじめます。早く終わらせたい人は、終わらせられないことを恐れ、強引な行動に出ようとして、より支配的な態度をとるようになります。きちんとやりたい人は、失敗を恐れるあまり、どこかに欠陥やミスがないかと探りまわり、完璧主義の度合いが強くなります。

仲良くやりたい人は、自分がのけ者になることを恐れ、自分の欲求を犠牲にしてまでも他人を喜ばせようとし、他人から認められようとします。認めてほしい人が、自分は認められていないと感じると、ますます注目を集めるような行動に走るようになります。

まだほんの序の口ですが、こうして変化が始まり、「困った人」に変わっていくのです。こうした4種類の変化は、図では、協調領域のすぐ外にある「**注意領域**」と呼ばれる場所に当てはまることがわかります。こうした行動の変化に気づいたなら、ただちに相手に「融和する（4章参照）」べきです。

　けれども、相手が自分を曲げようとしなかったら、どうなるでしょう？　非常に恐ろしいことが起きます。**彼らの行動は変化を続け、最悪の「困った人」に変貌してしまうのです。**

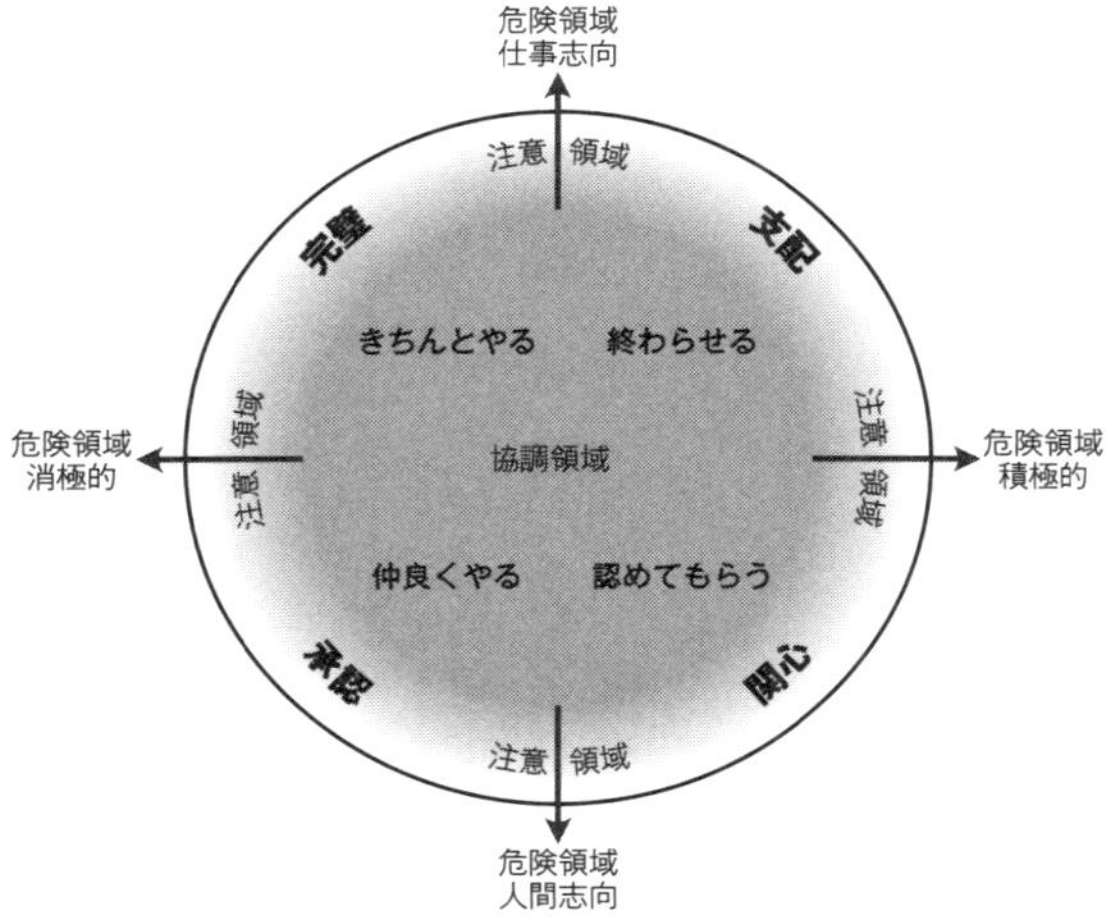

3 良かれと思ったことが裏目に出る

私たちは、自分の望みがかなえられなかったり、あるいは自分の望まないことが起きたりすると、行動が極端になり、危険領域に入ってしまいます。この章では、目的が脅かされたり阻止されたりしたために、あなたを困らせる行動に走る、そのプロセスを見てみましょう。

「終わらせる」が脅かされたとき

「終わらせる」という目的が阻止されると、ゆがんだレンズを通して見るようになり、その結果、ほかの人は時間の無駄や脱線ばかりしていて、時間がかかりすぎるように見えます。「終わらせたい」という思いが強くなり、その結果、より支配的な行動に出るようになります。

そういった困った行動をする代表的なタイプは、〈**戦車**〉〈**狙撃手**〉〈**博識家**〉の３つです。

■**戦車**

スピードをゆるめず、人を押しのけ、あるいは踏みつぶして使命を達成しようとします。相手をズタズタに傷つけるとしてもためらいはありません。

皮肉なことに、そういう人はあなた個人をターゲットにしているわけではないのです。使命をやりとげようとする努力のもと、〈戦車〉の行動は穏やかな圧力から完全な攻撃まで、さまざまです。

■**狙撃手**

自分の満足がいくようにものごとが終わりそうにないと、彼らは戦略を立て、あなたに恥をかかせて支配しようとします。たいていの人は、公衆の面前での辱めを恐れています。

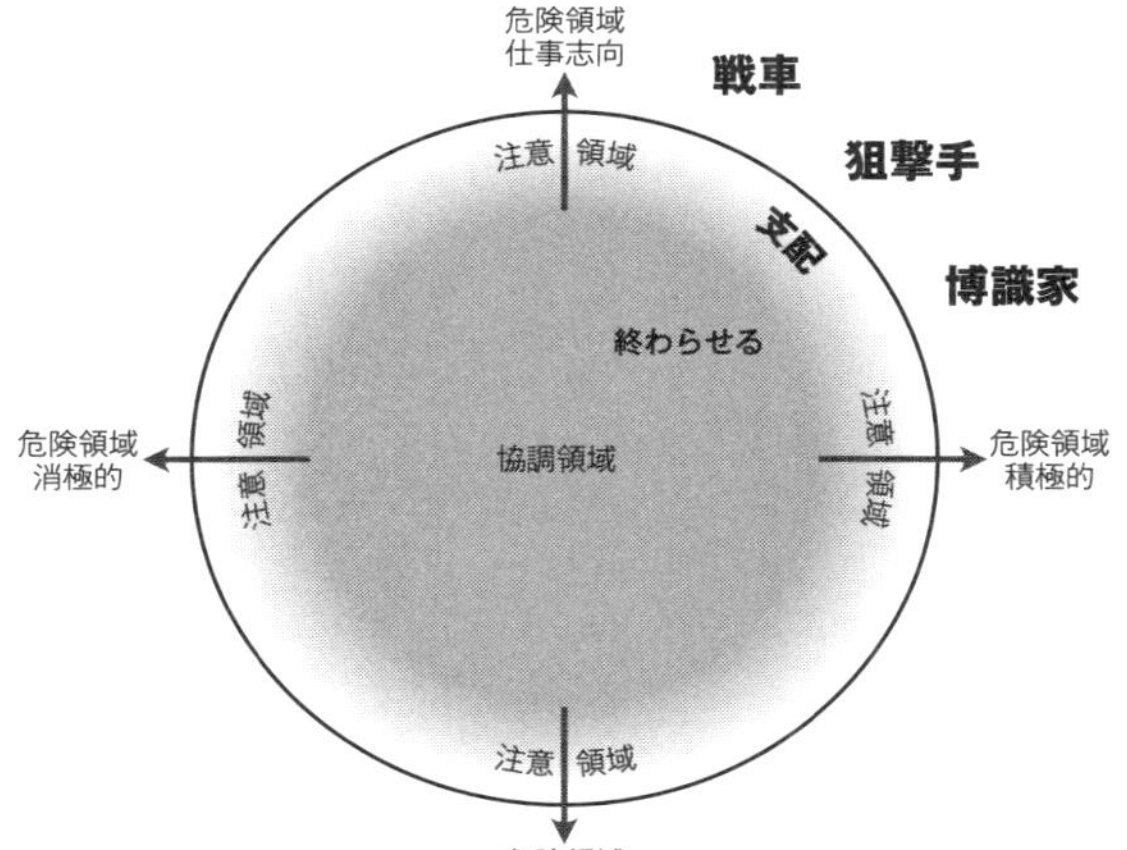

〈狙撃手〉はそれを利用して、あなたが最も弱っているときを狙って、嫌みや皮肉な発言を何度も繰り返すのです。

■博識家

偉そうな議論を長々と披露して、その場にいる人や状況を支配し、他の意見の欠点や弱点を指摘して、自分とは反対の意見を排除します。〈博識家〉タイプの人は実際に知識を備えていて有能なため、たいていの人はあっという間にその戦略に振り回され、最後にはあきらめてしまいます。

「きちんとやる」が脅かされたとき

「きちんとやる」という目的が妨げられた人は、やはりゆがんだレンズを通して見るようになり、まわりのすべてがでたらめで不注意な人と見なすようになります。追い打ちをかけるように、まわりの人々は「かなり」とか「だいたい」とか「おそらく」といったあいまいな言葉で表現します。その不満はどんどん募り、悲観的で完全主義的な態度はますますひどくなります。

この典型的な例は〈**愚痴り屋**〉〈**否定人**〉〈**裁判官**〉〈**何もしない**〉の4タイプです。

3
良かれと思ったことが裏目に出る

■愚痴り屋

彼らは、自分たちは無力だから、この不完全な世界に変化をもたらせないと考えています。うまくいかなくなるかもしれないという不確実さに打ちのめされて、解決方法を考えることすら放棄しています。

そのかわり無力感が募るにつれて、自分たちの圧倒的な一般論を証明する証拠として使えそうな問題に着目し、愚痴をこぼしはじめます。「ああ……何もかもうまくいかない。すべてがおかしい」と。もちろんそれは、まわりの人間すべてをいらいらさせるだけで、状況はますます悪くなり、新たな愚痴をこぼすことになります。

■否定人

〈愚痴り屋〉とは違い〈否定人〉は、うまくいかないことに直面しても無力感を抱きません。かわりに希望を失います。今後も決してうまくいくことはないと確信し、その思いを他人に知らせることをためらいません。「どうせうまくいかない。すでにやってはみたけど、失敗だった。いまだって駄目さ。そうじゃないと言うやつがいたとしても、考えが甘いだけだ。あきらめて、無駄な努力はやめたほうがいい」と。こうしてほかの人たちまで〈否定人〉の絶望の淵に引き寄せられてしまいます。

■**裁判官**

愚痴をこぼす人や否定する人とは違い、〈裁判官〉タイプの人は、何ひとつうまくいかないといったように、一般化して打ちひしがれることはありません。ただ、基準に達していないと相手を決めつけ、そこに関心を向けているだけです。〈裁判官〉の行動は、あらさがし（現実的な結果には関わりのない細部に焦点を当てて）から有罪を言い渡して切り捨てることまでさまざまです。得意なのは、建設的ではない批判。その批判を相手に直接告げることもあれば、陰でほかの人に話すこともあります。

■**何もしない**

自分が基準とする完成度におよばないと、その失望感があまりにも強すぎて、完全に引き

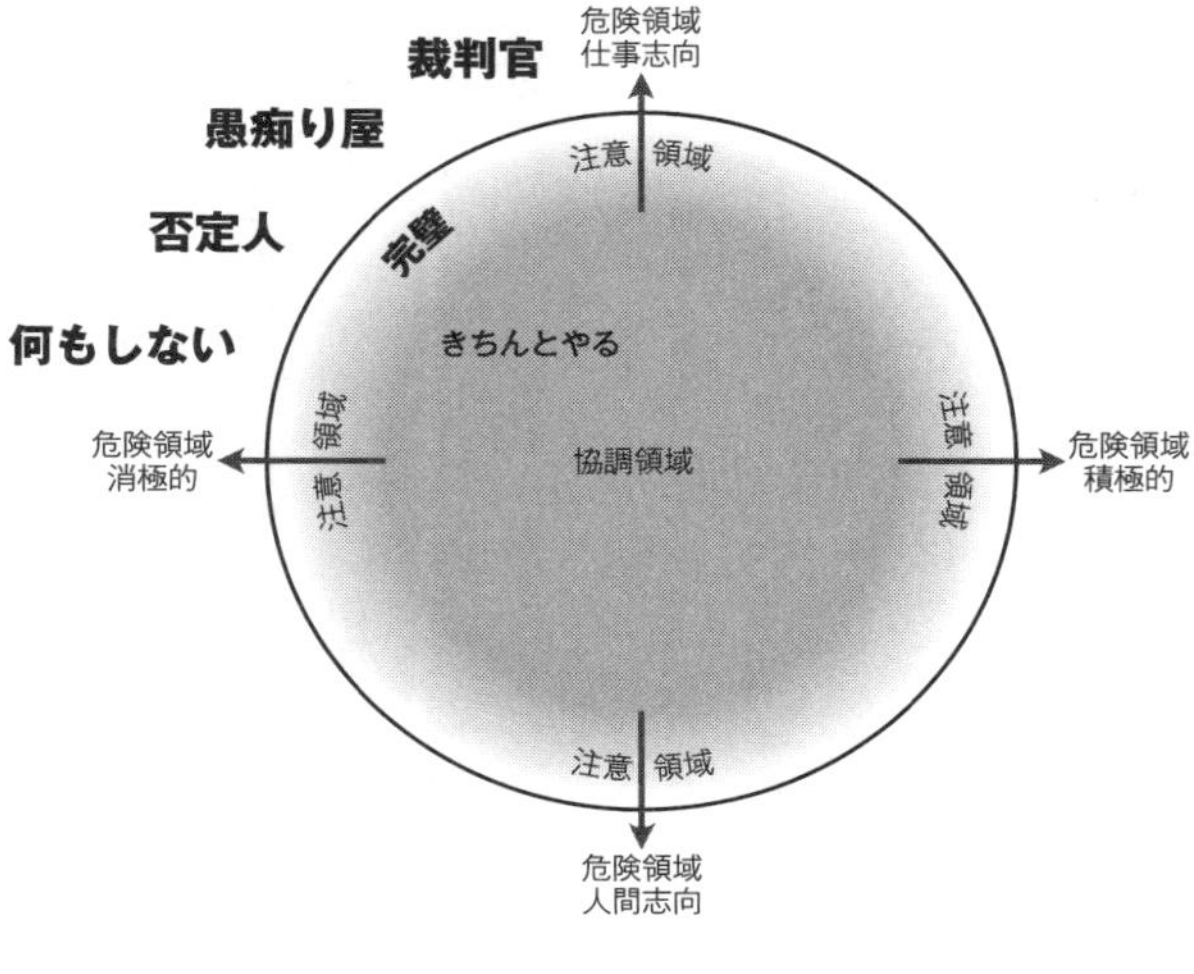

こもってしまう人がいます。うまくやりとげられなかったことについて、最後に吠えることもあります。「いいでしょう！　好きなようにやってください。うまくいかなくても、あとで泣きついてこないでくださいよ」。その瞬間から、彼らは何も言わず、何もやろうとしません。

「きちんとやる」と「終わらせる」が脅かされたとき

すべての行動が、ひとつの動機にもとづいているわけではありません。「きちんとやる」と「終わらせる」の両方の目的を抱いている場合には、批判的な目で見て、相手にはきちんと終わらせるために必要な能力がないと判断し、自分

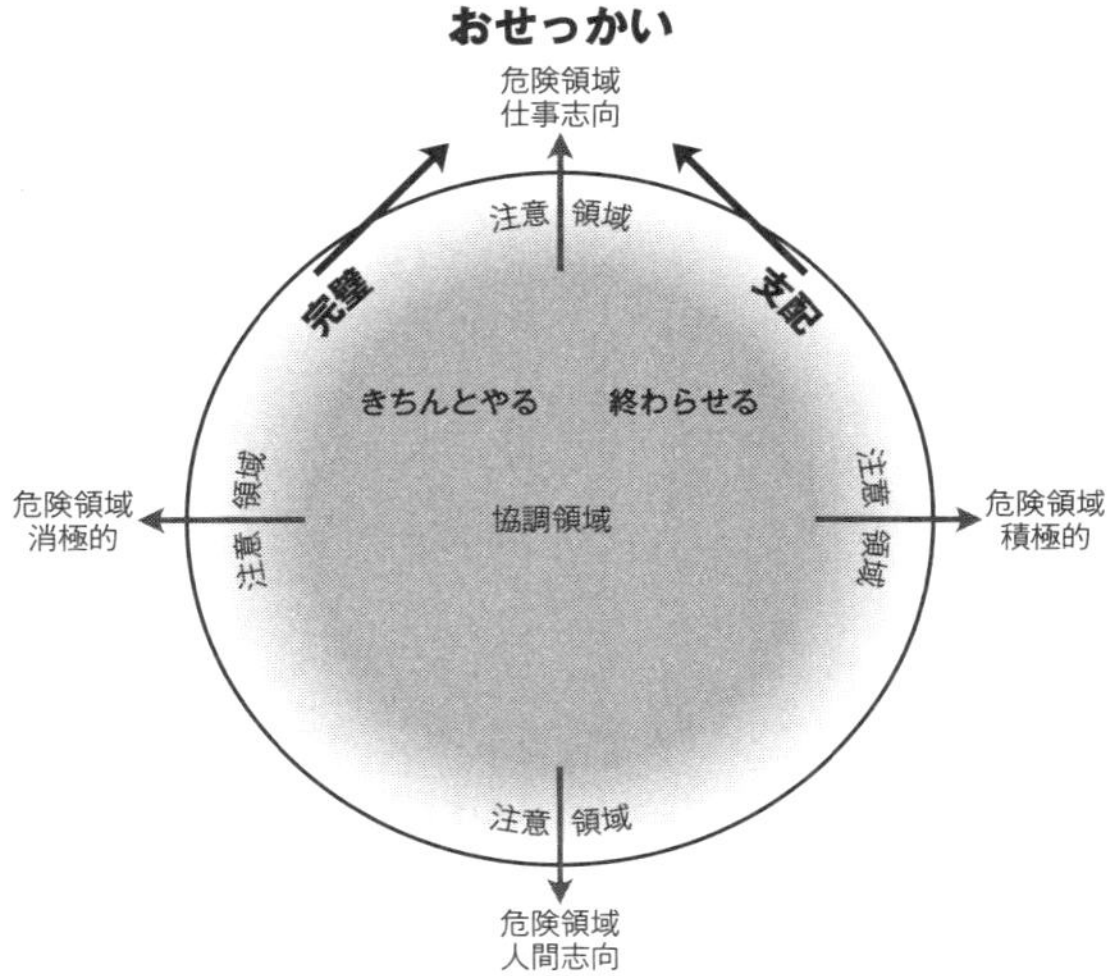

が代わろうとすることがあります。

■**おせっかい**

〈裁判官〉の完璧主義で批判的な目と、〈戦車〉の早く終わらせようとする支配的な性質が組み合わさると、〈おせっかい〉タイプとなります。彼らは、相手にとって何がいちばんいいのか心得ていて、相手の人生に介入し、やるべきだと確信していることをさせようとします。単なるおせっかいから、相手について詮索して操ろうとする者まで、程度はさまざまです。着るものから、余暇を一緒に過ごす相手、話し方や行動まで、〈おせっかい〉タイプは相手を見張り続けます。

「仲良くやる」が脅かされたとき

他人と協調したいという目的が阻止され、ゆがんだレンズを通してみるようになると、他人が自分のことをどう思っているかは確実でないという思いから、他人の反応や発言、顔の表情などを自分勝手に解釈するようになります。そして、承認を求め、非難を避けるための行動がますます激しくなります。承認を求めようとして困った行動に走るのは、消極的な〈**何もしない**〉、〈**八方美人**〉なイエスマン、〈**優柔不断**〉の3タイプです。

3
良かれと思ったことが裏目に出る

■何もしない

臆病で落ち着きがなく、確信がもてないため、口をつぐむのが得意です。気の利いたことを言えないので、何も言わないのです。最悪の場合、どんなときにもひとことも発さないこともあります。

それはいろいろな意味で、争いを避け、誰も傷つけず、誰の怒りも買わないための完璧な戦略ですが、ひとつだけ欠点があります。〈何もしない〉の人は本音を出すことができず、正直に話せないという欠点です。誰を相手にしても、本当に仲良くやることはできないのです。

■八方美人

このタイプの人はみんなを喜ばせて承認を

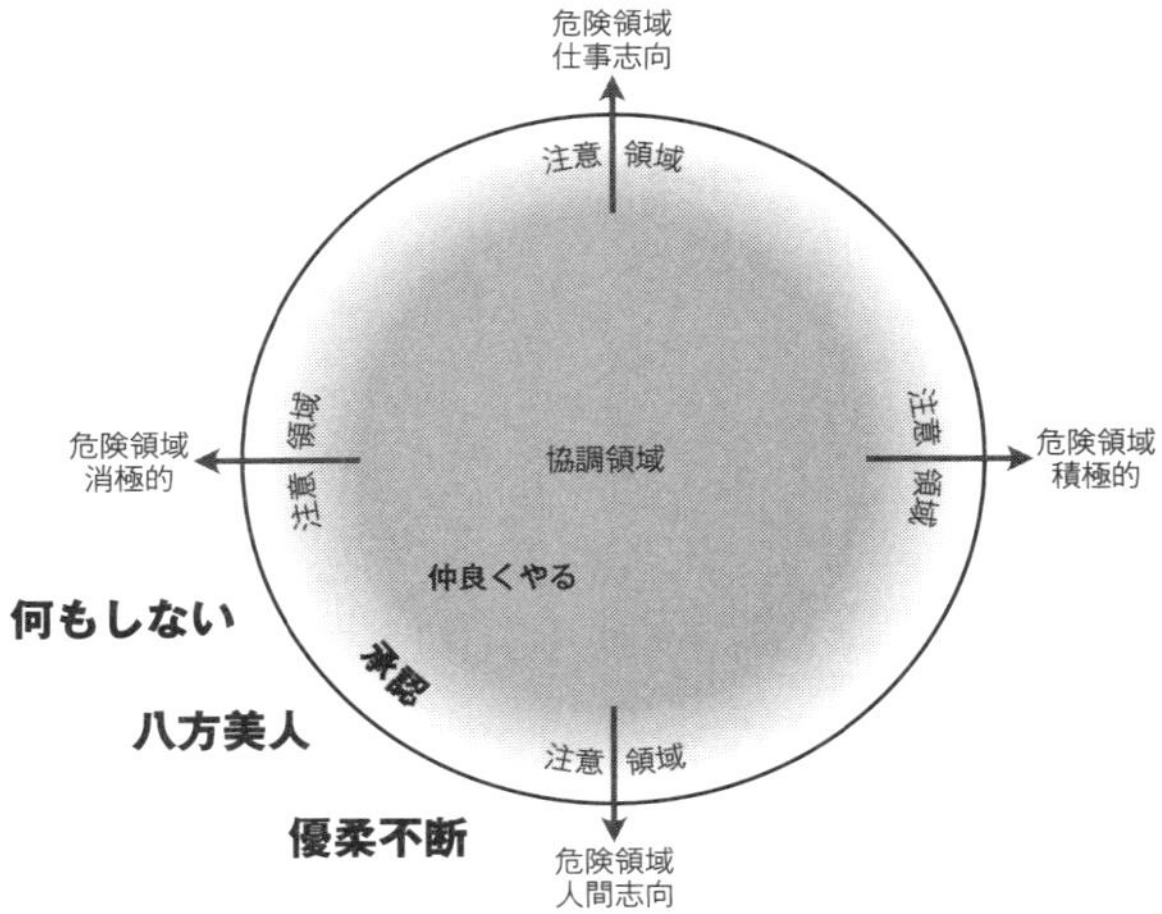

求め、否定されることを避けようとします。どんな求めに対しても、その内容や、達成できなかったらどうなるかなどを真剣に考えないまま引き受けます。「承知しました」と答えたかと思うと、次の頼みに「オッケー」と返します。やがて、いろいろなことを引き受けすぎたために、実行しきれず、仲良くやりたい当の相手の激怒を買ってしまうことになります。

めったにないことですが、仮に約束を守れたとしても、〈八方美人〉タイプの人々の生活は、もはや自分の思いどおりではありません。他人の要求に従って動くことしかできないからです。そのため根強い不安と恨みが生まれ、無意識のうちに大きな災いとなることがあります。

■優柔不断

このタイプは、決断しないことで否定することを避けようとします。誤った選択をしたら、誰かを怒らせたり、何かが失敗したりするかもしれません。そのことで責められたくないのです。それを避けるために決断を先送りにし、あいまいな態度をとって、ほかの誰かが決断するか、勝手に決着がつくまで待つのです。

あなたを困らせる行動がいつもそうであるように、この行動も、解決すべき問題を長引かせ、大きな不満と不快感をもたらします。そして優柔不断な人は、他人と深い絆を結べなくなってしまうのです。

「認めてもらう」が脅かされたとき

「認めてもらう」という目的がうまくいかずに、肯定的な意見が得られないと、他人の反応や発言、顔の表情が気になってしかたなくなります。賞賛が得られずにいると、認めてもらいたいという思いはますます強まり、関心を引こうとするようになります。そうした困った行動に出るのは、主として**〈手榴弾〉〈狙撃手〉〈知ったかぶり〉**の３タイプです。

■手榴弾

このタイプの人は、自分はまったく認められていないし、尊重されていないと言います。認めてもらえないことに耐えられなくなったときの、手榴弾、つまりかんしゃくの爆発に

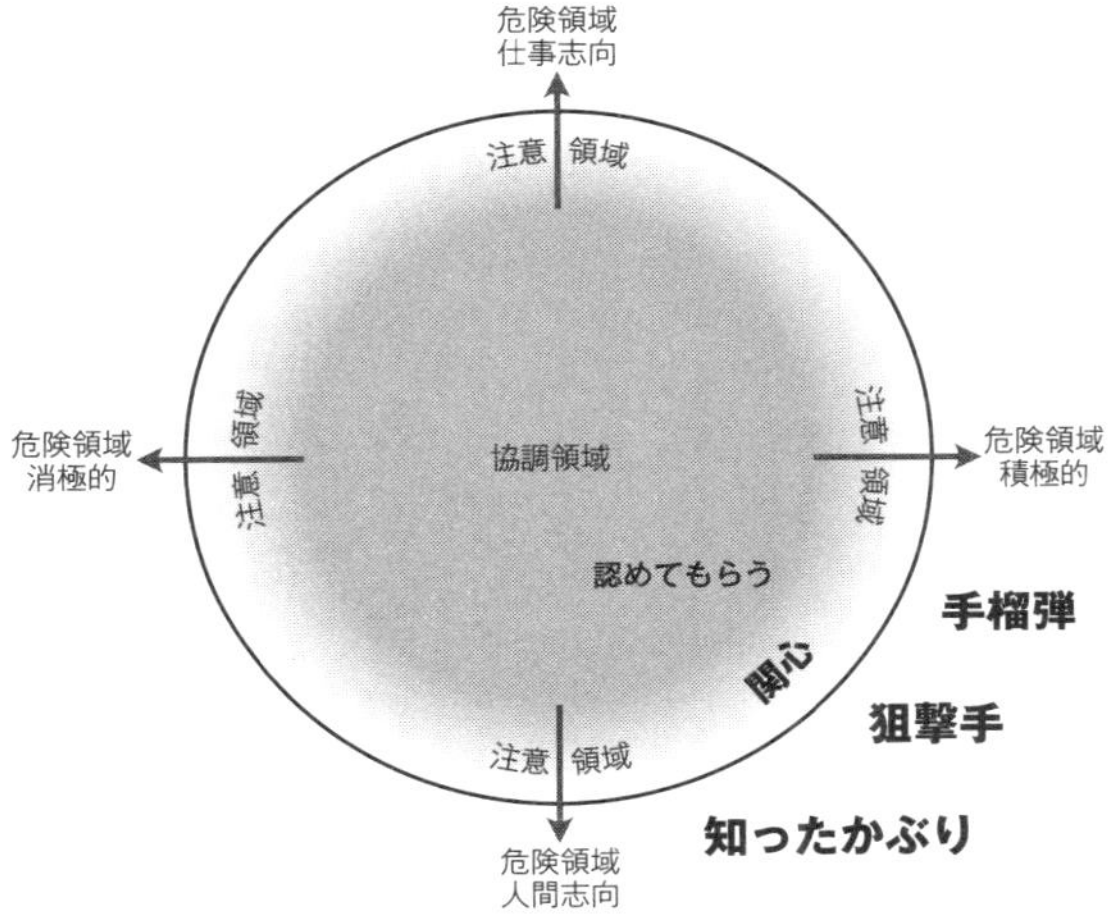

は気をつけなければいけません。「誰も気にかけてくれない！　これこそ現代の世界的な問題だ！　こんなことやらなきゃよかった！　私がどんなにつらい思いをしているか、誰もわかってくれないのに！&%$#」

カンカンに怒ったわめき声を無視するのは難しいものです。自暴自棄になったふるまいは、否定的な反応や嫌悪感を招くだけですから、〈手榴弾〉はますます爆発しやすくなります。〈戦車〉が特定の方角を狙って砲火を放つのに対し、〈手榴弾〉は全方位に向かって制御不能な爆発を起こします。〈戦車〉は、狙った相手以外の、有益な人々やオフィスの設備などには手を出しません。ところが〈手榴弾〉は、ほとんど、あるいはまったく関係のないものまで巻きこみます。〈戦車〉の攻撃は行動したいという欲求にもとづくものですが、〈手榴弾〉のかんしゃくは、関心を集めたいという欲求からきています。

■友好的な〈狙撃手〉

この〈狙撃手〉は実際にはあなたのことが気に入っていて、関心を引く〝楽しい〟手段として狙撃してきます。「私は決して人の顔を忘れないんだ。だけど、君だけは例外だね」など。人間関係において、冗談交じりに狙撃する人はたくさんいます。通常なら、防御は最大の攻撃です。反撃するのは認めている証しなのですから。しかし、攻撃を受けた側がそうやって認めなければ、表面上は笑いながらも、心の中では血を流していることになります。

■知ったかぶり

このタイプは、誇張やごまかし、たわごと、役に立たない助言、頼みもしない意見が得意です。必死にまわりの関心を引きたがり、カリスマ性があり情熱的な彼らは、素朴な人々を深刻なトラブルに巻き込んでしまうこともあります。反論しようと声を大にして一歩も譲りません。しまいには、こちらが間抜けに思えてくるほどです。

「認めてもらう」と「仲良くやる」が脅かされたとき

「認めてもらう」という目的と「仲良くやる」という目的の両方を抱いていると、人を喜ばせて助けながらも、同時にその見返りに認めてもらいたがり、無理をするようになります。

■殉教者

〈殉教者〉はすべての行動を他人のために行い、一見はとても感じがいいのですが、彼らが本当に求めているのは、自分を認めてもらい、相手の人生において自分が重要な存在となることです。残念ながら、〈殉教者〉の行動が必ずしも他人に求められているとはかぎりません。

望みどおりの感謝を受けられないことも多いのです。

ついに〈殉教者〉はメルトダウンを起こし、すべての行動を他人のために行っているのに、誰も気にかけてくれないことに疑問をぶつけ、文句を言いはじめます。

まとめ

■私たちは「終わらせる」という目的が妨げられると、より支配的な行動に出るようになり、〈**戦車**〉〈**狙撃手**〉〈**博識家**〉に変貌する。

■「きちんとやる」という目的が妨げられると、より完全主義的な行動をとり、〈**愚痴り屋**〉〈**否定人**〉〈**裁判官**〉〈**何もしない**〉になる。

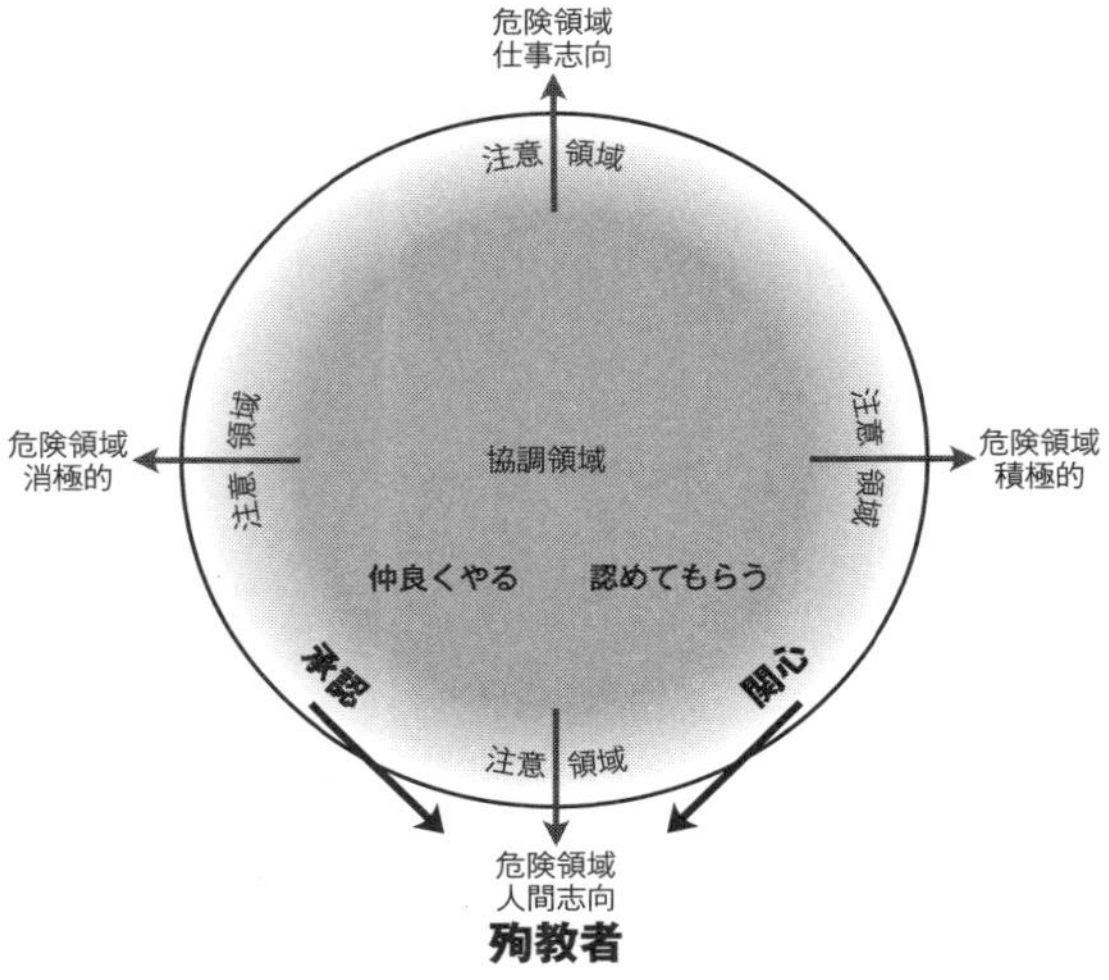

3
良かれと思ったことが裏目に出る

■「終わらせる」と「きちんとやる」の両方の目的が妨げられると、支配的で完全主義的な行動をとるようになり、〈**おせっかい**〉になる。

■「仲良くやる」という目的が妨げられると、承認を求める行動が増え、〈**八方美人**〉〈**優柔不断**〉〈**何もしない**〉になる。

■「認めてもらう」という目的が妨げられると、まわりの関心を引くための行動が増え、〈**狙撃手**〉〈**手榴弾**〉〈**知ったかぶり**〉になる。

■「仲良くやる」と「認めてもらう」の両方の目的が妨げられると、承認を求め、まわりの関心を引きたがる行動が増え、〈**殉教者**〉になる。

ここまでに述べた、10タイプ（＋3）の困った行動をお読みいただければ、目的が妨げられたときに、あなた自身もどれかのタイプになっていることに気づかれたかもしれません。それは当然のことです。

誰もが、時には誰かの「困った人」になるのですから。誰でも、愚痴をこぼしたり、希望を失ったり、大げさな話をしたり、本当の気持ちを抑えたり、無視されたように感じたり、不当な扱いをしたりされたり、決断を先延ばしにしたり、かんしゃくを起こしたり、大声で責め立てたり、内に閉じこもったりしたことがあるでしょう。あなたと「困った人」との違いは、程度や頻度の問題であり、自己認識や責任感があるかどうかの違いです。ここで重要なのは、そういった行動に気づき、変えることができるということです。

「困った人」の行動は、その人が何を重要視しているかによって決まります。その行動は、あなた自身の視点にもとづく行動と互いに影響し合います。意図的であろうとなかろうと、あなたの対応によって結果が左右されるのです。「困った人」の最悪の行動がもたらす結果は、おおむね、あなたの行動によって決まるということです。

（「理解のレンズ」のカラー版は、www.DealingWithPeople.comから入手可能）

理解のレンズ

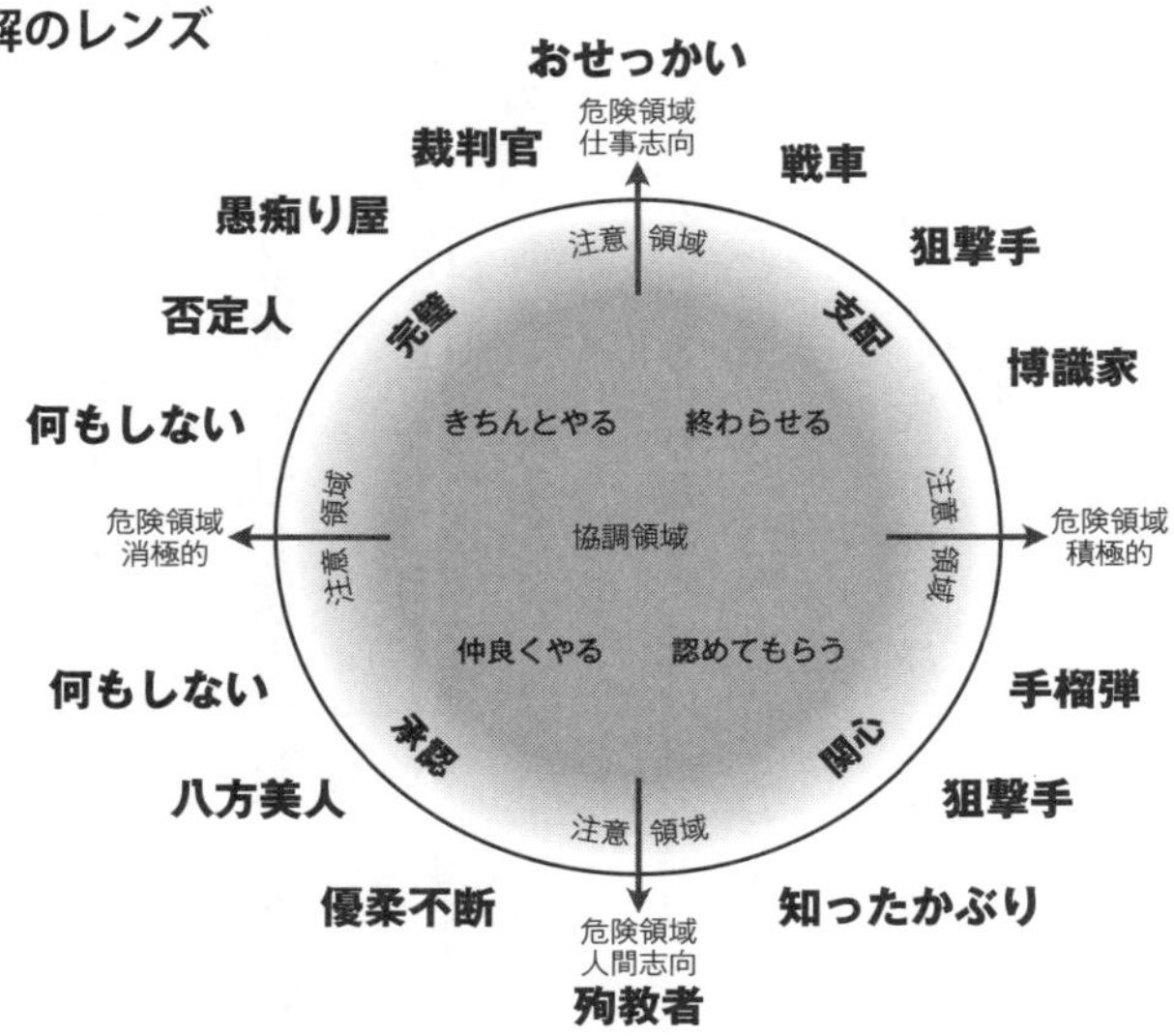

パート 2

「困った人」との
コミュニケーション・スキル

お互いに連帯感をもっていればがまんできるのに、
ばらばらでいるとがまんできない。その理由を探り、
相手の話に耳を傾けて理解し、さらに理解を深める方法、
話をして理解してもらい、自分の計画を実現させる方法、
そして自分の態度を変える方法を見ていこう。

4 対立を協調に変えるには

あなたはすでに、たいていの人とうまくコミュニケーションをとれているでしょう。対応に困る人は、ほんの数人ではないでしょうか。このあとの数章では、あなたが大切に思っている人と信頼関係を結ぶために、無意識のうちに使っているコミュニケーション・テクニックを確認します。そのスキルを把握すれば、「困った人」に対してそれをうまく使うことで、対立を協調に変えることができます。

重要な2つのスキル

親しみやすい人と扱いづらい人との違いは何でしょう？　ある人とはうまくやっていけるのに、別の人とは対立が起きるのはどうしてでしょうか？　その理由は、お互いに連帯感をもっ

4
対立を協調に変えるには

ていればがまんできるのに、ばらばらでいるとがまんできないからです。人間関係において、お互いの違いに目を向ければ、対立が起きます。差が大きいと感じられれば、そのぶん破綻も早いでしょう。

お互いの共通点に重点を置けば、もっといい関係を結べます。友人との対立と、「困った人」との対立との違いは、友人の場合はお互いの共通点によって対立関係をやわらげられるということです。コミュニケーションの成功は、関係を変えようとする前に互いの共通点を見つけられるかどうかにかかっています。「困った人」に対応するために重要なのは、違いを少なくすることなのです。

ここで、融和と方向転換という方法が登場します。

「**融和**」は、自分と相手との違いを少なくし、相手の立場に立って共通点を見つけるという行動です。融和を行えば、親密さが増します。転換は、その親密さを用いて、お互いの関係の進行方向を変えようとする行動です。

融和は重要なコミュニケーション・テクニックです。同じ見方をし、お互いに好意を抱いている相手、あるいは関係を深めたいと思っている相手となら、自動的に自然に融和できます。あなたの生活においても、すでに驚くほどの融和をしていることでしょう。

たとえば会話のなかで、相手と同じ場所で育ったと気づいた経験はありませんか？　それを知った瞬間、相手との違いは薄れ、親近感が強まったでしょう。その経験が融和です。

友人たちとレストランに行き、メニューを見て「何を注文する？」と尋ねたことはありませんか？　その質問は、相手が食べるものを知りたいというよりは、友情の表れなのです。食事前に友人が何か飲み物を頼み、あなたも注文するでしょう。それも融和のひとつです。

公園から帰ってきた子どもが、小さな膝小僧にケガをして、目に涙をためていたらどうしますか？　子どもへの愛情が強ければ、抱き上げるかかがみこむかして、目と目を合わせるでしょう。あなたも自分の膝に手をふれて顔をしかめ、「痛い？」とつらそうに尋ねるかもしれません。それが融和です。そうすることで、子どもはあなたの愛情を感じます。

強いなまりのある人と話すと、知らないうちに自分もそのなまりを使ってしゃべっていると気づいたことはありませんか？　それは、気に入った相手と融和したいという自然な衝動なのです。

完璧にドレスアップして出かけたのに、まわりのみんなはTシャツに短パンといった格好をしていたなんて経験は？　それは融和していないという感覚です！

融和にはさまざまな方法があります。表情や姿勢やしぐさなどで視覚的に融和することも、声量や話す速さで言語的に融和することもあります。言葉を用いて考え方を融和させることもできます。好きな人や目的が同じ人と融和するのは自然ですが、「困った人」と感じる相手と融和できないのも自然なのです。融和に失敗すれば、深刻な結果が引き起こされます。融和なしでは、互いの違いが争いの種となるからです。

4
対立を協調に変えるには

！重要：自分に反対していると思われる人とうまくやることはできない

実際、人間関係には中間地点はありません。意識的であれ、無意識であれ、私たち人間は「敵か、味方か」を確かめたがるものです。共通点があるか、あるいは互いに世界の端から端ほどかけ離れているのかで、温かい関係になるか冷たい関係になるかが決まります。信じられないかもしれませんが、その点であなたと「困った人」には共通点があります。

！重要：理解しようと耳を傾けているときも、理解してもらおうと話をしているときも、「融和」はいつも「方向転換」に先立つ

融和によって「困った人」との親密な関係が成立してはじめて、互いの関係を方向転換し、有益な成果が得られるよう軌道修正することができるのです。

このあとに述べる戦略では、「困った人」と効果的なコミュニケーションをとるための、特別な融和と方向転換のスキルを身につけられるでしょう。読みながら、そういった戦略を用いて成功した例を思い出してみてください。そして、再びその方法で成功する未来を思い描いてください。

本書の後半では、10タイプ（＋3）の最もあなたを困らせる行動に、効果的に対処するスキルや戦略を見ていきます。

しぐさと表情で融和する

話をするときに手を動かす人もいれば、口だけを動かす人もいます。誰に対しても礼儀正しく微笑む人もいれば、みんなにしかめっ面を見せる人もいるでしょう。何を考えているのかまったくわからない人もいます。立って話す人、座ったまま話す人、前かがみの人、直立する人、家具にもたれかかる人……。

そういった姿勢の違いが誤解や幻想を招くもとになることもあります。両手を使って話す人は、口だけで話す人のことを面白味がない人だと思うでしょう。反対に口だけで話す人は、両手を用いて話す人のことを落ち着きがないと見なします。微笑む人は、顔をしかめる人のことを憎しみに満ちていると見なし、顔をしかめる人は、微笑む人を偽善者か愚か者だと感じます。

お互いの関係がうまくいっているとき、私たち人間は相手の姿勢や表情やしぐさを自然に真似て、融和します。楽しく話している相手が足を組んでいたら、しばらくすると自分も同じように足を組んでいることでしょう。相手が足を組むのをやめて前かがみになれば、まもなく自分も同じ姿勢をとるはずです。

相手が微笑めば微笑み返します。心配ごとを話してくれれば、相手を気遣うでしょう。両手を動かしながら話をすれば、あなたも同じしぐさをします。しまいには、相手が頭を掻けば、た

ちまち自分の頭の同じところがかゆくなることもあるでしょう。実際、仲のいい人と一緒にいるところをビデオに撮って早送りすることがあれば、その映像は、無意識のうちに真似っこ遊びをしているように見えるでしょう。

お互いの非言語行動を鏡のように真似る様子を見てみましょう。自分が相手と融和し、相手が自分と融和する様子を観察してください。ふたりの人間を遠くからながめて、言葉なしでどのように融和していくかを確かめてみましょう。言い合いをするカップルを見かけたら、そこには融和がほとんどなく、違いを誇張していることに着目しましょう。

ほとんどの場合、非言語的な融和は自動的に起こり、通常はどちらの側も気づきません。融和あるいは非融和はそれぞれ、あなたとまわりの人たちの間に、信頼あるいは不信、協力あるいは非協力の雰囲気を生みだします。

雰囲気がよくないときに「困った人」を相手にしなければならない方法のひとつとして、意図的に相手の姿勢や表情やしぐさに合わせるというものがあります。融和することで、「私は仲間です！　敵ではありません！　あなたの言動に関心があります！」という信号を送ることができるのです。

！重要：非言語的な融和は、相手に気づかれるほどやりすぎる必要はありません。誰もからかっていると思われたくはないでしょう。相手の動きを、すみからすみまで真似る必要もありません。ただ、仲良しなら誰もがやる程度に、相手のふるまいを真似るだけでいいのです。通常は、姿勢の変化を真似ると、相手より少し遅れます。

非言語的な融和は、一見似ているようで、じつは異なるということもあります。貧乏揺りをする人に会ったことはありませんか？　そんなとき、自分も同じように足を揺することはないかもしれません。でも、知らず知らずのうちに、鉛筆を同じリズムで揺らしはじめていたりします。

決して真似してはいけないのは、敵意のあるしぐさを向けられたときです。あなたに向かって拳を振りながら「お前はバカだ！」とどなられても、拳を振り返して「ああ、お前もバカだよ！」とどなり返さないでください。それは融和ではありません。攻撃に対して攻撃で返すことはお勧めしません。攻撃に対して融和するコツは、意識して抑えた動作をすることです。〈**戦車**〉と〈**手榴弾**〉の項目で、詳しく述べましょう。

「困った人」の10タイプ（＋3）を検討すれば、非言語的な融和がいかに役に立つかがわかるでしょう。身体を使えば、〈**八方美人**〉〈**優柔不断**〉〈**何もしない**〉を満足させることができますし、〈**戦車**〉に攻撃的にならずとも大丈夫だと言葉なしで示すこともできます。

声の大きさと話す速度で融和する

4
対立を協調に変えるには

コミュニケーションに成功するときには、いつも相手の声の大きさと話す速度に自然に合わせているものです。相手の声が大きければ自分も声量を上げ、相手の話し方が速ければ自分も急いでしゃべります。早口な人はその速さを楽しみ、ゆっくりとしゃべる人はゆったりとしたペースを楽しんでいます。物静かな人は静けさを好み、騒々しい人は賑わいが好きです。

相手の声量や速度に合わせられなければ、ひとりごとに終わってしまうか、深刻な誤解を招くことになりかねません。

10代の娘とその母親は、お互いにどうしても和解できないように思われました。不仲をなんとか解消するための最後の頼みの綱として、カウンセリングを受けることにしました。見たところ、母親が娘に腹を立てているときには、話し方は速くなります。また、怒っているとき以外にも、話し方が速くなることがあります。

理由が何であろうと、母親が早口になると、娘は内に閉じこもり、母親の言葉に耳を傾けるのをやめてしまいました。言葉の内容のせいではなく、言い方のせいです。そんな娘の態度に母親はいらいらし、どうしても怒りを抑えきれなくなります。すると娘はさらに閉じこもってしまいます。ふたりの距離はますます広がり、どなりあう羽目になるのです。

残念ながら、これは親子ではよくあるパターンです。愛情が足りないのではありません。融和が足りないのです。そのことを母娘に指摘し、お互いのコミュニケーション方法の違いに気づかせてあげると、ふたりの態度は変わりました。母親は、自分が話をするときに娘の注意を引きたがっていることに気づき、娘にとって効果的な方法で話す速度を意識的に遅くしはじめました。

娘のほうも、母親とよいコミュニケーションをとるように努めました。そして母親の言葉は怒りを表しているだけではないと気づき、話す速度ではなく、話の内容に関心を払うよう努力しはじめました。ふたりとも、相手に対する愛情で、親子関係を修復するためにそれぞれの立場でやれることをやったのです。

このように、コミュニケーションを困難にする原因は、その内容ではなく、その方法にあるのです。

5 理解するための効果的な聞き方

人は話を聞いてもらい、理解してもらいたい

言葉で自分を表現するときには、相手に話を聞いてもらえた、という手応えがほしいと思うもの。自分を理解してもらいたいのです。自分で自分自身が理解できてないときでさえ、混乱しているなかで自分の感情や考えを表現しようとします。

ところが、ふたりが同時に自分の話を聞いてほしがり、理解を求めると、相手の話に耳を傾けようとか理解しようとすることがなくなり、言い争いが起こったり、ケンカ別れになったりしてしまいます。そのため、コミュニケーションに長けた人は、自分の話を聞いて理解してもらおうとする前に、まず相手の話に耳を傾けて理解しようと努力します。

残念なことに、人の話を聞くには、不本意ながらも、自分の話を聞いて理解してほしいとい

う欲求をいったん取り下げなければなりません。

でも、そうするといいこともあります。「困った人」に徹底的に自分を表現させると、今度はあなたの話も聞いてもらえる可能性が高まります。喜んで聞いてくれるかもしれません。実際、自分の話を聞いて理解してもらうと、自分の考えや感情だけに気持ちが向いている状態から解放されます。心の扉を開いて、人の話を聞きやすくなります。

ところで、「理解」にはふたつの段階があります。ひとつめは感情レベル。自分の感情を理解してもらえたと感じます。次に理性レベルで、自分の話を理解してもらえたと知るのです。相手が「困った人」に変貌したとき（つまり、その人の目的が脅かされて阻止されたとき）、その感情や考えに耳を傾け、理解してあげるのはとても有益です。

シンプルながらもとても効果的なこの戦略を達成するには、受け身ではなく能動的に話を聞かなければなりません。次のような態度で聞く習慣を身につければ、まわりの人が「困った人」に変貌するのを防げるでしょう。

ステップ① 融和する

相手はどのようにして、あなたが話を聞いて、理解してくれているという判断を下すのでしょう？ それは、話を聞いているときの表情や声です。つまり、相手が感情をぶちまけて、愚痴や不平をこぼし、問題を並べたて、無関係なことまで語り、あなたにとっては何の役にも立た

ない詳細な情報を伝えてくる間、あなたはその話をよく理解しているという証拠を（たとえ本当は理解していなくても！）、目に見え、耳に聞こえる形で表現しなければなりません。当惑した表情を見せたり、話をさえぎったり、意見や反論を述べたりして相手の気を散らすのではなく、相手に完全に気持ちを吐き出させることをお勧めします。同意の印としてうなずきながら、適当なところで「うん、うん」「ええっ」「うーん」などの声を発したり相手の言葉を繰り返したりして、あなたがちゃんと話を聞いているということを相手に知らしめるのです。体の姿勢から声の大きさにいたるまで、ちゃんと話を聞いて理解しているという印象を与えなければいけません。

ステップ② 繰り返す

反応のひとつの形として、相手が実際に使った言葉を繰り返す方法があります。それによって、ちゃんと話を聞いていて相手の言葉を重要だと思っていることをはっきりと示せます。

相手の言葉を繰り返すのは、ほかの言葉に言い換えることではありません。言葉は経験の象徴です。人間が自分の経験を表現するために選んだ言葉には特別な意味がこめられています。その言葉を自分の言葉に言い換えてしまうと、たとえ「言い換えると……」「では、あなたがおっしゃりたいことは……」などの前置きを丁寧につけたとしても、「困った人」とのコミュニケーションを遅らせてしまうかもしれません。自分とは異なる言葉を耳にした相手は、それこそあなたが理解していない証拠だと思いかねないのです。

オウムのようにすべてを繰り返す必要もありません。状況に応じて、繰り返す量は異なります。攻撃してくる〈**戦車**〉に対しては繰り返す言葉は最小限。彼らの注意力は、文章ふたつぶんしか続かないからです。〈**博識家**〉タイプには、大量の繰り返しが必要です。でないと、もう一度講義を拝聴する羽目になるでしょう。煮え切らない態度の〈**八方美人**〉や〈**優柔不断**〉タイプには、相手の感情表現を繰り返すことがいっそう重要になります。この手法は、10タイプ（＋3）のすべてに対して、いろいろな形で用いることができます。

繰り返しの手法がとくに重要なのは電話で話すときです。電話では視覚的な情報が伝わらず、声や言葉で判断するしかないからです。

ステップ③　明確にする

相手が言いたいことを聞き終えたら、その意味についての情報を集めましょう。この時点で、本当に疑問を感じたら質問してもかまいません。

明確にするには、「うーん」のひとことで返事がすむような質問ではなく、相手の言葉を引き出すような質問をしましょう。何が、誰が、どこで、いつ、どんなふうに、といった疑問詞を使った質問です。「誰と話したんですか？」「その話は何について？」「どこで起きたんですか？」「いつ起きたんですか？」「どんなふうに？」などと情報を集めてから、相手がその話をする理

由と、それによって満たしたいと期待している基準をつきとめます。

それには情報収集モードに入る能力を高めることが重要です。「困った人」を相手にするときには、適切な質問をする能力のほうが、適切な答えを知っていることよりはるかに価値をもつことがわかるでしょう。「衆知を集めれば、誰の知恵にも勝る」という原則は役に立ちます。質問をする人は、より多くの知性を動員すれば、より多くを得られます。

しかし、混乱している人に対処するときには、そんなふうに知性を動員することができません。感情によって論理的な思考があいまいになり、もはや脳が口と連携していません。あなたも、カッとなって、心にもないことを言ってしまったことはありませんか？

感情的になった人に論理的な説得は不可能ですが、表情や言葉によって理解していることを伝え、相手の言葉を繰り返すことはできます。それから、いろいろな質問をすることです。

【質問で明確にするメリット】

■話を聞いたときよりも質の高い情報が得られます。質問によって双方が問題のポイントを明確にし、問題の特徴を理解することができ、あいまいな一般論に反応したり対処したりする必要がなくなります。

■質問の過程で、相手がより理性的になる手助けができます。適切な質問によって、混乱していた相手は思考の穴を埋めることができ、ふたたび理性を取り戻せます。

■相手の言葉を尊重しているということを、忍耐強く、協力的な態度で相手に示すことができます。そうすることで相手は冷静になり、協調性を取り戻す可能性が高くなります。
■質問をすることで現状をじっくり検討し、今後の見通しを立てる余裕ができ、場合によっては修正作業により早くとりかかれます。
■相手と敵対することなく、隠れた問題を表面化し、嘘を暴くことができます。TVドラマ『刑事コロンボ』で、ピーター・フォークが演じた主人公の刑事の手法です。

原則として、たとえ相手の言葉を理解できていると感じていたとしても、明確化のための質問は多ければ多いほどよいでしょう。相手の言葉を理解していると思っていても、実際にはわかっていないことも多いもの。

また、詳しい質問をすれば自動的に詳しい答えが得られるとはかぎりません。**〈愚痴り屋〉**や**〈否定人〉**は、一般化して話すことが多いのです。

ステップ④　まとめる

双方がきちんと理解していることを確かめるために、聞いた内容をまとめて相手に確認しましょう。「では、問題はこれこれで、関係者は誰それですね。それが起きた日時、場所、いきさつはこれこれで間違いないですね？」

そうすることで、少なくともふたつのことが起こります。①聞き逃したことがあれば、相手が補完してくれる。②相手を理解しようと努力していることを証明できる。そうなれば、相手の協力を得て軌道修正できる可能性が高くなります。

ステップ⑤　確認する

注意深く耳を傾けていれば、ここで重要な岐路にたどりついているはずです。推測するのではなく、相手が問題をすべて語り終えて満足しているかどうかを確認しましょう。「話したいことは話しましたか？　ほかに何かありますか？」

誠実な質問をして耳を傾け、気遣いを十分にして、聞いたことがきちんと記憶されれば、相手を理解したということです。そうすれば、「困った人」は困った行動を控え、より協力的になるでしょう。

まとめ

【「困った人」の話を聞くとき】

■目標：耳を傾けて理解する

■アクション・プラン：

①視覚的、言語的に融和する
②相手の言葉を繰り返す
③相手の言葉の意味や目的、基準を明確にする
④聞いた内容をまとめる
⑤自分が正しく理解しているかどうかを確認する

6 もっと深く理解するために

これまでの章では、信頼と協調、理解を深める手段として、相手の話に耳を傾ける方法を説明してきました。しかし、コミュニケーションの最も重要なことが、聞く側だけでなく話す側にとっても見えないところに隠れていることがあります。それを確認して、意識できれば、融和しながらも相手とうまく交流できるようになるのです。

ポジティブな目的を確認する

「**ポジティブな目的**」とは、コミュニケーションや行動がもつ良い目的のことです。すべての行動は、たとえそれがネガティブな行動に見えたとしても、もともとはポジティブな目的に端を発していると思われます。このポジティブな目的をきちんと理解できないと、その影響がのちのちまで長びくかもしれません。

フランクはスポーツ用品店を営んでいました。季節に左右される商売で、売れ行きのいい時期がちょうど終わったところでした。資金は潤沢ではなく、電球が切れたまま放置されている照明が店内にはたくさんありました。その問題に気づいた新入りの店員が、電球を注文し、すべて交換しました。さらに、ふたたび店が暗くならないように、２年ぶんの電球を買って倉庫に保管しておきました。

かぎられた資金がこんなふうに使われたのを見てフランクは怒り、新入りの店員を、ほかの店員たちの前で厳しく叱りました。２年後、フランクは、「この店員はなにひとつ率先してやろうとせず、言われなければやらないのはなぜだろう？」と不思議に思いました。

答えは明らかです。フランクは、その店員のポジティブな目的を認めそこなったのです。店員のポジティブな目的はなんだったでしょうか。おそらく、店内が暗くみすぼらしい感じなのに気づき、こんな店では顧客が品質に不安を抱くのではないかと思ったのでしょう。皆に気に入られようと思い、仲間の店員たちのために何かしたかったのかもしれません。あるいは、目立つことをして、注目を集めたかったのかもしれません。どの理由もありえます。

重要なのは、その自発的な行動の目的がどれだったかつきとめることではありません。経営

者がポジティブな目的を認めなかったせいで、その店員の自発性が損なわれてしまったという点が大事なのです。もし、フランクが店員と融和し、ポジティブな目的をつきとめ、認めていれば、こんなふうに言ったでしょう。

「電球を交換してくれてありがとう。この店の様子に気を配ってくれてうれしいよ。みすぼらしい店のようすを見たら、商品も似たようなものじゃないかってお客様に思われるかもしれないと考えたんだね。みんなも、店が明るくなって喜んでいるはずだ。店が深刻な資金難に陥っていることなど、君は知りようがないよね。余分な電球は返品しなきゃいけないが、自発的に行動してくれたことには感謝するよ。その調子でこれからもがんばってほしい。今後は、みんなで情報を共有できるよう最大限の努力をするつもりだ」

　こう言われた店員はその後、自発性を失ったと思いますか？　そんなはずはありません。相手が失敗したときにも、その能力を最大限に引き出すのに重要なのは、「疑わしきは罰せず」という原則です。あなたを困らせる行動の裏側にある、ポジティブな目的を推測し、それを考えながら対応しましょう。

　コミュニケーションや行動の背後にある相手のポジティブな目的を考えてみましょう。はっきりとはわからなくても、何らかの答えを出してみましょう。たとえその目的が実際には存在しなかったとしても、相手の反応がよくなり、親密さを引き出すことができるからです。

【理解のレンズを通して見た4つの目的に、この戦略を適用すると……】

■「終わらせる」が最優先の人と話すときには、要点を突いた短い会話にすれば、協調的だと思われ、誤解を減らせる。

■「きちんとやる」が最優先の人と話すときには、細かい点に気を配れば、協調的だと思われ、誤解を減らせる。

■「仲良くやる」が最優先の人と話すときには、気さくなおしゃべりと思いやりのあるコミュニケーションで好意を示せば、協調的だと思われ、誤解を減らせる。

■「認めてもらう」が最優先の人と話すときには、相手の貢献に対して熱く賞賛の言葉をかければ、協調的だと思われ、誤解を減らせる。

コミュニケーションや行動の背後にある、相手のポジティブな目的について考える練習をしましょう。ほかにポジティブな目的があるのではないか？　その行動やコミュニケーションによって、どんなポジティブな目的を達成しようとしているのだろうか？

配偶者や友人が攻撃的な態度で何か言ってきたときにも、その攻撃に対して身を守ろうとするのではなく、相手の目的に融和して、こう言ってみましょう。「私のことを気遣ってくれるのはうれしいよ。まずはお互いの誤解をときたいな」。そうすれば、相手は追及をやめて冷静さを取り戻すでしょう。そのあとで本当のコミュニケーションを築くことができるのです。

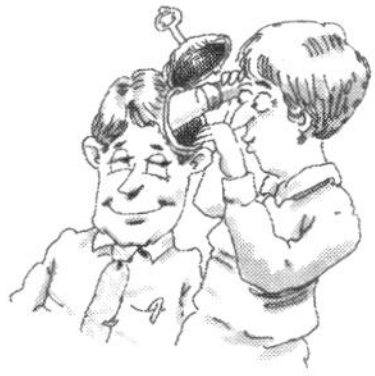

判断基準を確認する

「**判断基準**」とは、ものの見方を決め、考え方や経験の善し悪しを決定する基準のことです。ものごとがどうあるべきかを決定する手段であり、ある考え方に賛成か反対かを判断し、その見方に価値があるかを考える基準です。異なる思想や見方について議論するとき、判断基準はとくに重要です。議論のときに判断基準がはっきりすれば、その場の人々はより柔軟になり協調性を高められます。

あるセミナーに最適な会場を決定するための会議をお手伝いしたときのことです。出席者のひとりは、会社の研修室はどうかと提案しました。別の出席者が難色を示すと、また別のひとりがホテルを提案しました。海岸のリゾート地を推す者も現れ、それぞれ意見が分かれて、議論が始まりました。

私たちは最初の発言者に冷静に尋ねました。「どうして研修室が最適だと思われたのですか?」。答えは、「料金が発生しないから」でした。この人の基準では、セミナーの成功には費用の問題が重要だということです。

次の発言者には、「どうしてホテルがいいのですか?」と尋ねました。返事は、「社内でセミナーを開くと、自分の仕事で気が散ってしまいます。会議中でも伝言を受け取ったりそれに答えたりしなければならなくなります。前にもそんなことがありました。全員が議題に集中できるような、仕事とは関係のない場所が必要です」。この人の判断基準では、セミナーが成功するには、集中できるということがとても重要なのです。

さらに、「なぜリゾート地？」と尋ねました。返答は、「そうですね、みんなですてきな場所に行けたら、リラックスできるし、チームとしての結束も強まります」。この人のリストでは、結束とチームワークが上位にあるのです。誰もが、セミナーだけを考えていたわけではありません。費用や集中力、リラックス、チームワークなどについても考えていたのです。

基準が明らかになれば、あとは優先順位をつけます。集中力を優先することには全員が賛成してくれました。そして、ホテルの費用は出せるけれど、リゾート地までの予算はない、ということでも意見が一致しました。そこで今度は、予算内でセミナーの参加者にリラックスしてもらい、チームの結束力を強める方法について意見を出しはじめました。

結局、セミナーの夜に、同伴者ＯＫのパーティーを開くという結論になりました。基準を明確にし、優先順位をつけることで、全員が納得できる方法を見つけることができました。

判断基準について質問し、自分がその基準について正しく理解できているかを確認し、出席者のためにも、確認したことをまとめてみましょう。「私の理解が正しければ、あなたがこれを重要だと思っている理由は……」といった具合にです。こうすれば、あなたはその人の話をきちんと聞いていて、覚えているということを示し、理解してほしいという相手の欲求に融和す

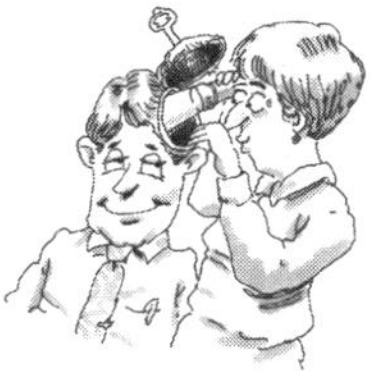

ることができるでしょう。

「困った人」が自分の判断基準についてすべてを話すことができて満足しているかどうかも確かめましょう。「全部話せましたか？　ほかに何かありませんか？」と尋ねましょう。

議論がこじれて紛糾したときには、出席者がその問題に賛成あるいは反対している理由を確かめてみましょう。そして、それぞれの判断基準を融和させるような解決法を探しましょう。それもまた、争いを協調に導く方法のひとつです。

まとめ

【議論がこじれて紛糾したとき】

■目標：理解を深める

■アクション・プラン：

①ポジティブな目的を確認する

②判断基準を確認する

7 理解してもらうための話し方

　ここまでの章では、信頼と協調と理解を深める方法として、相手に融和し、話を聞くことを述べてきました。しかし、こちらから何を話すかによっても、相手に影響を与えることができます。コミュニケーションの表現、つまりしぐさや合図などが、相手との関係をよい方向に導く大きなきっかけとなります。その意味で、これから述べるコツは役に立つでしょう。

自分の口調をチェックする

　私たちは、相手の口調で、自分はこの人にどう評価されているかを判断します。ですから、相手の口調を、自分への攻撃ととらえてしまう人はたくさんいます（実際にはまったくそんなことはなくても）。たとえば、職場で何もかもがうまくいかなかった日に家から電話がかかってき

たり、家で最悪の一日を過ごした日に、職場から電話がかかってきたりすることはありませんか？　注意して言葉を選んでも、その口調がせわしげだったり、身構えていたり、敵意に満ちていたりすると、まったく意図していないような印象を相手に与えてしまうでしょう。

口調と言葉が食い違っている場合、そのメッセージは複雑なものとなり、どんな関係においても大きな問題を引きおこしかねません。そういうメッセージを受けると、たいていは、言葉は無視して口調に対して反応してしまいます。

そして皮肉なことに、私たちは争いを避けるため、自分の感情を抑えて話しがちです。ものごとがこう進んでほしいと思う方向に沿って言葉を発するのですが、抑えた感情は口調に表れてしまいます。聞き手は言葉を無視し、口調に対して反応します。つまり話し手は誤解されたと感じ、争いが起きるのです。

自分がそういうメッセージを発してしまったら、なぜそんな口調になっているかを説明しましょう。「すみません、ちょっとせかすような口調だったでしょうか。それぐらい私にとっては重要なことなのです。怒ったような口調になってしまったのはわかってます。それはあなたのせいではなく、私のほうの問題です」

自分の口調に気づいていると伝え、そのわけを説明することで、相手の感情を害する危険性を減らせます。

ポジティブな目的を話す

効果的なコミュニケーションを、電話番号を正しく押して電話をかけることにたとえるならば、「目的」は市外局番にあたります。目的は最初にもってくるのが効果的だからです。自分のポジティブな目的を相手が理解してくれていると勝手に思い込んだり、意図をはっきりと述べずにほのめかしたりするだけだと、誤解が生まれるかもしれません。「地獄への道は善意で舗装されている（良かれと思ったことが裏目に出る）」ということわざは、それを戒めようとしているのです。誤解を防ぐには、ポジティブな目的を伝えましょう。

ティムとロージーは、互いの関係を良くしようと、定期的に夫婦カウンセリングに通っていました。ある日、カウンセラーとの面談がうまく進んで無事に終わろうとしているとき、ロージーはティムに言いました。

「ねえ、ローズガーデンに行きましょうよ」

ティムは興味がなかったので、こう答えました。「行かないよ」

ロージーはその答えにがっかりしました。カウンセラーは、ローズガーデンの話をもちだした、そもそもの目的を尋ねました。

「ええと、ふたりの関係がこれまで以上に良くなった気がしたし、子どもたちのお迎えの時間まであと1時間あるからです。一緒に穏やかな時間を過ごせたら、と思っただけです」

するとティムの表情が急に明るくなりました。

「いい考えだね！　でも、外には出たくないんだ。暑いし、虫がいるしね。すぐそこに、よさそうなカフェがオープンしたばかりだよ！　そこはどうだい？」

ロージーは答えました。

「ティム！　いいわね！」

ロージーにとって、ローズガーデンに行くこと自体が重要だったわけではないのです。夫と一緒に過ごすことのほうが大事であり、それが彼女の本当の目的でした。ロージーの目的を満たす選択肢は無数にあり、ローズガーデンはそのひとつにすぎなかったのです。

私たちは、誰かと話すときに、自分の意図を口に出すことはなかなかありません。ところが皮肉なことに、あなたがいちばん伝えたいのは、本当はそこなのです。そもそも、あなたはその目的を達成したいのですから。目的をうまく伝えるコツは、話す前に自分に問いかけることです。「これから話すことの本当の目的はなんだろう？　私はどんな結果を手に入れたいと思っているんだろう？」

たとえば、あなたはパートナーに怒りを感じていて、話し合いで誤解を解き、また以前のように楽しく暮らしたいという目的をもっていたとします。しかし、怒っているということから話しはじめたら、相手は攻撃されたと感じ、反発してくる危険があります。それにまたあなたが反発してしまったら、パートナーもまた同じ反応を返し、戦闘状態となってしまうでしょう。

そこで、会話の糸口を、こんなふうにしてみましょう。「あなたが大事だから、ケンカなんかで時間を無駄にしたくない。誤解を解けば、また楽しく過ごせるはずだよ」。こうすれば、パートナーにあなたの目的を伝えられます。相手を受け入れようとする状況になれば、コミュニケーションをうまくとれる可能性ははるかに高まります。

相手の言葉を聞いて、こう思ったことはありませんか？「この人はなぜこんなことを言ってくるんだろう？」。話を始める前に、自分がこれから話すことの意図を相手に伝えるのは、自分の希望どおりにもこちらの話に関心を払ってもらうためのシンプルな方法です。自分のポジティブな目的を伝え、相手に耳を傾けてもらうきっかけを与えれば、コミュニケーションを円滑に行うことができ、争いは少なくなるでしょう。

秘書のドリスは、ひどく口うるさいボスに悩まされ、仕事を効率よく進められずにいました。問題の深刻さを確かめるために記録をとってみると、コーヒーをいれて出す作業に毎週合計2時間を費やし、スプリンクラーの操作に毎週1時間半かけていることがわかりました。

一方ボスは、仕事がきちんとできていないと言ってドリスに腹を立てています。雑用をド

リスにさせているのは、ボス自身なのに。

ドリスは当初、ボスに向かってこんなふうに伝えようとしました。「私にさせている仕事が良くないように思いますので、見直していただけませんか。優先順位が低いはずの雑用をたくさん言いつけられるので、自分の本来の仕事を終わらせることができないんです」

ボスの答えはこうでした。「ああ、そうか。それならよく聞いてくれ。何度も言う気はないからね。ここで働くのがそんなに難しいなら、もっといい仕事を探すことだな！ さあ、時間を無駄にしないで仕事に戻ってくれないか！」

ドリスはくじけず、コミュニケーション方法について勉強し、軌道修正のスキルを身につけると、数週間後にこう切り出しました。

「お忙しいところ申し訳ありませんが、少しだけお時間をください（融和：ボスが忙しく、時間が貴重であることを認める）。私は秘書として、誰よりも仕事の効率を高くしたいと願っています（自分の目的から話しはじめ、記録の意図を話す）。その目標を達成するため、自分の行動記録をとってみました。それをお見せして、効率を高める方法を助言いただきたいのですが（会いに来た目的を伝える）」

ボスは重要性を認め、すぐに記録を見ました。秘書の時間がどう使われているかを知ったボスは驚き、謝ってくれました。そして一緒に、ドリスの能力を生かし、時間のかかる雑用から解放する方法を細かく検討しました。ふたりの関係性は新たなものとなりました。

最初に自分の目的を話すことで相手に自分の立場を伝え、多くの誤解を防ぐことができます。

巧みに話を中断させる

「困った人」の話を巧みに中断させるなんてできそうもない、と思われるかもしれません。意図的な割り込みのほとんどは、相手を圧倒しようとする無礼な攻撃ととられるからです。とはいえ、話を中断させなければならない場合はあります。どなりつけられたり、会議を掌握されたりして、誰も口をはさめない状況になったときや、不平不満が延々と続いたときは、うまく解決するには、その話を中断するしかないでしょう。

相手の話を巧みに中断するためには、怒りや非難や恐れを交えてはいけません。事務的な態度で、相手が注意を向けるまで、ひたすら相手の名を何度も何度も呼びます。「ジャクソンさん、ジャクソンさん。すみません、ジャクソンさん」。もし相手の名前を知らなければ、「すみません、すみません」と繰り返しましょう。

相手が攻撃的になっていると、声を張り上げて押し切ろうとしてくるかもしれません。そんな場合でも、とにかく続けましょう。名前を繰り返すことは、相手の気持ちを動かす強い力をもたらします。〈**戦車**〉〈**博識家**〉〈**手榴弾**〉〈**愚痴り屋**〉タイプの人たちは、話をやめてあなた

の望みを探ろうとするでしょう。いったん関心を引くことができれば、あなたの目的を告げたり、相手の発言内容を明確にしたりと、次の段階に進めます。あるいは、この章で述べるほかの手段を使うこともできます。

率直に告げる

相手がどんなにあなたを困らせる行動をしていようと、論破するのではなく相手を立てるような形であなたが本心を告げれば、その率直さは効果をあげるでしょう。相手を信頼すればするほど、こちらに耳を傾けてもらう確率は上がります。

「困った人」と率直な会話をしたいと思うなら、数週間、あるいは数カ月をかけて、より高い信頼を築き、融和を重ねる必要があるかもしれません。あなたがこれから率直に話す、その理由をまず説明してから、本心を話すようにしましょう。あなたのポジティブな目的と、なぜ相手がそれを知るべきなのかの理由を話しましょう。

心を開いた率直な議論をするための重要な点をいくつか挙げてみます。

■「私」という言葉を使う

「私が見たところ」「私の意見では」といった言葉を使えば、きつい感じにならずにすみます。

相手はその言葉を聞いて、あなたが普遍的な真実を主張しているのではなく、あなたの考えを話しているだけだと解釈します。そして威圧的な態度をゆるめ、より穏やかに耳を傾けるようになります。

■困った行動を具体的に指摘する

「困った人」についてではなく、「困った行動」について話すのです。「会議のたびにあなたはいつも大げさに話をする」というように一般化して話すのは効果がありません。具体的な例を挙げましょう。

■相手の行動がその人自身のためにならないことを示す

自分から行動を変えてもらうために、その行動によってその人がいかに重要なものと失っているかを示しましょう。

■別の行動や選択肢を提案する

この状況でほかにどんな行動が可能か、それによってどんな結果がもたらされるか、具体的な提案をしましょう。おそらく、率直に話すうえで大きな障害は、相手の感情を傷つけるのではないかという不安でしょう。しかし必要な情報を伝えずに、相手にとっても無益であ

る行動を続けさせるのは、相手のためになりません。

■行動の変化を評価する

相手が行動を変える努力をしたとき、その正しい行動をきちんと受け止めて、評価することは非常に重要です。相手が、こちらの望みどおりの行動や好ましい行動をとっていると気づいたらできるだけ早くそれを認めて、感謝しましょう。成功体験は、その人の最良の部分が引き出される最適な手段です。

知人のカウンセラーがこんな話をしてくれました。

私がこの仕事を始めた年、ジョーという青年が相談に来ました。彼は23歳でしたが、まだ一度もデートをしたことがなく、絶望しきっていました。ジョーはちゃんとした青年に見え、やせ型で身長は１７５センチくらい、顔立ちもよかったのですが、だらしない格好をしていました。自信がないのかと尋ねたところ、「いいえ、女性と話すこともできるし、知らない人をデートに誘うこともできます」と答えました。

しかし、実際にやってみてもらうと、その態度は、あまりにも攻撃的でぎこちなく、不慣れで不安そうでした。服装もまた、大いに改善の余地がありました。行動や身なりを変えたほうがいいとはっきり言おうかとも思いましたが、気を悪くされたくなかったので、最初の面談では情報を集めるだけにしました。ジョーは次の面談の予約をして帰って行きました。

2度目の面談でも、私は率直に話すことを先延ばしにして、ジョーの自尊心について話し合いました。彼の自尊心に問題ないことは、すぐにわかりました。ジョーに必要なのは、外見と女性に接する態度についての率直な意見だったのです。

3度目にジョーが来たとき、私は言いました。

「ジョー、あなたの問題を解決する手助けをしたいと心から思っているわ（私の目的）。そして、正直に話したいとも思うのだけれど、どうやって話せばいいかしら」

ジョーはこう答えました。「遠慮なく言ってくれていいですよ」

そこで私は言いました。

「わかったわ、じゃあ、この鏡の前に立ってみて」

鏡のなかのジョーを見つめながら、私は彼の頭を指して言いました。

「あなたに似合うように髪を切ったほうがいいわ。このカットだと髪の毛が左側に流れちゃうから」

そして続けました。

「服装については、顔色によって似合う色と似合わない色があるの。あなたがいつも選ぶ色だと病人のように見えるわ。たぶん、着心地のいい服を選んでいるでしょう？」

ジョーはうなずきました。私はまずシャツの柄を、次にパンツの柄を指しました。

「私が思うに（「私」を使う言い方）、柄がもう少しシンプルで、もうちょっとおしゃれだといいのでは。服装についてあとひとつだけ付け加えるなら、男性のパンツには2種類あるわよね。長めか短め。どちらかに決めたほうがいいわ。今のくるぶし丈はあんまりパッとしないから（問題を特定する）。

テレサの電話番号を教えるから、よかったら電話してみて（別の選択肢を提案する）。あなたの顔の輪郭に合うようにヘアカットしてくれるでしょう。どんな色が似合うかも教えてくれるはず。頼めば買い物にもつきあってくれるかも。着心地が良くて、そのうえおしゃれな服の選び方を教えてくれるはず。で、女性へのアプローチの仕方だけど……」

そうして、うまくいきそうにない方法やもっといい方法について、具体的に話しました。

やっと面談が終わりました。その面談がジョーにとってどれくらい役に立ったかわかりませんでした。支払いのとき、40ドルの請求に対してジョーは１００ドル札を出しました。私がおつりを用意しようとすると彼は言いました。

「おつりは結構です。ありがとう」

2週間後、ジョーは電話でうれしい知らせを伝えてきました。それは、デートをできたという知らせでした。

耳を傾ける準備を整える

理解してもらおうとして話すとき、その伝え方は「困った人」に対しても影響を与えます。相手が自分の身を守ろうとしたら、一時的に話をやめて、相手の反応に集中しましょう。相手の言葉を繰り返し、明確にし、要約し、確認して、完全に理解するようできるだけのことをしましょう。時間がかかると思うかもしれませんが、言い争うだけの会話に比べると、時間の無駄は減り、感情をすりへらすことも少なくてすむでしょう。

互いの変化を認めることでいい関係が得られることを忘れないようにしましょう。変わろうと努力する人は、その進歩を認めてもらうことで報いられます。植物の葉が太陽のほうを向くように、人は理解を求めます。ですから、相手が今までとは違う行動をしていることに気づいたら、必ずそのことを認めましょう。やがて元の行動に戻ってしまったら、あなたが評価した行動を穏やかに思い出させてあげましょう。

率直であることは最善の方法です。驚いたことに、たいていの人は最初に包み隠さず話し合うことをせず、いろいろな戦略をめぐらして対処しようとします。「困った人」を相手にするときは、率直な会話を強くお勧めします。最悪な態度をとる人から最良の部分を引きだす、最も効果的な戦略だからです。

まとめ

【「困った人」と話をするとき】

■目標：理解してもらえるよう話す

■アクション・プラン：

①自分の口調をチェックする

②ポジティブな目的を話す

③話を巧みに中断させる

④率直に告げる

⑤耳を傾ける準備を整える

8 「困った人」にも最良を期待する

「困った人」に対して、まわりの人は何も考えずに否定的な対応をしがちです。それによって状況はますます悪化します。よい影響を与えたいなら、よく考えて対応しなければなりません。疑わしきは罰せずの観点で肯定的に対応することは、あなた自身にもメリットをもたらします。相手が悪い行動をやめ、自分自身の見方を解放して、あなたが望むような行動に移行すれば、あなたが得をするのです。そのような対応を習慣にすれば、「困った人」はあなたを敵ではなく貴重な仲間とみなすようになり、あなたの期待どおりの存在になるでしょう。

ピグマリオン・パワー

期待がもつ力に焦点を当てた教育システムの研究について耳にしたことがあります。その研究では、教師たちの協力を得て、ある実験が行われました。教師たちは、教える能力を買われて選出され、才能ある子どもたちを彼らのクラスに入れたと言われました。この実験は、才能ある子どもが自分の才能を知らずにいた場合、学校でどのようにふるまうかを調べるものだと研究者たちは説明しました。子どもたちにもその両親にも、実験のことは知らされません。

実験結果はこうでした。子どもたちの学業成績は、教師の期待どおり突出していました。教師たちは研究者に、子どもたちとの仕事は楽しかった、いつもこんなに才能のある子どもを相手に仕事をしたいものだと言いました。

そこで、研究者のロバート・ローゼンタールとレノア・ジェイコブソンは答えました。その子どもたちは、必ずしも才能があったわけじゃありません、なぜならこの地域の学校の生徒全員から無作為に選んだ子どもですから、と。そして、教師たちが自分の教える能力にうぬぼれる前に、教師もまた無作為に選ばれたと告げました。

この驚くべき実験結果は、「**ピグマリオン効果**」と名づけられました（訳注：ピグマリオンはギリシャ神話に登場する王の名。王が恋した彫像は、のちに女神の力を借りて人間となった）。教師が生徒に対して高い期待を寄せたことが、それを口には出していなくても、生徒に自信を与え、行動させたのです。ほかの実験でも同じような結果が導かれました。私たち人間は他者の期待の程度によって、向上したり堕落したりするのです。

誰かから否定的な見方をされて、それを覆すのに苦労した経験はありませんか？　そうなると、どんなに努力をしても、自分の発言や行動がすべて、ねじまげられてしまうからです。

子どもに対する親の発言には、ピグマリオン・パワーがあります。「何度言ったらわかるの！ 面倒かけるんだから／気がきかない／グズ／だらしない。わがままだ！」

このパワーを逆に使えば、最悪の状態にある人からもいいところを引き出すことができます。賢明な親なら、こう話しかけたほうがずっと効果的だと気づくでしょう。「それはお前らしくないよ。いつもはもっといい格好をしているのに／もっときちんとしているのに／正直で優しい子なのに／みんなに愛されているのに／やりたいことは何でもできる子なんだから」

「困った人」があなたを困らせる行動をしているときには、こんなふうに言いたくなったり、実際に言ってしまったりするでしょう。「それがあなたの困ったところですよ。あなたはいつも……」。ピグマリオン・パワーを効果的に使うには、「それはあなたらしくないです。あなたなら……」と言う練習をしましょう。相手にしてほしいことを、いかにも期待しているように説明するのです。

そして相手が望ましい行動をしたときには、必ず声をかけましょう。「あなたのそういうところ、好きですよ。あなたは……」と相手のよい行動を言葉で伝え、相手がそのことを認識できるようにしてみてください。

ベッツィは数年前にサリーと結婚しました。サリーはひどいかんしゃくもちでした。彼に

とって家庭とは、人に愛想良くするのに疲れたときに帰る場所でした。玄関を入ったとたん、仕事のストレスを全部ベッツィにぶつけるのです。

ベッツィは自分の本心を探りました。私は彼と別れたいのだろうか？　そうではないと気づくと、すぐに心を決めました。自分自身の行動を変えて、状況を変えようと思ったのです。

その夜、夫が帰ってきて、いつものように怒りを吐きだしはじめると、ベッツィは負けないくらい声を張り上げて、こう言いました。「サリー、そんなのあなたらしくないわよ！（いつものサリーらしい行動だったにもかかわらず）」

ベッツィは続けました。

「家族にそんなこと言うべきじゃないってわかっているはずよね。あなたは家庭を大事にする人だし、わざと家族を怒らせるようなことは絶対にしないはずよ」

その言葉にサリーは驚きました。どう返事したらいいかわからずに、背を向けて家を出て行き、しばらくして戻ってきても、何も言いませんでした。それからというもの、ベッツィは夫が帰ってきて不機嫌になるたびに、同じような言葉を言い続けました。

３週間後、驚くべきことが起きました。帰宅したサリーは会社のことで腹を立てていましたが、ベッツィが何か言おうとすると、手を挙げて制止し、うなずいてみせました。

「わかっている。僕らしくないって言うんだろ」

サリーは笑い、ベッツィも笑いました。

ネガティブな行動パターンはそれで終わりました。ピグマリオン・パワーによって、生活が変わったのです。

誰かが不愉快な行動をとっているときにピグマリオン・パワーを使うのは容易ではありません。しばらく精神的な訓練をしないと、楽には使えないでしょう。相手には変わる力があるはずだと自分自身に信じ込ませる必要があるかもしれません。たとえ、変わる兆しがまったく感じられなくても、そう信じるのです。そうすれば、「困った人」から良い行動を引き出せるパワーが自分にあるとわかり、うれしくなることでしょう。

疑わしきは罰せず、最良を期待する

エンジニアのジョーは、仕事の期限を目前にしていました。その仕事を終わらせるため、静かに集中できることを期待して、ジョーは仕事場に戻ってきました。ところが、そこには同僚のエンジニア、カールが座っていました。ジョーに助言しようとやってきたのです。ひとりになりたかったジョーは、そんな助言など必要ありませんでした。

ここでジョーが「カール、今はそんな時間ないんだよ」と言えば、カールは「わかったよ！二度と助けてなんかやるもんか」と思いながら帰るでしょう。けれども、「カール、忙しい時間

8
「困った人」にも最良を期待する

を割いて助けてくれようとするなんてうれしいよ」と言えば、カールは「友だちのためなら何でもするよ」と胸を張って答えるでしょう。そして「ただ、今いちばん助かるのは、しばらくひとりにしてもらうことなんだ。集中したいんだよ。そうしてもらえるかな？」と続ければ、カールは「もちろんだよ」と答えてくれるでしょう。

たとえ真実ではそうでなかったとしても、相手に期待することで「困った人」にいい影響を与えられるのです。この例でも、カールはもしかしたら本当はジョーに助言しにきたのではなかったかもしれません。もしかしたら、やりたくない仕事があったせいで、自分の仕事場を抜け出してきただけかもしれません。けれどもジョーが、助言しようというカールのポジティブな目的に感謝してくれたので、カールはこうは言えませんでした。「助言？　いや、誤解だよ、ジョー。やりたくないことを先延ばしにしたくて、ここに来ただけさ」

相手の行為を非難すると、相手は自分を守ろうとします。その防御姿勢をできるだけやわらげるため、疑わしきは罰せず、相手の行為を良いほうに受け取るのです。

こんな例もあります。顧客から、あるサービス担当者の行動について苦情がありました。あなたがそのまま担当者に苦情を告げてしまうと、担当者はそれを悪口と受け取り、言い返すか、自分は悪くないことを証明しようとするでしょう。あるいは、口には出さなくても心の中で自分を正当化し、あなたの言葉に耳を貸さなくなるかもしれません。

しかし、もしあなたが良いほうに考えようとするなら、こう言うでしょう。「君が顧客を大事にし、顧客サービスに熱心なのはわかっているよ」。そうすれば、その担当者は「いいえ、顧客など大事ではありませんから、不快な思いをさせても平気です」などという返事をすることはまずありません。ポジティブな目的を認められているわけですから、担当者はこんなふうに言う可能性が高いでしょう「もちろん、そうしています」

そこではじめて、あなたは自分の目的を伝えます。「引き続き、できるだけ良い仕事をしてほしいと思っているよ」。こうして、あなたはその担当者の手助けをしたいと思っているということを明確にできました。「そのために、顧客からの反応をいくつか伝えたいんだ。顧客サービスをさらに良くするために参考にしてほしくてね」

批判に感謝する

あなたは批判に対して、反射的に反応するタイプでしょうか。その批判がフェアじゃないと思い、自己弁護をしたら、事態がよけい悪化したことはありませんか？「そなたは抗議が多すぎる」とある吟遊詩人は言いました。反発して言い訳をするとむしろ罪を認めていることになり、なんと言おうとあなたにとって不利な証拠となるのです。弁解すればするほど、批判は強まるように思えます。

そういった批判を我慢して受け入れることもせず、かといって反発もせずに、すばやく終わ

らせるシンプルな方法があります。言葉で感謝するのです。弁解も説明も正当化も必要ありません。ただ「ありがとう」と言うだけで、批判を終わらせることができます。

数年前に出席した会議でのこと。マージという参加者が、レオという発言者のジョークに対して腹を立てました。休憩時間になると、マージはレオに向かって行き、あんなジョークを言うなんてなんてひどい、不愉快だと責め立てました。

レオは、会議の主催者にそのジョークを言うように頼まれたことを、忍耐強く説明しようとしました。ジョークの意味さえ知らなかったのです。マージは耳を貸そうとせず、その言葉を責任逃れのための言い訳とみなし、レオをナメクジ以下の人間だと決めつけたのです。

さすがにレオも気分を害し、悪口をやめて自分の言い分にも耳を貸してくれとマージに言いました。マージはとりあわず、まもなくふたりはどなり合いをはじめました。ついにレオは「あなたがどう考えようがどうでもいい！」と言い捨てると、きびすを返し、誤解されたことに怒りをたぎらせながら去っていってしまいました。

その後、会議の出席者のほとんどが部屋を出ていってから、レオはリックに近づき、マージのひとりよがりな非難について愚痴をこぼしながら、マージの悪口を言いました。リックは少しからかい半分にこう言いました。「それは興味深い対処方法だな」

「そうか？　じゃあ、君ならどう対処したんだ？」とレオが尋ねると、リックはこう答えました。「僕なら、ただこう言ったと思うよ。『率直なご意見をありがとうございます』。そしてそのまま放っておくよ」

それを聞いたレオは、自分の額をぴしゃりと叩いて言いました。

「まいったなあ。なんでその方法を思いつかなかったんだ？」

そして、そんな巧みでシンプルな対応があったのかとつぶやきながら、部屋を出ていきました。

自分を批判する人に言葉で感謝すれば、弁解も説明も正当化も必要なくなります。ただその人の言葉に耳を傾け、伝えてくれたことに感謝するだけでいいのです。それ以上何か言ってほしいと思わないのなら、質問する必要もありません。逆らわなければ、相手は言うだけ言って批判を終えるはず。「率直な意見をありがとう」「わざわざ時間をとってお気持ちを話してくれて感謝します」「ご心配をありがとう」と言いましょう。シンプルに、巧みに、優しく。

ある若者は、実家を出て以来、1年近く母親と話していませんでした。母親の偉そうな口ぶりや、知ったかぶりな態度が大嫌いで、母親の声をチェーンソーにたとえていたほどです。自分の行動が母親の期待どおりでないと、いつもチェーンソーが響きはじめるというのです。

あるとき旅行をしていた若者は、ホテルに滞在している間に呼吸器官の感染症にかかって

しまいました。見知らぬ他人に囲まれて熱と咳に苦しんでいた若者は、いつのまにか母親のことを、子どものころに病気をしたときの母親の手厚い看病のことを考えていました。母親がつくってくれたチキン・スープがとても恋しくなったのです。思わず若者はそばにあった電話を取りあげ、母親にかけました。

母親が電話に出ました。

「もしもし？」

一瞬ためらってから、若者は言いました。

「母さん？（ゴホ、ゴホ）」

「お前かい？」

「うん、そうだよ、母さん、母さんがここにいてくれたらなあ（ゴホ、ゴホ）」

母親の〝チェーンソー〟が響きはじめました。

「そんなはずないでしょ！　もしそう思ってるなら電話とか手紙とかよこすでしょ、勝手にいなくなって心配させておいて……」

母親は怒りと絶望をぶちまけました。けれども、熱にうかされた若者には言い返す力がありませんでした。ただ横たわって、咳をしながら耳を傾けていました。

そうやって聞いているうちに、奇妙なことが起きました。生まれて初めて、チェーンソーの燃料に気づいたのです。母親が怒っているのは自分のためなんだ、と気づいたのでした。長年にわたる数々の説教や非難は、いい母親であろうとする努力の結果なのです。母親はできるだけのことをしていたのです。その原動力は愛情でした。それなのに、若者は母親に一度も感謝したことがありませんでした。

母親は言いたいことをすべて言うと、口をつぐみました。その沈黙の瞬間、若者は弱々しく口を開きました。

「母さん（ゴホ、ゴホ、ズズーッ）、愛してくれてありがとう。僕のこと、愛してくれているんだね」

「当たり前でしょ！　お前、大丈夫なの？」

それから25分間、ふたりはお互いに、さまざまな言い方で「愛している」と伝え合いました。意見の相違について言い争い、自分の価値観にこだわったり、長年ふたりの関係の障害となってきたものにいらだったりする必要はなかったのです。必要だったのは「愛している」という言葉でした。

今度誰かに批判されたら、この戦略を試してみましょう。はじめのうちは相手に負けを認めるようで難しいかもしれませんが、長い目で見れば、批判に感謝する代償として大きな平和が得られるはずです。

まとめ

【「困った人」が最悪の状態にあるとき】

■目標：良いほうに考え、相手に期待する

■アクション・プラン：

①ピグマリオン・パワーを使う

②疑わしきは罰せず、最良を期待する

③批判に感謝する

9 「困った人」への態度を変える

「困った人」に影響を与えようとするなら、自分の態度をコントロールする必要があります。それでは、泣きたいときにこらえて自分をしっかりと保ったり、断固とした妨害に対して前進したりする力は、どうすれば得られるでしょうか？　相手を攻撃したくなったときに、どうすれば自制できるでしょうか？　「困った人」に対する効果的な反応を無意識にできるようにするには、どうしたらいいでしょう？

本書の後半で述べる戦略を効果的に使えるかどうかは、自分の態度をコントロールする力があるかどうかにかかっています。あなたを困らせる行動に対して効果をおよぼす態度とはどんなものでしょうか？　本章では、あなた自身の対応を変える方法について説明します。

その答えは、そもそも、「困った人」に対してどんな反応をしてしまうのか、その過程を調べることでわかります。

相手の困った行動が始まると、あなたはすばやく自動的に反応しているのではないでしょうか。そういった刺激反応的な行動は、毎日何度も繰り返されますが、たいていの場合、それは悪いものではありません。歌や絵や香りによって昔の記憶が呼び覚まされることがあります。また、過去の嫌な出来事が恐ろしい連想を生み、目の前にあるものや、いま経験していることに対する恐怖を引き起こすこともあります。

そういった刺激に対する反応のメカニズムを強化する要素は、少なくともふたつあります。「**反復**」と「**強調**」です。このふたつの要素を用いて、「困った人」への反応を変えることができるのです。

反応を変える

最初のステップは、自分のしたいことを決めることです。

「困った人」とうまくやっていくために役立つのはどんな態度でしょうか？　冷静になる？　自信をもつ？　積極的にふるまう？　リラックスする？　思いやりをもつ？　忍耐強くなる？　断固とした態度をとる？　それらをいくつか組み合わせることもできます。自分なりの組み合わせを考えて、わかりやすい名前をつけておきましょう。

そういう態度を自然にとれるような時間や場所を探してみましょう。その態度に必要なものが足りないと思ったら、誰かにもらいましょう。私たちは、他者をお手本にする力を生まれながらにして備えています。両親の言葉や行動のうちで、自分では決して言ったりやったりしないと誓ったことがあれば、それを思い出してください。そのうちのいくつかは、すでにやってしまっていませんか？　それは、親の行動をお手本にしてしまっているからです。

「困った人」とうまくやっていける人がいたら、その方法を教えてもらいましょう。「困った人」についての考え方や見方を確かめ、その人が自分自身にどんなことを言い聞かせているかを尋ねるのです。役に立つ情報を探り、どんな心のもち方をすれば、「困った人」に対して自分とまったく対応ができるのかを考えてみましょう。その人に質問を続けて理解を深め、その人と同じ方法を用いて精神的なリハーサルをしてみましょう。「困った人」を相手にした状況を想像して、その方法を自分のものとするのです。

お手本とする人は、知人でもそうでなくてもかまいません。映画スターや政治家でもいいのです。本や映画に出てくる架空の人物かもしれません。重要なのは、お手本となる人物が、あなたが学びたいと思う態度や行動をとっているということです。

最後に、過去を肯定的に再現し、未来を予想する習慣を身につけなければいけません。心の中で、さまざまな種類の反応をより現実らしく、何度も想像してみましょう。

高齢のマージは、過剰に攻撃的なボスへの対応に困っていました。ボスはたびたび不公平

な態度をとるように思えましたが、マージはなんの行動も起こせませんでした。毎日のように批判を聞かされながら自尊心を抑えこみ、時には涙することもありました。うっぷんがたまっていき、マージは健康を損ねてしまいました。マージは私たちに、「ボスに向かってもっと強い態度をとりたい」と言いました。

私たちは、強い態度を取れる場所があるか尋ねましたが、マージはひとつも思いつけませんでした。そこで、誰ならボスを牛耳れそうかと尋ねると「女優のキャサリン・ヘップバーンです！　あの人なら、ボスなんて屁とも思わないでしょうよ」と答えました。

私たちは、ボスが入ってきたとき、キャサリン・ヘップバーンが自分のデスクについているところを想像してみるようマージに言いました。確かに、彼女なら大丈夫そうです。マージはその姿を想像し、彼女になったつもりで同じシーンをリハーサルしました。**キャサリン・ヘップバーンの自分がボスをあしらうようすを何度も繰り返し思い浮かべたのです**。

翌週、マージは「20％進歩しました」と報告してくれました。ボスに対して多少強気に出ることができたのです。彼女にとって衝撃的だったのは、レストランで出された料理がきちんと調理されていなかったとき、自分が皿を突き返したことでした。それまで一度もそんなことをしたことはありませんでしたが、反射的にそういう行動に出ていたのです。

マージは、不愉快な過去の出来事を頭の中で再現することを習慣にしました。ボスに不愉快な思いをさせられるたびに、あとで振り返っては、そのときとればよかったと思う態度を想像するのです。

1カ月後、マージは有頂天になりました。ボスが八つ当たりしようとしたとき、ほんの一瞬だけためらったあと、こう言えたのです。「そんなふうにぞんざいに扱ってほしくありません。誰にでもきちんとした態度をとれる方だと思っていますので、今後はそのようにお願いします」

そして背を向け、部屋を出ました。ボスはどんなに驚いたことでしょう!

視点を変える

マージによれば、想像するという訓練をして最も役に立ったのは、キャサリン・ヘップバーンならもっているはずの自尊心だったそうです。自尊心を備えたヘップバーンは、マージのボスに向かって、優雅に立ち向かいました。頭の中でその映像を想像してからというもの、どういうわけかボスが小さく見えるようになったそうです。

そんなふうに見方が変わったことで、ボスがわめき散らす姿に対しても、別の見方ができるようになりました。そんな態度に出るボスは精神的に不安定なだけで、マージ個人の能力とは関係ないと初めて気づいたのです。

9
「困った人」への態度を変える

状況をどう見るかによって、あなたの態度は大きく左右されます。何かに追われる夢を見たことがあるでしょうか？　夢のなかで視点が変わり、もはや自分は走っているのではなく、走っている自分を眺めていることに気づいたことはありませんか？

ここでも、視点はふたつあります。ひとつは自分自身の目を通して見る視点で、「**関連づけ**」と呼ばれます。もうひとつは、第三者の目で見る視点で、「**解離**」と呼ばれます。記憶や経験というものも、同じようにこのふたつの視点で思い出すことができます。記憶を呼び起こしたとき、その記憶のなかに入り込んで、自分の目で見ながら、ふたたびそれを経験しているように感じることがあります。あるいは記憶から解離し、そのときの思考や感情を抱きつつ、客観的に遠くから眺めることもできるのです。

不愉快な記憶はいったん解離し、教訓を得ることをおすすめします。不愉快な出来事や「困った人」から離れ、視点を調整するために使える解離の方法はたくさんあります。

■「困った人」の問題を、これまでの人生のもっと困難な時期と比べたり、最悪のシナリオを思い浮かべたりしましょう。片脚や配偶者を失ったり、完全に正気を失ったりする事態と比べてみれば、「困った人」に対処するくらい、なんということはないはずです。

■問題を乗り越えた未来の自分の姿を想定してみれば、今ある問題はあまり気にならなくなります。私たちはこの方法を、本書の著者のひとりリック・カーシュナーの父親の名にちなんで「**アラン・カーシュナー・テクニック**」と呼んでいます。リックが小さいころから、アランはこのテクニックを使って問題を乗り越えてきました。困難な時期や危機的な状況で、彼はいつもこう言っていました。「100年後にはどうなっているか、考えてみよう」

■映画を編集するように、自分の記憶を頭の中で編集することができます。試してみましょう。つい最近あった、最悪の「困った人」との不愉快な遭遇を思い出し、頭の中のスクリーンに映して、いちばん後ろの座席から見てみましょう。それから、その記憶がより小さくなるように遠ざけましょう。色を消して白黒の画面にし、それによって迫力が失われたことを確かめましょう。巻き戻し、記憶をカットして再編集し、新しく並び替えましょう。その「困った人」を友人に置き換えてみましょう。

■厳しく自己を訓練すれば、どんな状況でも私情をはさまず、公平でいられるような自分を育成することができます。今この瞬間も、この本を読んでいる自分を観察して、自分の感情や考え方に注意してみましょう。

■問題を見直し、その経験の意味を変えることができます。

テレサは、病院の前でバスを待っていました。突然、酔っ払った男がビール瓶を手によろよろと近づいてきて、話を始めました。彼の娘はバイク事故で両脚を失ったというのです。男は、事故は自分のせいだと言いました。娘にバイクを買ってやったのは父親である彼だったのです。だから、酒を飲みすぎて死ぬつもりだと言いました。テレサは男をどなりつけました。「ちょっと！ 娘さんの頭がちゃんと胴体にくっついてることを喜びなさいよ。考えることも、話すこともできるし、両腕も動くんでしょう。今こそ、父親がそばにいてしっかりと支えてやるべきじゃないの。酔っ払ってクダ巻いてる場合じゃないわよ」。男の目に涙があふれました。それ以上は何も言わずにテレサの手にキスをすると、男はビール瓶を落とし、病院に駆けこみました。

■「困った人」への対処を、もっとひどいことと比較することができます。本書の著者のひとりリック・ブリンクマンの母親シモーンは、いつも『メンゲレ』という本を書棚に置いていました。メンゲレは悪名高いナチスの医者で、アウシュビッツで双子を使った実験を行いました。シモーンもアウシュビッツにいた双子のひとりでしたが、メンゲレとはかろうじて遭遇せずにすみました。つらいときや困難な状況にあっても、自分のを保っていられるのは、その恐ろしい経験のおかげでした。その本を取り出して1、2ページ読むだけで、現在の状況はそれほどひどいものには思えなくなるのです。

絵はそのままでも、それを入れる額は変えられます。新しい額に入れれば、その絵は新たな意味をもちます。テレサは酔っ払いの父親に、同じ状況の新たな解釈を示しました。娘にとっては何がもっとも必要かを悟り、自分の愛情を示すよりよい方法に気づいた父親は、その新たな視点にもとづいて行動しつづけるでしょう。

「困った人」の行動を、解釈しなおしてみましょう。あなたが遭遇する「困った人」を新たな枠組みに入れてみると、あなたのコミュニケーション・スキルを進歩させるよい機会を与えてくれるはずです。自分にとってあまり重要でない人を相手に練習したスキルが、結婚生活やもっと大事な人との関係を救うために必要なスキルとなるかもしれません。

そういう意味では、「困った人」はあなたを助けてくれるのです。そんな見方をすれば、すぐに気持ちが楽になるでしょう。

自分に語りかける方法を変える

頭の中で自分自身に語りかけ、耳をすませたことがないでしょうか？　自分自身に「なんてダメなやつ！　こんな目にあうなんて信じられないよ」とか、「こんな辱めを受けるいわれはない！」などと話しかけたことはありませんか？　そういった思いは、あなたの態度や行動にど

んな影響をおよぼすでしょう？　助けになりますか？　それとも邪魔になりますか？

考えていることが発言に影響をもたらすように、自分自身への語りかけも自分の考えに影響を与えます。困ったことについて自分自身に語りかける方法を変えれば、それについての考え方も同時に変わります。自分に語りかける言葉は、あなた自身が管理することです。自分に語る言葉を意識し、否定的な言葉をやめて肯定的で自分の支えとなるような言葉に代えましょう。内面の会話に耳を傾けながら、自分の言葉によって目標を達成するのです。

自分の態度を良いほうに変えるためには、目的をもって自分に語りかけなければいけません。困難を前にしてもユーモアのセンスと視点を保つためには、心の中ですばやくいくつかの言葉を発することです。自分にかける言葉のよい例をいくつか挙げてみましょう。

■「私はやりたいことをするし、手に入れられるものは何でも欲しい」

雪の重みにたわむ枝は次の冬まで生き残ります。しかし、雪に抵抗する枝は折れてしまいます。「困った人」に対して抵抗すれば（あがいたり、相手を変えようとしたり、制限や禁止をしたり、撤退したりすれば）、あなたも壊れてしまう恐れがあります。

誤解しないでください。目の前の状況に対して何もするなと言っているわけではありません。しかし、状況をありのままに受け入れるのが早ければ早いほど、「困った人」の行動に影響を与えるための材料を集め、建設的な行動を開始できるのです。状況を受け入れることだけが、価値のある結果に目標を定めるための唯一の方法なのです。

■「この経験のどこかにチャンスがある」

おそらく、すべての黒雲の裏側は銀色に輝いています。金や銀やダイヤモンドが泥水や土、岩のなかに見つかるということを誰もが知っています。ただし、見つけるためには探さなくてはいけません。少なくとも見たいと思わなければなりません。チャンスもそれと同じです。

■「学びのある経験は、すべて良い経験である」

「困った人」への対処を通して学んだことが、あなたの人間性を育て、強くしてくれるでしょう。そして人生のあらゆる局面で手助けしてくれるでしょう。学びとは、ある経験に挫折するのではなく、そこから何かを得ることです。行動とその結果という因果関係を見てみると、効果があるものとそうでないものがあると学ぶことができます。

■「自分には柔軟性がある」

もし自分のやっていることがうまくいかなければ、その行動はうまくいかないと保証されたことになります。うまくいかないとわかっていることよりも、そんな保証のないことをいろいろと試してみれば成功するチャンスはずっと高くなります。新たな取り組み方をしてみ

ましょう。常識からはみだしてみましょう。最後まで思いつかなかったようなことを最初にやりましょう！

■「どんなことも可能だ」

トーマス・エジソンは、電灯なんて不可能だと周囲のみんなに言われました。そのとき、エジソンの頭にぱっと電球がともりました。もし人間が飛べるようにつくられているなら翼があるはずだと言われていました。しかし今では、客室乗務員が子どもたちの上着に翼のバッジをピンでとめてやっています。

どんなことも可能だと信じている人は現状を打破する力をもっています。考えてみてください。もし人間が飛べるなら、そしてあなたが電灯をつけられるなら、「困った人」に対処することなど簡単なはずです。たった今も、誰かがそれに成功していることでしょう！　望みどおりの成果が得られていなくても、暗闇に向かってののしるよりは、灯りのスイッチを入れるほうがいいということを忘れないでください。

■「まあ、しかたがない」

状況が気に入っても気に入らなくても、それによって何かが根本的に変わるわけではない。ですから、気に入らないものについて大騒ぎするよりも、深呼吸して「まあ、しかたがない」

と言うほうがましです。そのままにしておいて、そこからまた始めましょう。

■「すべては過ぎゆくもの」

「困った人」を相手に奮闘しているときには、終わりがないと感じるかもしれません。しかし、永遠にその状況が続くかのように思えるのは錯覚にすぎません。自分の年齢を考え、これまでの経験すべてを思い出してください。信じられないほどの速さで時間が過ぎ去っているのでは？「困った人」を相手にする時間も、やがて過ぎ去ります。そのことを念頭に置いて未来を見すえると、視野が広がり、すべての過程をやすやすとこなせるようになります。

■「私はずっとこのことに悩んでいた。だが今となっては、すべてが昔のことだ」

「困った人」への対応を、あたかもその状況が過去のことであるかのように語ってみたらどうでしょう？ 自分自身に語りかけてもいいですし、他人に語ってもかまいません。過去形を用いて語れば、現在の緊張をほぐすことができます。

■「われらは神を信ず」

「万事が益となるようにともに働くということを、私たちは知っています」（『新約聖書』「ローマの信徒への手紙」第8章28節）。現状から何かすばらしいものが現れる可能性はあり

ます。たとえ今はそんな兆しが少しも見えなくても。

空に星があり、季節がめぐるように、あなたの生活にも大きな動きがあり、時がくればすべてが明らかになるのです。あなたが経験してきた痛みは、理解を封じ込めていた殻を破ってくれるためのものかもしれません。へこたれないでください。あるいは、なりゆきにまかせましょう。しかるべき時にすべてが明らかになり、解決するでしょう。

本章で説明した方法は、必要であればいつでも使えます。いつでも反応や解釈を調整できるのです。自分の態度を変えることでストレスから解放され、「困った人」から最良な結果を引き出せるようになることを忘れないでください。

まとめ

【どんな困った行動にも影響を与え、危険領域に入るのを防いで、ほかの方法がすべて失敗したときに自分の態度を変えるために】

■目標：自分の態度や反応をコントロールする

■アクション・プラン：

①反応を変える

②視点を変える
③自分に語りかける方法を変える

パート 3

10タイプ（＋３）別・傾向と対策

戦車、狙撃手、博識家、知ったかぶり、手榴弾、八方美人、優柔不断、
何もしない、否定人、愚痴り屋、裁判官、おせっかい、殉教者、
そして、自分自身のなかにいる「困った人」を扱う
特別なスキルを学ぼう。

10 戦車

マーティンは30代後半。ニューヨーク生まれのニューヨーク育ちです。ユーモアのセンスに長け、都会で生き抜く術を充分に備えていることは、その澄んだ青い目に見て取れます。

彼は建設会社の管理職として西海岸に引っ越してきたばかりでした。新しい仕事場では、何も知らない新人といえます。彼は、新たに自分の上司となるジョー・シャーマンやラリー・パンツァーに関する噂はいくつか耳にしていましたが、そのほとんどはあまり信用できない気がしました。

しかし、出社2日目でマーティンは、装填された大砲に狙われているような気分に襲われました。上司がはっきりとマーティンにこう告げたのです。「怠け者やいい加減なやつは、うちのチームには必要ない」

ジョー・シャーマンは、目を見開き大きな声で、時間を無駄にするなど許されない、仕事を欲しがっているやつは大勢いるのだし、金を払ってでもこの会社で働きたいという者もいるのだからな、とマーティンに警告したのでした。マーティンは戦車の砲撃を受けながら、そ

の場にいる同僚たちの視線を感じていました。

「この男は自分が何様だと思っているんだろう」

マーティンは心の中でそう思いながら、そういった脅しや威嚇を自分が面白がっているのか、あるいは怒っているのか、どちらだろうと考えました。

上司は、個人的にマーティンに不満を抱いていたわけではないのです。昔ながらの戦車のやり方を用いた、こうした言葉による攻撃は、仕事を「早く終わらせたい」という強い意欲によってもたらされたものなのです。シャーマンには、仕事がうまくいっていないように見えました。そのため、個人攻撃をして自分の支配権を主張したかっただけなのです。マーティンはたまたまその攻撃の射線にいたというわけです。

〈戦車〉の攻撃を受けたということは、あなたは問題の一部として標的にされています。攻撃的な行動は、あなたを一定の方向に押しやるため、あるいはあなたに代表されるような障害を取り除くためのものです。愛と戦争においてはすべてが正当化されるというではありませんか。

実際、どんな状況も戦場となりえるのです。プロジェクトを軌道に乗せたい上司であれ、顧客サービス担当にクレームをする怒った顧客であれ、自宅の仕事場で邪魔されながらなんとか集中したいと思っている配偶者であれ、〈戦車〉は自分の目的のみを見て、脇目もふらずに突き進んでいるのです。

〈戦車〉に直接立ち向かうのは賢明ではありません。その攻撃は全力をあげた正面攻撃であり、騒々しく、強引です。あるいは静かで強力、しかも精密で正確なレーザー攻撃かもしれません。〈戦車〉はあなた個人をばらばらに引き裂きますが、皮肉なことに、個人攻撃が目的ではありません。その攻撃は結果を導くための手段にすぎないのです。そして〈戦車〉にとっては、結果がすべてを正当化するのです。

〈戦車〉への態度を変える

自分の感情に注意を払いましょう。そこがいちばん脆い部分となるからです。〈戦車〉の攻撃に対する感情的な反応には、主に次の3種類があります。どれも自然な反応ですが、まったく役に立ちません。

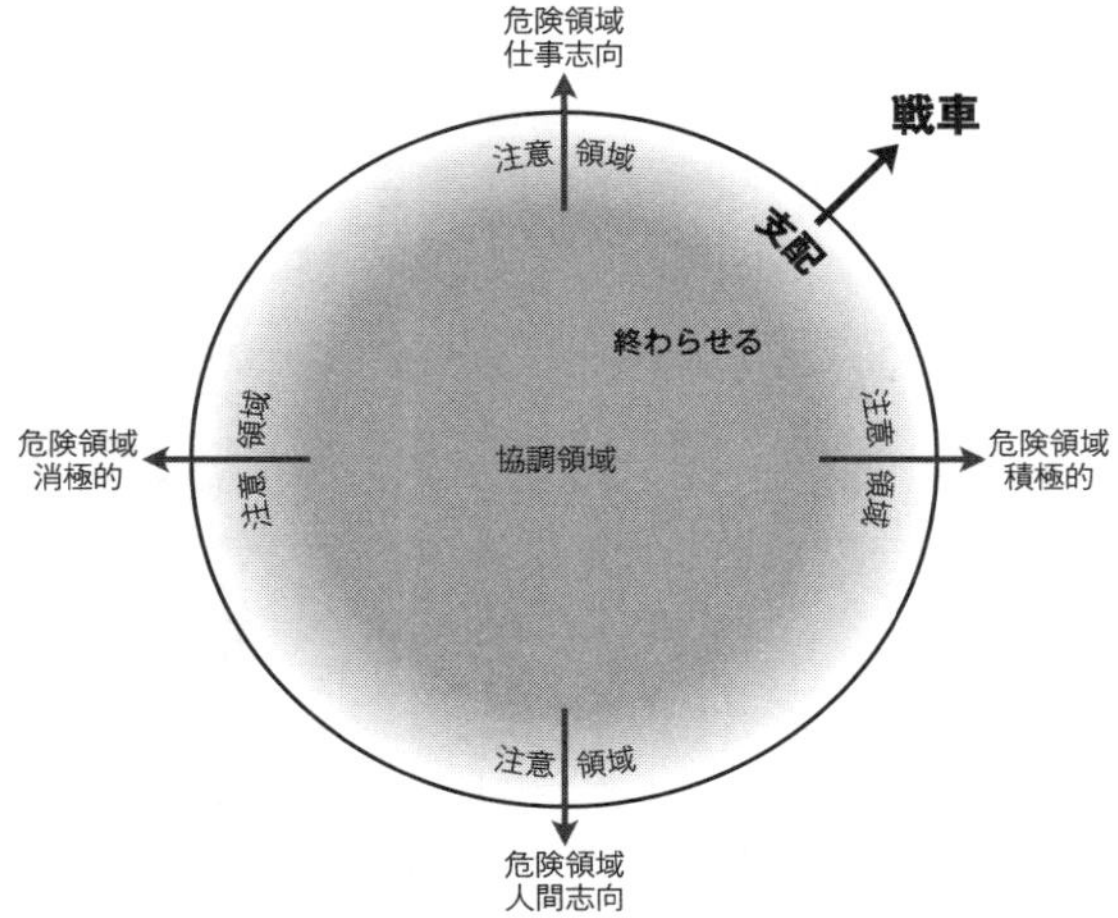

■**怒りにかられ、反撃したくなる**

たとえあなたが積極的なタイプだとしても、パットン将軍とロンメル将軍のように戦争を始めるのはやめたほうがいいでしょう。あなたのほうが軍備に優っていたとしても、結局は敗戦の憂き目にあうかもしれません。なぜなら、〈戦車〉は同盟を組んで勢いを増すことがあるからです。

■**自分の立場を守ろうとし、説明し、正当化しようとする**

残念ながら、〈戦車〉はあなたの言い分に耳を貸す気はありません。そんなことをしても何にもならないからです。それどころか、あなたの自分を守ろうとする態度が〈戦車〉の反感を強め、さらに攻撃的な行動をとらせてしまう可能性もあります。

結果を求めているのに、相手の言い訳を聞かされた経験はありませんか？　顧客サービス担当者が、問題を解決するのではなく、その問題の説明をするのを聞かされたことは？　そんな経験があれば、〈戦車〉が激怒してそんな態度をとるのも不思議ではないと思えるでしょう。ですから、〈戦車〉があなたのことを遺伝子の失敗作だなどと言い出したからといって、あなたが母親の出生前診断を持ち出したところで何の役にも立たないのです。

■自分の殻に閉じこもって〈何もしない〉になる

恐怖に駆られて、戦闘から退却したいと思い、退散して自分の傷をなめたり、復讐の思いにひたったりしたくなるかもしれません。しかし何があっても、弱気になったり、恐がったりするのはやめましょう。〈戦車〉にとって恐怖は攻撃を正当化するための信号です。恐怖を見せると、打撃を与えてもいい相手だと思われます。情け容赦のない無慈悲な攻撃をしてくるかもしれません。

〈戦車〉タイプの人に対しては攻撃、防御、退却の試みはどれもうまくいきません。そういった反応は抑え、しっかりと立ち向かう勇気を身につけ、敵に向かって前進しましょう。あなたの今の生活に〈戦車〉は存在するでしょうか？　〈戦車〉に出会ったときに、自分の態度を変える方法についていくつか提案しましょう。

相手はネジを巻くおもちゃだと想像してみましょう。あるいは、昔、いじめっ子に立ち向かったときのことを思い出しましょう。〈戦車〉の扱い方を心得ている人を知っていれば、その人になったつもりで、その人が〈戦車〉に影響をおよぼすために感じたり考えたりしそうなことをすべて想像してみましょう。自信や自尊心や自制心を備え、強引な相手をうまく冷静に扱えるお手本となる人を探しましょう。たとえば、クリント・イーストウッドになって、「やれるもんなら、やってみろよ」と言ったらどんな気分か、想像してみるのです。

どの方法を使うにしても、うまく使えると思えるまで頭の中で〈戦車〉を相手に何度かリハーサルしましょう。

自分の態度を調整する最後の段階は、これまでに受けた攻撃は自分のせいだったかもしれないと考えてみることです。簡単な説明で充分なのに詳細に説明しすぎていませんでしたか？ 人間関係を重んじた会話が、〈戦車〉の人からは仕事とは関係ないものに思われ、仕事に混乱や悪影響をおよぼすものとまで思われていたかもしれません。〈戦車〉の基準で考え、その視点で状況を見てみてください。〈戦車〉の攻撃に対処し、攻撃を決定的に防ぐヒントが得られるかもしれません。

目標：敬意を得る

言葉の攻撃を受け、責め立てられたとき、大事なのは相手から敬意を得ることです。〈戦車〉は、尊敬する人に対しては攻撃しないからです。攻撃的な人は、積極的な反応を欲しています。行動によって、自分は強く有能だという信号をはっきりと送らなければなりません。でないと、さらなる攻撃を招いてしまいます。

しかし、その信号を送るときに、自分自身が〈戦車〉になってはいけません。あなたを攻撃しながら、相手はあなた自身の性格を試しているのです。あなたが見せた性格の強さによって、

〈戦車〉は今後の態度を決めるのです。

対〈戦車〉アクション・プラン

ステップ① 自分の居場所を動かない

最初の段階は、自分の場所をしっかりと守り、逃げたり戦おうとしたりしないことです。どんな立場でどんな決心をしていようと、それを変えてはいけません。攻撃的にも防衛的にもなる必要はありません。静かに〈戦車〉の目を見て、自分の呼吸に意識を集中させましょう。ゆっくりと深く呼吸します。意識的な呼吸は、自制心をとりもどすための優れた方法です。あなたが自分を落ち着かせている間に、〈戦車〉は一斉砲撃をしかけてきます。

マーティンは自分が攻撃を受けていることに気づくと、反撃したいという衝動を抑えて、じっとしていました。上司の目を見つめ、呼吸を続け、砲撃が止まるのを待ちました。砲撃がやむと、マーティンは尋ねました。

「ほかに何かありますか？」

明らかにまだありました。上司は次の侮辱の言葉を装填し、発砲しました。マーティンはカッとなりそうな気持ちを抑えて、ゆっくりと息をし、淡々と尋ねました。

10 戦車

「ほかには？」

「ええと、君は……」と言って上司は最後の砲弾を装填し、発砲しました。これで弾薬は完全になくなりました。思いつくかぎりの悪口雑言を言い尽くしてしまったのです。上司はただ、マーティンをにらんで黙って立っていました。まるで、答えを待っているかのように。

マーティンは静かに言いました。

「では、私は仕事に戻ります」

そして、実際にそうしました。背を向けて、静かに歩み去ったのです。

マーティンの行動にこめられた非言語的なメッセージはどんなものだったでしょうか。自分の仕事に集中しています、仕事を終わらせようとしています、それなのにあなたが邪魔をしているのです！　それは、入社2日目に、〈戦車〉に対して直接言えるような言葉ではありません。けれども、行動によって言葉よりも雄弁に伝えることができるのです。

状況によっては、このステップ①だけで終わります。つまり、自分をコントロールするのが最良の行動となることがあります。たとえば軍隊で隊長に叱りとばされたら、自制心を保つだけで相手を感心させることができるでしょう。海軍大佐のジムは、こう語ってくれました。「正直なところ、もし司令官に、お前は出来そこないだと言われたとしても、私はこう答えるしかないですね。『はい、司令官！』」。そのとおりです。軍隊という組織においてはそんな状況になっても、上官の目を見て呼吸を整えるくらいのことしかできないでしょう。

攻撃されたときには、自分の置かれた状況を見て最適な反応を決めましょう。顧客が〈戦車〉タイプだった場合には、顧客が常に正しいという扱いをしなければなりません。配偶者が〈戦車〉なら、とことんやるべきです。見知らぬ人が〈戦車〉だった場合には、近づかないほうがいいでしょう。とくに、その〈戦車〉の態度が度を超していると思われるなら、距離を置くのが最上策です。

上司が〈戦車〉の場合には、あなたがその仕事をそのまま続けるつもりかどうか、そしてまわりにほかの人がいるかどうかによるでしょう。すべてはタイミングに左右されます。上司の攻撃に対して、あとでこっそり報告することもできるでしょう。慎重にふるまうのも、勇気のひとつです。自分の居場所を守っているだけで、〈戦車〉の尊敬を得られることも多いのです。

しかし、その段階で終わらせることができず、さらに次のステップに進んで、攻撃してくる〈戦車〉に対処しなければならないときもあります。

ステップ② 攻撃を遮断する

相手が叫んでいようといまいと、その行動を阻止する最適な方法は、相手の名前を淡々と何度も呼び、関心を引くことです。名字でも名前でも役職名でも、ふだんのつきあいで使っている呼び名でかまいません。

攻撃してくる〈戦車〉に対しては、その攻撃がやむまで、相手の名前をはっきりと繰り返し呼びかけましょう。5、6回も繰り返せば、どんな〈戦車〉も止まるはずです。ただし、声を大きくしてあなたの声を打ち消そうとする〈戦車〉もいるかもしれません。それでも忍耐強く、相手が完全に止まるまで名前を呼びつづけましょう。


「ジョー、ジョー、ジョー」

「邪魔をしないでくれ！　俺が話しているんだ……」

「ジョー、ジョー」

「言っただろう、邪魔を……」

「ジョー、ジョー」


いったん名前を呼びはじめて、途中でやめるぐらいなら名前を呼ばないほうがましです。〈戦車〉を打ち負かす必要はありません。大事なのは、攻撃的になることではなく、静かに忍耐強く、きっぱりとした態度をとることです。実際、攻撃的な人は、毅然とした態度をとる積極的な人を好みます。ただし、その積極性が自分への攻撃でない場合です。

ステップ③　要点をすばやく繰り返す

〈戦車〉の注意を引くことができたら、もともとの問題点に戻りましょう。もとの話を繰り返すことで、敬意をこめて〈戦車〉の話を聞いていたことを伝えられます。また〈戦車〉にとっては、同じ話を繰り返す手間がはぶけます。こうして、次のステップに進む準備が整います。

ただし、このステップはすばやくすませましょう。「事実だけ」話すのです。〈戦車〉は急いでおり、あなたと同様に今の状況を終わらせたがっています。〈戦車〉は速いペースでしゃべって考えますから、その速度に融和し、合わせましょう。

「ええ、このチームには、怠けたり時間を無駄にしたりする暇がないのはわかってます」

ステップ④　結論に照準を定めて撃つ！

状況によって結論は異なりますが、たいていはふたつの文章で表されます。〈戦車〉の注意力は短い時間しかもたないので、できるだけ単刀直入にしましょう。自分の意見であることを示すため、「私の見方では」「私の意見では」などの前置きをつけましょう。そうすれば、その結論をきっかけにふたたび戦闘が勃発するのを防げます。

その後に何を言うかは、状況によります。例を挙げてみましょう。

上　司：「どうしてあのプロジェクトはまだ終わっていないんだ？　とりかかってからもう2週間もたつ。すでに予定より1カ月も遅れているじゃないか！」
あなた：「あのプロジェクトはもう終わっているはずだとお思いなのはわかっています（繰り返すことで融和する）。私の見たところ、費やした時間の見返りとして、将来的にはかなりの時間と経費を節約できるはずです（結論）」

また、まったく別のケースでは、攻撃を受けたときの結論はこのようになるでしょう。

「メアリー、メアリー、メアリー（中断）。この状態ではご満足していらっしゃらないのですね。お悩みだと聞いています（繰り返し）。しかし、そんな言い方をされるのでしたら、これ以上話をするつもりはありません（結論）。もう少しこちらを尊重して話してくださるなら、納得がいくまでお話しさせていただきます（将来に向けての軌道修正）」

顧客サービスの場では、あなたは実は顧客と同じ側にいるということを明確にする必要があるでしょう。

「わたくしどものサービスにご満足いただけなかったことは承知しております（繰り返し）。

お客様の満足がわたくしどもの目標です。すぐにお役に立てるように、情報をいただけませんか。お手数ですが、いくつか質問にお答えいただけると助かります（結論）」

ここで大事なのは、「すぐにお役に立てるように」という言葉で、あなたが顧客と同じ側にいると示すことです。そして、「いくつか質問にお答えいただけると助かります」と言って、〈戦車〉にこのやりとりの主導権を与えます。〈戦車〉タイプの顧客にとって、結果を得ることは何よりも大事です。繰り返しによって、顧客が手助けを求めていることを理解していると示し、意図的な軌道修正によって、顧客と同じ側にいることを示します。この例では、「いくつか質問してもよろしいでしょうか？」と聞くことで軌道修正することもできます。

ステップ⑤　名誉ある和解を勝ち取る

〈戦車〉の面前で扉を閉めてはいけません。そんなことをすれば挑戦状と受け取られ、〈戦車〉は突入してくるでしょう。扉を開けっ放しにしておけば、〈戦車〉は少し下がっているという余裕をもちます。〈戦車〉の訴えが事実でなく、非現実的な見方をしていて、不当な要求をしてきた場合には、平和的な解決に向けて軌道修正しなければなりません。最終的な決定権は相手に与えますが、時と場所だけはあなたが決めましょう。

まずは仮定条件から始め、きっぱりとした口調で話しましょう。「私が代案を出したら」とい

う仮定条件は、あなたが代案を出すつもりであることを主張します。「もう少しこちらを尊重して話してくださるなら」という言葉は、相手が自分を尊重して話してくれるだろうと仮定しているのです。

そこで、相手が最終的な決定を下す時と状況を決めましょう。たとえばこんなふうに。「私が代案を出したら、あなたのご意見を喜んで拝聴します」あるいは「もう少しこちらを尊重して話してくださるなら、この件についてお話ししましょう」

もしあなたが「仲良くやる」モードになっているなら、自己主張の強い無遠慮な言い方には、核戦争のような脅威を感じるかもしれません。しかし〈戦車〉タイプにとっては、人間関係におけるそういった行動はちょっとした駆け引きであるというぐらいにしか感じられません。あなたの人となりを知り、性格や関わり方を判断するきっかけとなるのです。

強気な人は同じように強気な人を好みます。だからといって、相手が白旗を揚げて降参することを期待してはいけません。最後の一撃を放って前進してくる可能性のほうが高いのです。すべての戦いに勝つことはできませんが、敬意を勝ち取ることはできます。実際、あなたの強さを認めた相手は、今後あなたが別の〈戦車〉と戦うことになったときに味方についてくれるかもしれません。

もし〈戦車〉の非難が正しくて自分が間違っていたら？

これまでのアドバイスはすべて、〈戦車〉の判断が間違っているという仮定にもとづくものでした。しかし、もし〈戦車〉の非難が的を射ていたとしたらどうでしょう？　あなたが本当に、散漫で不適切な行動をして時間や経費や労力を無駄にしていたとしたら？

〈戦車〉の非難が事実であったとしても、シンプルな3段階の戦略だけで問題を解決できるでしょう。攻撃をできるだけ早く終わらせるには、次の3つのステップを踏むことです。

■ステップ①　自分の間違いを認める
■ステップ②　その経験から学んだ教訓を端的に述べる
■ステップ③　同じ間違いを繰り返さないように、今後やり方を変えると伝える

ステップ③が最も重要です。たいていの人はステップ①や②はうまくこなしますが、それだけでは攻撃は止まりません。〈戦車〉の視点から見てみましょう。今後もあなたがまた同じような行動を繰り返すのではないかと心配して、攻撃を再開するでしょう。攻撃を止めるためには、確かに教訓を得たという証明が必要です。証明がすんだら、そこで話は終えましょう。

〈戦車〉は泣き言や卑屈さを求めているわけではありません。むしろ、そういう態度には耐えられません。間違いを認め、そこから教訓を学ぶには勇気が必要です。兵士よ、胸を張って立ちなさい。

〈戦車〉が変わるとき

シャーマン・アンド・パンツァー社

マーティンは、シャーマン・アンド・パンツァー社で管理職についてから、まだ1年しか経っていませんが、すでにナンバー2の地位にまで昇進していました。

昇進が早かった理由はふたつあります。マーティンの対人スキルが非常に高いこと、それと、この会社の管理職が何人も辞めてしまったことです。退職者が多い理由は、この会社のオーナーふたりが嫌がらせのような経営方針でした。何かがうまくいかなくなると、オーナーたちはカモメのように飛んできて、やかましく騒ぎ立て、みんなに当たり散らすのです。

管理職になってまだ間もないのに、マーティンも必要以上の嫌がらせを受けてきました。最初のころよりは少なくなったものの、それでも充分すぎるほどです。ある日、マーティンは、もうたくさんだと思い、何かを変えよう、辞めさせられることも恐れずに状況を変えよう、と決心しました。心の鎧を脱いで、保身に走るのをやめ、オーナーたちに立ち向かうことを決めたのです。

マーティンは、オーナーであるジョー・シャーマンとラリー・パンツァーに面談を申し入れ、こう切り出しました。「この仕事における私の目標は、生産性を上げることです（相手の目的と思われるものに融和する）。しかし、社員たちのやる気は上がらず、生産性の妨げとなっています」

このように生産性を指摘することで、相手の関心を引きました。

ラリーが鼻で笑いました。

「そうか。どうしてやる気が上がらないんだ？」

マーティンは答えました。

「私の見たところ、その原因は、あなた方おふたりにあります。おふたりは職場にやってきては、手当りしだいにどなり散らし、社員の士気をくじいています。社員を管理するために私を雇っておきながら、その社員たちの面前で私を罵り、私の権威を失墜させています。また、端から社員をクビにしておいて、自分が何をやっているのかわかっていません。良い社員を解雇し、悪い社員をそのままにしているのですから。

これでは社員はやる気を失います。そのせいで、質の高い仕事をさせられません。あなた方に仕返しをするため、彼らは仕事をさぼったり、そっと何かを盗んだりしています。

確かに、この会社はあなた方のものですから（融和、相手の視点を認める）、好きなように

10
戦車

経営してくださってかまいません（融和）。私の言葉がお気に召さなければ、今すぐ解雇してくださって結構です（そのとき相手が考えていることへの融和）。ただし、利益を得ることをお望みでも（融和）、それはかなわないでしょう。

でも、まだできることはあります（ここで軌道修正）。本当に変えたいとお思いなら、私に任せてください。ただし、しばらく引き下がっていただくことが条件です。私に2カ月ください。社員を尊重する態度をとろうというお気持ちになるまで、職場にはいらっしゃらないでください。何か問題があれば、まず私に言ってください。ただしそのときは、私を尊重した態度でお願いします。電話で私を罵ってきたら、すぐに受話器を置きます。

さもなければ、今すぐ辞めさせていただきます。決めるのはあなた方です。どうなさいますか？（相手に選択権を与え、支配欲に融和する）」

オーナーのふたりは驚き、顔を見合わせました。そして立ちあがると、マーティンを押しとどめて言いました。

「わかったよ、2カ月だな」

そして部屋を出ていきました。マーティンの耳に届かないところまで来ると、ジョーはラリーに向かってこう言いました。「やれやれ、あいつにあんな根性があったとはな」

数週間後、ジョーとラリーはマーティンを面談に呼び、椅子に座るよう合図しました。マーティンが座ると、ふたりは立ったまましばらく見おろしてから、自分たちの椅子を引きよせました。ジョーが声をひそめて告げました。

「マーティン、君を雇ったときには言わなかったんだが、われわれはこの会社を売ってフロリダに引っ越すことを考えていたんだ。だが今は、存続させようかと思っている。君が株を買ってパートナーになってくれたらの話だが。われわれはフロリダに行くから、この会社を経営してくれないか？」

何が起こったのでしょう？〈戦車〉タイプは、たいてい自己主張する人を尊重します。マーティンが根性と決断力を見せたおかげで、ジョーとラリーは、彼に会社を任せれば自分たちはのんびりとフロリダで暮らせることがわかったのです。マーティンなら誰のたわごとにも一切耳を貸さないでしょう。そしてマーティンはすぐに、喜んでその申し出を受けたのでした。

穏やかな対決

飛行機によく乗る人なら、何もかもうまくいかない日を体験したことがあるでしょう。機材不良で飛行機が飛ばず、10分で来るはずの代替部品が何時間もかかって到着したかと思うと、離陸の順番待ちです。目的地に到着後には、自分の荷物を見つけられない乗客が続出。荷物紛失カウンター（誰もが大嫌いな場所です）には、長い行列ができました。

ひとりの男が、列に並びながらぶつぶつ文句を言い続け、自分の前や後ろに並んでいる疲

れ切った乗客にも敵意のこもった言葉を投げつけていました。やっと自分の順番が来て、紛失荷物の書類を書く段になると、男は担当の女性に向かって、「あんたの会社が与えたこういう不当な扱いについて責任を取れ」と言い出しました。

その女性は顧客サービスの特別な訓練を受けていたのかもしれませんし、あるいは、生まれつきの性格だったのかもしれませんが、その対応はすばらしいものでした。男に怒りを発散させてから、男の言葉を繰り返し、再確認し、同意までしたのです。けれども、その女性がどんなに努力しても、男はまるで彼女自身がわざと荷物の宛先を貼り間違えたかのような態度をとり続けました。

女性も忍耐の限界がきたようで、ペンを置くと、男の目をまっすぐに見ました。男はにらみ返しました。しばらく間をおいてから、女性は誠意をこめて静かに言いました。

「お客様、お客様の荷物の行き先について心配している人間はふたりしかいないのでは?」

その言葉の意味が相手に伝わるまで少し待ってから、女性は続けました。

「率直に申し上げまして、そのうちのひとりはお客様の荷物のことなど、どうでもいいと思えてきました」

ふたたび長い沈黙が続きました。先ほどまであんなに怒っていた男が困った顔になりました。そして魔法をかけられたように、その表情から怒りは消えていきました。

突然、男は穏やかな紳士となり、弱々しく謝罪しました。

「いや、ええと、騒ぎを起こすつもりじゃないんだ。ただ、とても困ってしまって、うん、わかってくれますよね。ええと。カッとなって申し訳ない。荷物を取りもどすには、私は、いや、あなたと私はどうしたらいいのかな」

こうして、男は女性を敵視するのをやめ、手を結んだのです。


いったい何が起きたのか見ていきましょう。

女性が「お客様、お客様の荷物の行き先について心配している人間はふたりしかいないのでは？」と言ったとき、彼女は〈戦車〉の目的に融和していました。男が何を重要視しているかわかっていると伝え、同時に、それは彼女の目的でもあると知らせたのです。

彼女のコミュニケーション全体にこめられた言外の意味は、ふたりが同じ側にいることを示しています。そして「率直に申し上げまして、そのうちのひとりはお客様の荷物のことなどどうでもいいと思えてきました」と言ったときには、結論に狙いを定めています。男の態度のせいで、共通の目的が失われていくことを伝えているのです。

しかし、本当に効果があったのは、女性の口調と表情にこもった誠実さです。そこに少しでも皮肉がまじっていれば、うまくいかなかったでしょう。彼女は断固としていましたが、攻撃的ではありませんでした。そのおかげで、男の目を覚まさせることができたのです。

顧客はいつも正しいと意識するのは、ビジネスにおいて重要なことですが、時には、顧客の

役に立つためには顧客自身の助けが必要なこともあります。実際、女性の仕事は情報を収集し、顧客を手助けし、次の顧客も同じように助けることです。彼女はいろいろな対応を試してから、〈戦車〉の不適切な行動をよく考慮し、穏やかな対決を選んで、適切な方法で解決しました。この荷物紛失担当の女性は、仕事を進めるために最良の心理的戦略を見つけたのです。

まとめ

【〈戦車〉が現れたとき】

■目標：敬意を得る

■アクション・プラン：

①自分の居場所を動かない
②攻撃を遮断する
③要点をすばやく繰り返す
④結論に照準を定めて撃つ！
⑤名誉ある和解を勝ち取る

11 狙撃手

ダレンとジェイはハイテク企業のエンジニアです。ダレンはジェイよりも5歳年上で、この会社にも3年長く勤めています。だから、ダレンのほうが先に昇進するだろうと誰もが思っていました。しかしジェイのほうが人づきあいがよくて熱心に働き、積極的で、豊かな創造性を発揮していました。その努力はやがて経営陣の目にとまり、報われることとなりました。ジェイは地域販売部長に昇進したのです。

1週間後、ジェイは車を停めて社屋に入り、自分の新しい部屋に向かおうとしました。そのとき、通路で自分の部下全員が、ダレンを取り囲んでいるのが見えました。ダレンの一言一句に耳を傾け、にぎやかに笑っているようです。ジェイが近づくと、笑い声は静まり、ダレンの声だけがはっきりと聞こえました。

「そう、あのジェイってやつときたら！　今何時か尋ねたら、腕時計の作り方を教えてくれる！　本当は何もわかっていないくせに、いろんなことを言ってくるんだ！　ハハハ！」

もう誰も笑っていないことに気づくと、ダレンは振りかえって皆の視線を追い、ジェイの

困惑した顔を見つけてこう言いました。「おやまあ、ご本人がいらしたぞ！」
「こんな仕打ちを受けるようなことをしたのだろうか？」。ジェイは心の中で思いながら、自分を狙う狙撃手に対してどう反応するか考えました。

狙撃行動を起こすきっかけはいくつかあります。うまくいっていないことに怒りを覚え、自分の計画を妨害した人物を恨んで狙撃する人もいますし、自分の計画の邪魔をしそうな人物を痛めつける手段として狙撃する人もいます。好きな人の注意を引くだけのために狙撃する人もいるのです。

恨みによる狙撃

ものごとが計画通りに進まなかったり誰かに妨害されたりすると、「終わらせる」モードの人は、狙撃によって敵を排除しようとします。仕返しを防ぐため、作戦はひそかに行わねばなりません。そこで〈狙撃手〉は、不作法な発言や皮肉なユーモア、辛辣な口調、思わせぶりな目の動きといったまわりくどい手段を用います。

相手を混乱させるというのも、〈狙撃手〉の武器のひとつです。的外れな指摘で相手を惑わせたり、馬鹿にしたりするのです。狙いすましたタイミングのいい狙撃が行なわれたあとに、その場を支配するように立っている人がいたら、その人は〈狙撃手〉です。

その狙撃が恨みにもとづくものなら、「カッカするぐらいなら報復しろ！」というのが〈狙撃手〉の態度です。恨みが〈狙撃手〉の攻撃を引き起こした例をいくつか挙げてみましょう。私たちのセミナーの参加者からの報告にもとづく例です。

■女性上司の下で働きたくない差別主義者
■経験の浅い若輩者に返事したくない年配者
■重要なプロジェクトに加えてもらえなかったと感じた女性職員
■恋人が親友と結婚してしまった女性
■子どもの結婚相手についての希望を無視された母親
■娘の結婚相手に不満をもつ父親

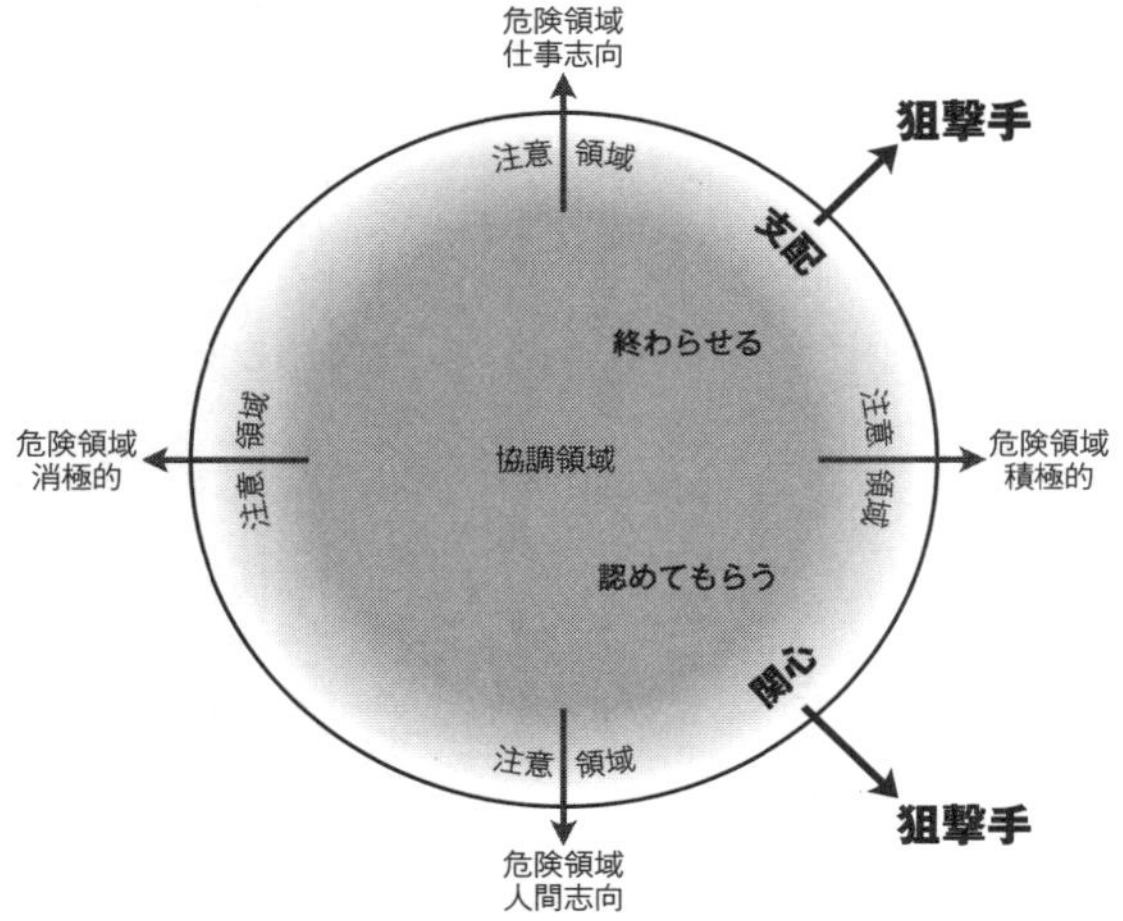

■転入生の成功に嫉妬する同級生

先ほどの例では、ダレンは昇進を逃したことに腹を立て、ジェイを逆恨みしたのです。

友好的な攻撃

すべての狙撃が相手を殺したり、傷つけたりするためではありません。どちらかというと無邪気に、関心を引くためにふざけて狙撃することもあります。

時には、人を笑わせ、認めてもらいたいがために、いじめを戦略として使って気を引くこともあります。お互いに相手をこきおろすユーモアを競いながら友情を育てていくこともあるでしょう。テレビの人工的な世界では「お笑い」というジャンルの番組で、誰もがお互いに手ひどい言葉をぶつけあいます。それを見て、スタジオの観衆は大声で笑い、場面は次に移っていきます。

しかし現実の世界では、誰もが皮肉を好むわけではありませんし、狙いすました悪口を笑えない人もいます。面白半分の狙撃でも、ただのかすり傷ではなく、致命的な傷を相手に負わせることがあるのです。

それでも、からかいの標的が、心の中では血を流しながらも表面上はにこにこしていたら、

〈狙撃手〉はその傷に決して気づかないでしょう。

〈狙撃手〉への態度を変える

からかわれるのが嫌いで狙撃に傷ついてしまうタイプほど、標的にされやすいです。いったんそんな噂が立ってしまうと、その弱点を利用しようとする者が現れるのです（小学生のいじめを観察してみてください。いちばん傷つきやすい子どもがいじめの標的となっていることがわかるでしょう）。狙撃を受けた者はそのたびに、なんとか張り合おうとはするものの、相手はますます調子に乗って、同じことを繰り返します。

そういうからかいがひどくなると、やみくもに反撃したくなったり、逃げ出したくなったりするかもしれません。しかし、どちらの手を使ったとしても、〈狙撃手〉は相手のそういう態度を自分の勝利と考えます。悪口を返すこともできますが、その場合は気をつけてください。「困った人」に対して、不愉快な言葉をユーモアに変えてうまく言う方法を知らないままに中途半端な報復をすると、必ずしっぺ返しをくらいます。それなら、いっそ正面から立ち向かうほうがましでしょう。

狙撃をやめさせるには、それをやり過ごす方法を学ばねばなりません。反応が得られなければ、〈狙撃手〉の行為も価値を失うからです。

11
狙撃手

〈狙撃手〉の気持ちを考えるのも面白い方法のひとつです。〈狙撃手〉の行動の見方を変えるのです。〈狙撃手〉が狙撃してきたときに、自分への個人攻撃ととらえずに、自分の立場ではなく〈狙撃手〉の立場に立ってみましょう。狙撃は不安の表れかもしれません。ですから、相手のことを不安を抱えた小学生と見なせば、その行動を愉快に思えるかもしれません。

皮肉に対する最もよい反応は、「そっちは確かにそうだけど、私は違う」という態度であり、次に効果的なのは「私はゴムで、あなたは糊。あなたの言葉はすべてはねかえって、あなた自身にくっつく」という姿勢です。それを考えることは大いに助けとなる。信じられないかもしれませんが、実際に口に出すのも同じ効果が得られます。

メアリーは会議の場で、ロンという同僚の狙撃に対処しつづけてきました。ある日の会議で悪口を言われたメアリーは、子どもっぽい声でこう返しました。「それって自分のことを言っているんじゃないの?」

このやりとりに、ロン以外の全員が笑いました。メアリーは、率直で気軽な方法で不快な気分を晴らし、簡単な言葉で〈狙撃手〉の子どもっぽさを暴いてみせたのです。ロンは明らかに気分を害し、二度と狙撃してくることはありませんでした。

実際に狙撃を受けているなら、自分の反応を支配するのは自分自身だという不屈の精神を持つことが大事です。お手本となるような冷静で落ち着いた人物を探しましょう。あるいは、誰かに狙撃されたときの記憶を掘り起こし、今度こそ〈狙撃手〉に冷静に立ち向かい、言葉の一撃で撃退しましょう。

あまり意味のない狙撃をする無邪気な〈狙撃手〉が相手の場合は、見方を変えることが適切な対応です。相手の言葉は愛情のしるし、あるいはひねくれた態度と見なしましょう。たとえその言葉に笑うことはできなくても、笑い飛ばす訓練はできるはずです。

目標：隠れ場所から引きずり出す

〈狙撃手〉を扱う際の目標は、相手を隠れ場所から引きずり出すことです。冗談まじりの狙撃であっても、支配的な狙撃であっても、恨みにもとづく狙撃であっても、覚えておくべきことはひとつだけです。〈狙撃手〉は、隠れる場所がなければ狙撃できません。〈狙撃手〉の力は隠れて行動することで引き出され、おおっぴらには行動できないのですから、相手の場所をつきとめてしまえば、その力は役に立たなくなります。〈狙撃手〉を隠れ場所から引きずり出して、直接対峙すれば、狙撃の楽しみを奪い、勝率を五分五分にできます。

対〈狙撃手〉アクション・プラン

11
狙撃手

ステップ①　動きを止め、見て、繰り返す

目標は〈狙撃手〉を隠れ場所から引きずり出すことですから、まずは隠れ場所をつきとめなければなりません。もし言葉や言い方で、誰かに狙撃されそうだと感じたら、たとえ途中であっても話をやめましょう！　中断して、行動のすべてを停止するのです。〈狙撃手〉の居場所を見つけ、相手の言葉を繰り返しましょう。すべてをスムーズに行わねばなりません。

行動を停止するだけでも大きな力となります。一対一であっても、まわりに目撃者がいても、行動が止まればすべての注意を〈狙撃手〉に集めることができます〈狙撃手〉自身も自分に注意を向けるでしょう。受けた狙撃が言葉ではなく表情であるなら、その表情をすばやく真似ましょう。そうすれば笑いを呼び、その場にいる人々の緊張をほぐせるでしょう。

〈狙撃手〉の攻撃的な発言をすばやく繰り返すことは、撃たれた弾丸を空中で受け止めて地面に落とすようなものです。言葉には出さず、「あなたは狙撃に失敗しましたよ」と告げているわけです。

ジェイは足を止めて、無言でダレンと向き合いました。通路にいる皆の顔を見回してから、ダレンに目を据え、落ち着いた声で興味深そうに尋ねました。

「さっき、私は『何もわかってないくせに、いろんなことを言ってくるんだ』って言いましたね（繰り返し）」

ステップ②　サーチライトのような質問をする

さあ、〈狙撃手〉にサーチライトを当てるときが来ました。質問をして相手を引きずり出し、その行動を暴きましょう。〈狙撃手〉への質問には2種類あります。

■**目的を問う質問**……「結局、何を言いたいのですか？」。言葉の真の意味を尋ねれば、〈狙撃手〉があなたに抱いている怒りを明らかにできるでしょう。

■**関連性を問う質問**……「それと、これはどういう関係があるのですか？」。その言葉が現在の状況とどんな関連をもつのか尋ねるのです。

どちらの場合にも、質問をする際で重要なのは、落ち着いた口調と無表情で尋ねることです。皮肉を交えてはいけません。超然とした冷静な態度でいればいるほど効果があります。

サーチライトのような2種類の質問を、ダレンとジェイの例で検証してみましょう。

ジェイがダレンに、目的を問う質問をする場合には次のようになります。

「私が『何もわかってないくせに、いろんなことを言ってくる』ってどういう意味だ？（サー

チライトのような質問で、相手の怒りを探る)」

「別に！　ただのジョーク、それだけさ。何か問題でも？」

ダレンはそう答え、次の弾を撃とうとしています。「ジョークもわからない？」

ダレンの表情はすっかりビジネスライクなものになっています。

「ダレン、『ジョークもわからない？』って結局、何を言いたいんだ？（サーチライトのような質問で相手の恨みを探る）」


あるいは、〈狙撃手〉の言葉と今の状況との関連性を問う質問をすることもできます。関連性を探るためには、まず、現在の状況や自分の行動の目的を、自分が理解しているとおりに述べます。それから〈狙撃手〉の言葉と、その目的との関連性を尋ねましょう。「それ（〈狙撃手〉の言葉）とこれ（自分の行動の目的）とはどう関係があるのですか？」

ジェイがダレンに、関連性を問う質問をした場合には、次のようになるでしょう。


「ダレン、この部署ではみんなが力を合わせて働かなければならないよね（目的を述べる）。私の仕事の目的は、チームワークを高めることだ（その目的における自分の役割を述べる）。私に関するその言葉は、チームワークとどんな関係があるのかな？（関連性を探るサーチライトのような質問）」

サーチライトのような質問によって、混乱を生む皮肉な言葉と現状との関連性を尋ねることで、大事な目的に関心を向け直し、正しい方向に修正することができます。実際、その関連性を知れば問題を解決できるでしょう。

どちらの質問を選んだ場合にも、〈狙撃手〉の反応は次の3つのどれかとなります。

■引き下がる……そうなったら、あなたは狙撃を受ける前にやっていたことを続けましょう。

■自滅するまで狙撃を続ける……その場合は、相手の発言を繰り返し、何度も質問を続けましょう。何度か狙撃を試みても失敗に終われば、やがて狙撃はやむでしょう。

■隠れ場所から出てきて、〈戦車〉のような正面攻撃を開始する

ステップ③　必要なら〈戦車〉に対する戦略をとる

もし〈狙撃手〉が〈戦車〉に変貌し、あれこれの問題についてあなたを責めはじめても大丈夫です。ある意味、状況は好転しています。今では、問題をある程度把握できたわけですから。重要なのは、〈戦車〉に対する戦略を使い、〈狙撃手〉自身だけでなく、攻撃の目撃者からも敬意を得るように努めることです。

自分の居場所を動かず妨害を遮断し、自分を責める相手の言葉を繰り返しましょう。この例

では、自分自身の目指す結論を決めてから、自分が選んだ時と場所で、相手と和解しましょう。

ステップ④　恨みを探る

誰かに恨みを抱かれている気がするけれど確実ではない場合には、監視を続けて探ってみましょう。恨みの証拠が見つかれば誤解を解きたくなるでしょう。個人的に会うのがいちばん良いやり方です。中立的な第三者に立ち会ってもらうのも役に立つことがありますが、最初に会うときには避けましょう。会話をはじめるときには、かつて〈狙撃手〉が発言したあなたについての否定的な言葉を思い出させ、その目的を問う質問をして〈狙撃手〉が本当は何を言いたかったのか確かめます。

〈狙撃手〉がその言葉の裏の意味を否定したら、〈狙撃手〉の立場で考えてみましょう。そのいきさつを、相手の身になって振り返るのです。そして思いついた考えを提案し、反応をうかがいます。思いついたことは全部並べたててください。推測を話す前には、こんな前置きをつけましょう。「あなたにとってどうかはわかりませんが」「私の推測ですが……」など。あなたの推測が正しければ、〈狙撃手〉はその言葉を認め、詳細を補足してくれるでしょう。

恨みを表面化することに成功すれば、〈狙撃手〉の言い分すべてに注意深く耳を傾けなければなりません。目標は、〈狙撃手〉の視点を完全に理解できるまで語ってもらうことです。

理解とは、賛成や反対を意味するわけではありません。あなたは何もする必要がないのです。

したがって、身を守ったり、説明したり、正当化したり、言い訳したりする必要もありません。繰り返したり確認したりして、〈狙撃手〉が恨みを完全に吐きだす手助けをしましょう。反発はせずに、最善の努力をして、〈狙撃手〉の視点で出来事を見直すのです。恨みの本質を完全に理解してしまえば、理解したということを〈狙撃手〉に伝え、問題を率直に表現してくれたことへの感謝を表明しましょう。

その恨みが正当なものであれば、それを認め、過ちを認めましょう。そうすることであなたの信頼性を強め、相手の敬意を得ることができるでしょう。その問題を解決できそうな情報を持っていれば、この段階で知らせましょう。「それが起きた原因を話してもいいですか？」。もし断られれば、あっさりと答えましょう。「わかりました」。たとえ公の場で恨みを表明された場合でも、そうしましょう。もしあなた側の事情を知りたがる人がいたとしたら、その場で、あるいはあとになって聞いてくるでしょう。

たとえば会議の場で、〈狙撃手〉が皮肉な発言をしたとします。あなたはその発言を繰り返し、目的を問う質問をして、恨みを探ります。〈狙撃手〉は「あなたは話が長すぎる。今はそんな細かいことは必要ないし、割り当てられた時間をすでにオーバーしているじゃないですか。ほかにも発言者はいるんですよ」と言ったとします。その非難が事実だと判断すれば、シンプルに答えましょう。「おっしゃるとおりです。ここで発言を終えて、ほかの人に譲りましょう」

ふたりだけで話したときに相手が説明したがらないなら、〈狙撃手〉が〈**何もしない**〉に変貌

したということです。このタイプの「困った人」の扱いについては、17章を参考にしてください。

ステップ⑤　将来に向けた提案をする

個人的な場でも公の場でも、話し合いの最後は、将来の行動についての提案で締めくくりましょう。〈狙撃手〉と手を組むには、会社やチームのためにといったより高い目的を持ち出せばいいでしょう。そして「これからは、もし私に不満があれば、面と向かって話し合いましょう。ちゃんと耳を傾けると約束しますから」と言いましょう。

そう言わなければ、〈狙撃手〉の頭の中にあなたとの話し合いの選択肢などないでしょう。〈狙撃手〉との議論の締めくくりには、あなたの今後の望みは、自由で率直な話し合いだと必ず伝えましょう。

例外的状況①——友好的な狙撃

では、本当はあなたに好意を抱いているのに、ふざけてからかってくるタイプの〈狙撃手〉の場合はどうでしょう？　どうすれば、迷惑なジョークをやめさせられるでしょうか。

いちばんよい方法は、ふたりきりの場所でその行動について指摘することです。公の場で当惑させ、恥をかかせても、誰のためにもなりません。面と向かって率直に、人を馬鹿にするようなユーモアは楽しくもありがたくもないと伝えましょう。自分はちっとも面白くないし、勘弁してほしいといつも思っていると話すのです。相手のことを悪く思いたくないと伝え、自分がしてほしいことを頼みましょう。

明らかに何の害もない、愉快な行為に腹を立てる人がいることを理解できないかもしれませんが、おそらく2週間はあなたへの態度を改めてくれるでしょう。その間、相手が狙撃ではないジョークを飛ばすたびに、それを認めてあげることを目標としましょう。相手の目的は「認めてもらう」ことなのです。あなたが積極的に認めてあげることで、その目的を達成できることに気づくでしょう。

例外的状況②――第三者を介した狙撃

時には「『誰それ』が君について『こうこうだ』と言っていたよ」という話を聞かされることがありませんか？　問題は、この場合、誰が〈狙撃手〉なのか、ということです。その「誰それ」なのか、それともあなたにその話を聞かせた人でしょうか？　情報提供者自身が、実は変装した〈狙撃手〉である場合が多いです。他人の発言から、前後関係抜きで要点のみを切り出して、無邪気に「『誰それ』が君について言っていた話を聞いた？」と言いながら、あなたの胸

を狙撃してくるのです。

この情報提供者に聞かされた、狙撃らしき話の理由が思い当たらないなら、サーチライトを当ててみましょう。「その『誰それ』は、あなたが私にその話を聞かせることを知っているの？」と尋ねてみるのです。その答えがノーなら、当事者のみでさらに話し合うことを提案してみましょう。当事者とは、あなたとその「誰それ」、そして情報提供者です。「その『誰それ』と話をしにいきましょう」。そこで話は終わり、情報提供者はあなたのサーチライトのような質問の灯りから逃げる方法を探しはじめます。

しかし、情報提供者が信頼できる友人で、情報が確かなものであった場合はどうでしょうか。その場合は、やっていることを中断して、その〈狙撃手（仮）〉のもとに直行しましょう。耳にしたことを話し、本当かどうか確かめます。信頼できる情報源でも、間違っていることはありますから。その〈狙撃手（仮）〉が、「誰がそう言ったの？」と聞いたら、情報源の正体を明かさないように気をつけながら、もう一度、質問を繰り返しましょう。「実は、そこは問題じゃないんだ。聞きたいのは、あなたがそんなことを言ったかどうかなんだよ」

〈狙撃手〉を扱う戦略とは、その狙撃があなたに向けられていても、あるいはあなたの周囲に向けられていても、こっそり行われていても、相手を隠れ場所から引きずりだすことで、狙撃をしにくくすることです。その〈狙撃手（仮）〉が発言を否定すれば、そのまま放っておきましょう。たとえ告白はなくても、〈狙撃手〉が不快な思いをすれば、それで目標は達成できたのですから。もしもまた同じ話を聞いたら、同じ過程を繰り返しましょう。隠れていられなければ、〈狙撃手〉は狙撃ができません。

〈狙撃手〉が変わるとき

ここでふたたびジェイとダレンに登場してもらい、ジェイが〈狙撃手〉にどう対処したかを見てみましょう。

ジェイとダレン

ダレンが同僚に言いました。

「そう、あのジェイってやつときたら！　今何時か尋ねたら、腕時計の作り方を教えてくれる！　本当は何もわかっていないくせに、いろんなことを言ってくるんだ！　ハハハ！」

そして振り返って皆の視線を追い、「おやまあ、ご本人がいらしたぞ！」と言いました。

「やあ、皆さん」とジェイは言いました。「ダレン、手を貸してほしいことがあるんだ。私の部屋でちょっと話せないか？」

部屋に入ると、ジェイは言葉を飾らずに言いました。

「ダレン、君にとってはさぞかし居心地が悪いことだろう。年下で社歴も浅い者がやってき

11
狙撃手

て、君が受けてしかるべき昇進をさらっていったのだから（恨みを探る）」

そして口をつぐみ、ダレンを見て、反応を待ちました。ダレンはぎゅっと口を結び、眉をしかめて、怒りをたたえた目でジェイをにらみながら座っていました。ジェイは言葉を続けました。

「私が昇進を望んだわけじゃないと言ったところで、何にもならないのはわかっている。私だって、もし君の状況に置かれたら会社にちゃんと評価されていないと思うだろうからね」

ダレンはため息をつきました。ジェイは続けます。

「君はとても有能だし、一緒に働くなかで、たくさんのことを学んだ。この会社で私たちは、コンピュータのある生活をもっと楽にし、生産性を高めるような質の高い製品を作ろうとしている。それに成功するためには、チームで働かなければならない（より高い目的を出して手を組む）。ダレン、君にはそんなチームに入ってほしいんだ。大いに貢献してもらえると思っている。どうだろうか」

ついにダレンが口を開きました。

「そうだな、ひとつだけは君の言うとおりだ。不公平だよ。君よりずっと長くここで働いてきたんだ。努力を重ねてきたんだ」

ジェイは黙ってうなずきながら耳を傾け、時おりダレンの言葉を繰り返しました。いったん恨みを吐きだしてしまうと、ダレンはもともとジェイが知っていたとおりの理性的な人間に戻ったように見えました。彼はこう言いました。「だけど、君のせいだとは思わないよ」

そこでジェイは言いました。

「今後、何か問題があれば、私の噂をするのではなく、直接話にきてくれないか？（将来に向けた提案をする）」

さらに、今後のふたり関係についても尋ねました。

「では、チームの重要メンバーとして当てにしてもいいよね？」

「ああ」とダレンは少々照れながら答え、こう付け加えました。「部長」

ふたりは声をそろえて笑いました。

関連性を問う

スーはインディアナ州の小さな製造会社で働いています。部署には女性はスーひとりだけで、毎週の会議に出る女性もスーのほかにはいませんでした。

会議の出席者のひとりに、性差別主義者の〈狙撃手〉がいました。その男性は、スーを挑発してはいらだたせ、スーを傷つけることを無上の喜びとしているように見えました。その無礼な発言は時には残酷なほどエスカレートし、それをスーが指摘しようとすると、決まってこう答えるのです。

「おや、感情的にならないでくださいよ。ジョークもわからないんですか？」

ほかの出席者はそれを聞いてくすくす笑い、スーは意気消沈します。

ある日、スーは態度を変えようと決意しました。私たちのところに相談に来て、「誰もが私の敵だ」と言いました。そこで、私たちは視点の転換を勧めました。ほかの男性たちは、そもそもあなたのことを笑っているのではないかもしれませんよ、と指摘しました。

「居心地の悪い思いを笑いでごまかしているのかもしれません。気まずさを笑いでごまかす人はたくさんいます。あなたもそんなふうに笑ったことはありませんか？」

「ええ、あります」とスーは気まずそうに笑いました。

次に私たちは、ほかの男性たちではなく、〈狙撃手〉に狙いを定めることを提案しました。〈狙撃手〉に対処する戦略を授け、実際にやってみる前に頭の中で何度か練習するように言って、彼女を送り出しました。数週間後、スーは意気揚々と電話をかけてきて、成果を報告してくれました。

スーは関連性を問う質問でサーチライトを当て、魔法にかけたような効果をあげて、〈狙撃手〉を無力化しました。狙撃を受けたあと、スーは〈狙撃手〉に向き直り、落ち着いて不思議そうに尋ねました。

「この会議の目的は、品質向上プログラムの改革に取り組むことだと思っていたんですけど〈会議の目的を述べる〉。私の提案は、品質を向上するためのものです（その目的における自分の役割を述べる）。あなたの発言（ここで相手の発言を繰り返す）は、品質向上という目的にどう貢献するというのでしょう？（関連性を問うサーチライトのような質問）」

そして、できるだけ無邪気な表情をしてみせました。相手はいつもの反応をしてきました。

「おやおや、お嬢さん、感情的にならないでくださいよ。ジョークがわからないのかな？」

しかし、スーには準備ができていました。ますます不思議そうに相手の発言を繰り返し、こう尋ねたのです。「私の感情やユーモア感覚が、品質向上の改革とどんな関係があるんですか？（関連性を問うサーチライトのような質問）」

相手が何を言おうと、スーはその言葉を繰り返し、関連性を問いました。その質問によってサーチライトのような光を浴びて、以前は彼の側についていた男性たちが、急に「誰があの間抜けをここに呼んだんだ？　あんなやつは知らないぞ」という目つきで彼を眺めはじめました。

〈狙撃手〉はついに、「もういいです」と言って降参し、この件はおしまいとなりました。ただし、この〈狙撃手〉は、スーにやりこめられた方法をネタにされて、仲間たちにあとで手ひどくからかわれたことと思います。

まとめ

【〈狙撃手〉が現れたとき】

11
狙撃手

■目標：隠れ場所から引きずり出す

■アクション・プラン：

①動きを止め、見て、繰り返す

②サーチライトのような質問をする

③必要なら〈戦車〉に対する戦略をとる

④恨みを探る

⑤将来に向けた提案をする

12 博識家

若き研修医のボズウェルは、臨床栄養学に強い関心を抱いていました。わずかしかない貴重な余暇を割いて、その分野について勉強し、健康管理の問題に没頭しました。医学部の図書館では、何時間もかけて文献を探し、書物や記事を読んでいる彼の姿を見かけない週はないほどでした。

残念なことに、ボズウェルの臨床指導に当たっていたのは年配の内科医リービットでした。彼は栄養療法をインチキ療法のひとつにすぎないと見なしていました。リービット医師の考えでは、真の医療とは、薬と手術のふたつの形態しかないのです。

臨床会議で、ボズウェルは何度も栄養療法を提案しようとしました。自分の提案の裏付けとなる研究の準備も万全でした。その方法が患者のためになると固く信じていたのです。しかしリービットは長年の経験と蓄積された知識を駆使して、威厳のある声で、いつも若き研修医をさえぎりました。そして見下すように、すぐにきっぱりとこう言い渡すのです。

「ボズウェル君！　また健康食品の店をうろついていたのか？　何度言えばわかるんだ。栄

養療法などというたわごとはもう終わりにしよう！　いつも言っているとおり、治療とは真っ向から取り組むものだ。次の症例に移ろう」

リービット医師のような〈博識家〉タイプは、物知りで非常に有能で、自己主張が強く、自分の見方を遠慮なく披露します。その目的は、自分が最適だと見なしている方法で仕事を「終わらせる」ことです。したがって、支配的になりがちで、訂正されたり反論されたりすることは我慢ならないのです。

新しい考えや代替法は、たとえどんな利点があろうとも、〈博識家〉な人の権威や知識への挑戦と見なされることが多いです。自分の決断や意見に挑戦状がつきつけられると、彼らは受けて立ちます。また、決断や意見に疑問を呈され

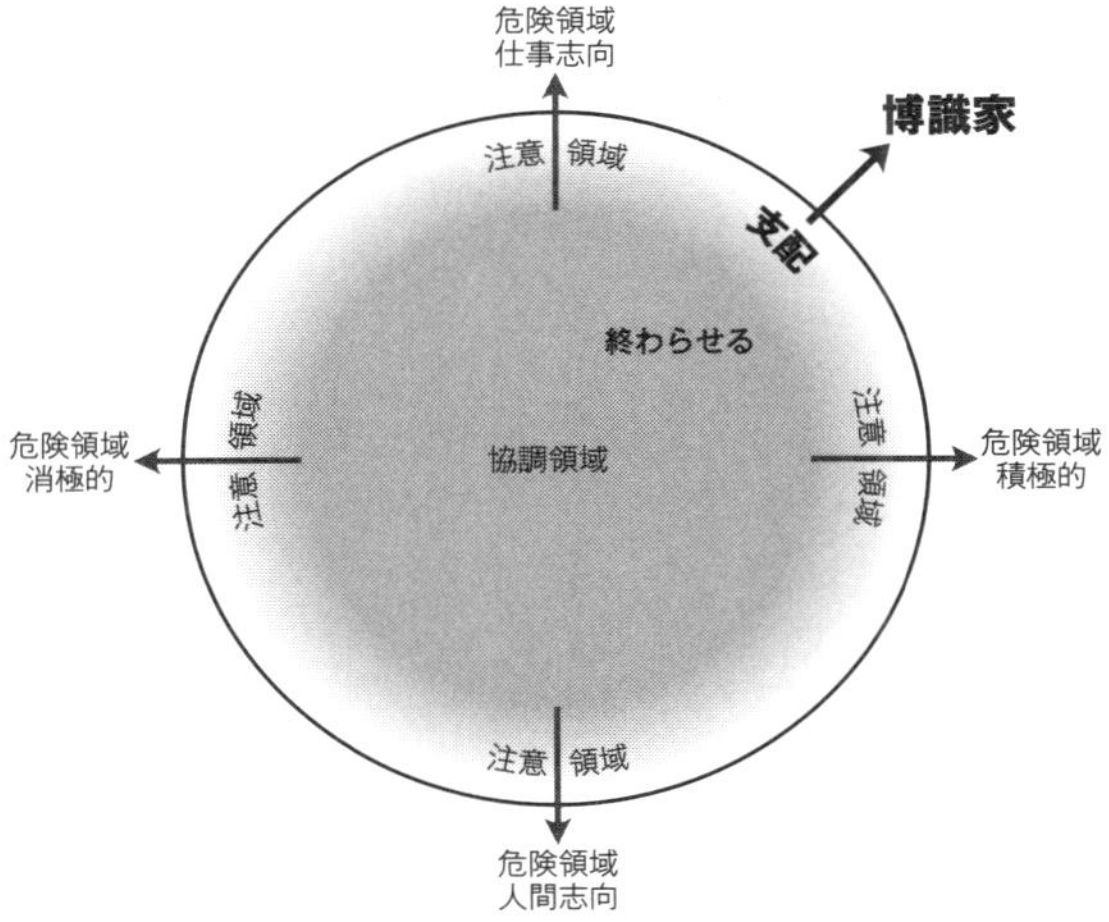

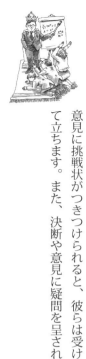

ると、質問者にその動機を尋ねます。

〈博識家〉タイプの人は、間違いは恥ずかしいことだと思っています。支配し、操り、君臨するのが自分の運命であり使命だと感じています。自分の話であなたの時間を奪うことにはためらいを感じませんが、他人の劣った考えで自分の時間を無駄にはしたくありません。その結果、彼らとは違う意見を主張するのは至難の業であり、ほとんど不可能に近いのです。

〈博識家〉への態度を変える

〈博識家〉タイプに直面したときには、自分もそのタイプになりたいという誘惑に打ち勝たねばなりません。彼らのようになってしまうと、自分も頑固になって、柔軟性を失い、相手に譲れなくなってしまいます。また、〈博識家〉が別の意見を拒絶するという傲慢なやり方に腹を立てるのも我慢しましょう。そういった怒りが積み重なると、無意味ないさかいを招いてしまい、そうなるとあなたが負ける可能性が高いのです。

〈博識家〉があなたを悲惨な目にあわせるのを助長しないよう、柔軟で我慢強い態度をとり、よく考えてから自分の考えを述べましょう。ここで決断するのはあなたです。苦労してまで、その「困った人」とつきあうだけの価値はありますか？

もしその答えがイエスなら、それまでの経過すべてを尊大な〈博識家〉の立場に立って見直

してください。このタイプの人は、人生における基本的要素のひとつである不確実性と戦う運命にあると理解しましょう。その戦いで得られるのは、〝正しくある〟レースにおけるブービー賞がせいぜいです。かつてマルセル・プルーストが述べたとおり、「真の発見の旅とは、新大陸を探すのではなく、新たな観察眼で見ることなのである」のです。

〈博識家〉の実験着がどんなに清潔でも、履歴書がどんなに完璧でも、彼らは自分自身でつくりあげた狭い世界のなかで間違いなく不幸で、不安を抱えています。

次に、〈博識家〉とのこれまでの経験を思い出し、検証してみましょう。違った対応をするとしたら、どんなことができたでしょうか。あなたの知り合いのなかに、忍耐と柔軟性と賢明さのお手本にできるような人はいませんか？　その人なら、過去の状況にどう対処したと思いますか？　自分の人生で、そんなふうにふるまったことはありますか？　それはどこでしたか？

以前〈博識家〉と遭遇したときを心の目で振り返ってみましょう。忍耐力と正確さを高めるために、そのできごとにもっとうまく対応する様子を何度か想像してみましょう。〈博識家〉に向かって、自分の考えや代替案を穏やかに述べるためには、そういう訓練が役に立ちます。

目標：新しい意見に向けて心を開かせる

〈博識家〉に対処する際の目的は、新しい情報や意見に向けて、相手の心を開かせることです。

あなたがより優れた意見に思い至ったり、パズルの失われたピースを見つけたりする日はきっと来ます。そのときにどうしても自分の意見を取り上げてほしいと思ったら、目標を定めて突き進みましょう。〈博識家〉が立ちはだかってきたら、積み重なる欲求不満を純粋な決意の力に変えて、相手の心を開かせ、自分の考えを受け入れてもらうよう努力しましょう。

対〈博識家〉アクション・プラン

ステップ① 準備をし、自分の資質を知る

〈博識家〉の防御システムは、入ってくる情報の誤りを監視しています。あなたの考えに欠陥や不明瞭な部分があると、〈博識家〉のレーダーがその欠点を拾いあげ、あなたの意見全体を疑うための根拠とするでしょう。

したがって、〈博識家〉にあなたの代替案や意見を考慮してもらうためには、前もって情報を明晰に整理しておかなければなりません。〈博識家〉タイプは他人の考えをじっくりと聞いてはくれませんから、自分の言いたいことを短く明快に、正確に告げる方法を心得るべきです。

ステップ② 敬意をこめて繰り返す

〈博識家〉タイプに対しては、危険領域にいるほかの「困った人」の行動に対するよりも、繰

り返しを多く用いるように注意しましょう。あなたが相手の優秀さをよく理解していることをしっかりと感じさせてから、自分の考えの方向に軌道修正するのです。

〈博識家〉の言った言葉を繰り返さなければ、相手が自分で繰り返す言葉を何度も聞く羽目になりかねません。それは、あなたが屈服するまでだらだらと続くこともあるでしょう。明らかに、それはいらだたしく不愉快な経験で、拷問のようだと言う人もいます。いずれにせよ、そんな経験は避けたほうがいいでしょう。

　繰り返しは、あなたがきちんと耳を傾けていたことを〈博識家〉タイプの人に知らせる確かなサインです。しかし、ただ繰り返すだけでは充分ではありません。態度全体で、敬意と誠実さを伝えなければなりません。相手に対する異議や異論、見下したり修正を加えたりしたい気持ちを少しでも感じさせてはいけません。

〈博識家〉の見方が正しいと承知していることを表情や言葉で伝えましょう。相手の言葉を辛抱強く繰り返せば、そんな印象を与えやすくなります。繰り返す言葉が速すぎると、不誠実に響き、あなたの見方に誘導しようとしていると思われるかもしれません。〈博識家〉は早く「終わらせる」ことを好みますが、自分をほめる言葉を言われれば、たいていは手を休めて、自分の優秀さを味わいます。

　しかし、〈博識家〉タイプの人があなたにいらだちはじめていることに気づいたら、繰り返しは控えて次に進みましょう。「要点を話してくれ！」と言われたら、繰り返しを終わらせ、ステップ③に移りましょう。

ステップ③　相手の疑念や望みに融和する

〈博識家〉がある考えを心から信じているとしたら、その理由は、その考えを重要だと思わせる特別な基準が存在するからです。〈博識家〉があなたの考えに疑いを抱いているなら、その特別な基準についてあなたが言及していないからです。相手の基準や理由を知ってそれらに融和してから自分の考えを示せば、うまくいくでしょう。そのあとで、自分の考えがそういった基準をいかに取り入れているかを示すのです。

では、どうすれば〈博識家〉が重きを置く基準を知ることができるでしょうか。〈博識家〉は、いくつかの決まった言い方で相手の意見を却下しますが、そこに重要な基準が反映されています。注意深く耳を傾けていると、そのうち却下の言い方を予測できるようになります。

議論の内容がなんであれ、〈博識家〉タイプの人は、タイミングを見計らって、「時間がないんだ」とか「現時点で変更する余裕はない」などの却下の言葉をさしはさんできます。そういった言葉のひとつが、あなたの情報の有用性を否定するために使われそうだと思ったら、〈博識家〉があなたにそれを言うきっかけをつかまないうちに、自分から言いましょう。

たいていは、相手の却下の言葉を言い換えて、あなたの考えの前置きとしてつなげることができます。あなたの考えが〈博識家〉の基準に合致していることを示して、相手の希望とつな

げることもできるでしょう。たとえば、次のように前置きするのです。「私たちには不必要な変更をする余裕はありませんから……」あるいは「私たちには時間がありませんから……」

敬意をこめた繰り返しによって、相手の言葉を本当に理解していると感じさせましょう。また、相手の疑念や望みに融和して、相手の防衛システムに隙をつくらせて、関心を引きつければ、あなたの意見を言うことができます。あなたの行動が攻撃と見なされなければ、防衛されることもありません。さあ、そこからが正念場です。

ステップ④　自分の意見を婉曲に示す

このステップでは、すばやく、かつ慎重に動きましょう。相手の防衛システムは一時的に解除されました。あなたの考えや情報に、関心を向けさせるときが来たのです。軌道修正させる間、〈博識家〉がふたたび防御の盾を掲げないように、次の注意点を覚えておきましょう。

■穏やかな言葉を使う

「たぶん」「おそらく」「回り道かもしれませんが」「少しだけご容赦ください」「ちょっと思っただけなんですが」「あなたはどう思われますか」といった仮定を交えた婉曲な言葉を使えば、挑戦的な押しの強い印象は与えずにすみます。

■「私」「あなた」ではなく「私たち」といった複数の人称代名詞を使う

たとえば、「もし私たちが……どうなると思いますか？」「もし私たちがこうしたら、どんな結果になるでしょう？」などのように。それによって、あなたが敵ではなく、攻撃をしているのでもないことを思い出させることができます。〈博識家〉に、「私たち」には自分も含まれているのだと思わせることもできます。

■言い切りの形ではなく疑問形を使う

〈博識家〉タイプの人は、自分は質問の答えを知っているべきだと思っています。そして、質問に答えるためには、その質問について考えていなければいけません。たとえば、「ご容赦ください、ちょっと思ったんですが、もし私たちがこの方法で○○○（あなたの情報や考え）をしようとしたらどうなるでしょう？」

■質問するときは、あなたの考えや情報に応じて行動した場合、相手の疑念や希望のすべてがどのように扱われるかについても含める

〈博識家〉タイプの人に対処するステップを踏むには、かなりの忍耐力が必要です。考えてから話さなければいけませんし、相手の言葉を誠意をこめて繰り返し、自分の言葉のすべてを相

手の疑念や希望と結びつけたうえで、新しい考えは婉曲に伝えなければなりません（そういったことをする前に、精神安定剤を服用しなければいけないかもしれませんね）。

どのタイプの人を相手にするときにも言えることですが、まずは、それだけの苦労に値する結果が得られるかどうかを判断しましょう。幸いなことに、時間が経つにつれてこの戦略は実行しやすくなります。あなたの柔軟性が高まるからではありません。そうやって穏やかな働きかけを続けているだけで、相手の目にあなたが〝友好的〟に映るからです。あなたの考えが採用され、それが効果的であると証明されれば、彼らの尊敬を勝ち得ることができるでしょう。

ステップ⑤　師弟関係を築く

これは、長い時間がかかりそうな変化を手っ取り早く行う方法です。自分が知識を深めていきたい分野において、〈博識家〉タイプが自分の師であると素直に認めればいいのです。

オハイオ州出身の友人ペニーは、すばらしい業績と経歴をもっています。若いころから大きな金融組織に勤め、そこで史上最年少の重役となることを目標としていました。

ペニーはすばらしい成功をおさめ、あっという間に重役の座につきました。そのときから困った問題が起きはじめました。ペニーの意見や提案や商品企画書はどれも必ず、デニスという同僚の反対にあうのです。ペニーはデニスに〝脅迫者〟というニックネームをつけました。デニスは組織の創業メンバーで、それ以来ずっとそこで働いています。創業者とは個人的な友人ですし、これまでに出入りした大物たちから吸収した知識と知恵をもっていました。

ペニーが口を開いたとたん、デニスは反論してきます。

「それは15年前にやってみたが悲惨な失敗に終わったんだ。失敗案に無駄な費用をかけるわけにはいかないよ」

ペニーは不屈でした（彼女が問題に臨む態度は〝不屈〟という言葉がぴったりです）。お互いの関係を大きく変えるチャンスを探しはじめると、チャンスは向こうからやってきました。ある会議でデニスが企画書を出したのです。驚くほどたくさんの資料や図表、グラフを使って提案された商品は、業界の不安定な時期を乗り切り、さらに利益をあげるもので、実にすばらしい提案でした。

会議が終わると、ペニーは通路でデニスに近づき、その企画書のコピーを個人的にもらえませんかと頼みました。デニスのみごとな提案をもっと研究したいと言ったのです。ペニーは数日間、その企画書とレポート用紙を抱えて、自分の知識と知恵、経験を総動員して研究しました。その企画書をもとに、社の記録をさかのぼり、関連文献を調べ、別の調査も行ってさらに詳しく調べあげたのです。作業を終えると、ペニーは自分のメモをコピーして企画書に添え、まとめてデニスに手渡しました。

「すばらしい企画書ですね。斬新で刺激的で綿密で、非の打ち所がありません。入社以来、こ

んなに勉強になった経験はありませんよ。ありがとうございました」

その日から、ふたりの関係は変わり、デニスは、ペニーのやりたいことをさせてくれるようになりました。

〈博識家〉タイプの人を専門家として認め、喜んでその人から学ぼうとしていることを伝えれば、あなたは相手にとっての脅威ではなくなります。〈博識家〉はあなたを邪魔しなくなり、むしろ教えることに時間を割くでしょう。

「話す権利を奪われた存在」から、「耳を傾けても大丈夫と認められた存在」に変わる方法は、必ず見つかります。その結果、自分の意見や情報を聞いてもらうための苦労は減り、相手の反発も少なくなります。あなたの出した良案が成功すれば、〈博識家〉はあなたの賢さに気づき、尊敬するようになるでしょう。

〈博識家〉が変わるとき

研修医ボズウェルと慢性〝博識〟症候群

「臨床検査の結果、白血球の数値が高く、貧血が見られる。肝機能の検査では、血清ビリルビン、ＧＯＴ、ＧＰＴ、ＡＬＰに異常があった。理論上のその治療法でいいだろうが、うまくいかないかもしれない。禁酒と栄養バランスのよい食事と、おそらくコルチコステロイド剤による肝炎のコントロールが必要だ。質問は？」

若き研修医のボズウェルが手を挙げました。リービット医師がメガネ越しに目をやってうなずくと、ボズウェルは立ち上がって咳払いし、話しはじめました。

「リービット先生、私の理解が正しければ、末梢神経障害と舌炎と圧痛を伴う肝腫大は、アルコール性肝硬変の初期段階の典型的な症状ですよね（敬意をこめた繰り返し）」

「そうだ」とリービット医師はうなずきました。

「そして臨床検査では白血球の数値が高く、肝機能検査は異常で貧血が見られると？（敬意をこめた繰り返し）」

「そのとおり」

「それから、先生がおっしゃった栄養バランスのよい食事ですが、患者が耐えられる範囲で、1日70グラムのタンパク質が推奨されていますね。合っているでしょうか？（自分の資質を知る）」

リービット医師はわずかに眉を上げ、すばやく部屋を見渡して、ほかの学生たちを眺めました。

「いいね、ボズウェル君。よく下調べしているようだ」

ボズウェルはふたたび咳払いをしてから続けました。

12
博識家

「ありがとうございます、先生。少々横道にそれますが、私は『臨床栄養学ジャーナル』で、アミノ酸のL−カルニチンが肝機能におよぼす効果に関する研究論文を読みました。先生が健康補助食品についてどうお考えかは存じています（疑念に融和する）。先生は、患者に不適切な治療を受けさせたくないと思っていらっしゃいますね。

インターン時代の患者について聞かせてくださった話はよく覚えています。医者を信じずに自分で治療を行った患者が亡くなったというお話でした。その患者さんのためにもっと何かしてあげられたのではないかという思いが、ずっと先生の頭につきまとっているんですよね（疑念に融和する）。

しかし先生、私は患者コンプライアンスのことを考えています（望みに融和する）。患者が従ってくれなければ、どんな治療も効果はありません。この患者は、栄養に関する情報を求めてきました。

そして『臨床栄養学ジャーナル』によれば、2日に一度のL−カルニチン500ミリグラムの服用で、肝機能が改善する可能性があるそうです。少なくとも患者との関係がよくなり、私たちの治療への患者コンプライアンスも向上するのではないでしょうか（望みに融和する）。この患者に私たちがそれを処方することについて、先生はどうお考えになるでしょうか？（メモ：質問で終えることで、リービット医師に支配権を与える）」

リービット医師はその意見についてしばし考えてから、いきなり口を開きました。

「いいだろう。害はないと思うし、効果があるかもしれない。やってみなさい。ボズウェル君が担当するんだ。よく目を光らせて、報告するように。では、次の症例は？」

リービット医師の発言を繰り返すことで、ボズウェルは、相手に対する自分の敬意と関心と配慮を示しました。自分の意見を「横道」と表現し、リービット医師の健康補助食品への疑念に自分の意見をつなぎあわせて、反対を防いだのです。適切な治療への患者コンプライアンスと関連づけることで、その意見をリービット医師の望みとも融和させました。

それから「私たち」という代名詞を使った仮定の質問の形で軌道修正して、リービットの権威への挑戦と思われないようにしました。

長期的な変化についても、触れておきましょう。〈博識家〉タイプの人は、他人のもつ知識に気づけば、それを尊敬するのもやぶさかではありません。

ボズウェルの栄養療法がうまくいくと、リービット医師は彼に敬意を払うようになりました。ボズウェルの研修期間が終わると、リービット医師は自ら、臨床会議の席で彼にこう頼んできました。「ボズウェル先生！　このタイプの患者にはどんな栄養学が適用できるか、学生たちに話してやりなさい」

ボズウェルの話では、その後も彼に対するリービット医師の態度は変わらなかったとのこ

とです。しかも噂によれば、リービット医師はラウンジで「あの新人の〝博識〟な若者は、医学生時代の私を思い出させるよ！」とほめていたそうです。

大工の話

私たちが医学生だったころ、マックスという胃潰瘍の患者がいました。私たちは、彼の苦痛の原因は何かを徹底的に調べました。

すると、いやおうなく、マックスの体の動きに気づきました。マックスの動きは、細心の注意のもとで、すべて完璧にコントロールされていました。そして私たちは、彼が熱心な武道家で、若いころから修業を積んで自分を鍛えてきたと知ったのです。

マックスの話によれば、彼は大工として生計を立てていました。高いレベルの武道の訓練を授けてくれた、老いた日本人モチヅキが、自らが経営する工務店にマックスを誘ってくれ、その店に勤めることになったのでした。モチヅキの息子、イシダもその店で働いていました。

モチヅキがいないときには、イシダがマックスを監督し、時には彼の仕事ぶりを批判しました。その言葉がもっともなときもありましたが、そうでないこともあり、単なる好みの問題にすぎないことも何度かありました。マックスはそのことで悩まされましたが、何も口には出さず、行動も起こしませんでした。息子の件で師匠を不快にさせたくなかったのです。

代わりに、武道を通して学んだ自己修練法を使い、自分の考えや感情（とくに、イシダを練習台に使うという考え）を抑制しました。

マックスは話をしているうちに、自分の胃潰瘍は、職場の不快な状況に対する無意識の身体の反応なのではないか、と思うようになりました。自分の考えや感情を抑える以外に状況を変える方法はないのかと私たちは尋ねました。

「退職してもいいのですが、そうはしたくありません。師匠から学べることは多いですから。今までどおりにやっていくこともできますが、そのことを考えると胃が痛みます」

ところがもうひとつの選択肢を聞いて、私たち全員が驚きました。マックスは急に、イシダを名人と見なすことにしたというのです。そしてイシダに向かって道具を差し出し、「やってみせてください」と言うところを想像しました。マックスは小さな笑みを見せました。

マックスは実際にそれをやってのけました。イシダが近づいてくると、マックスは自分から声をかけて、かつては避けようがなかった批判を受けるかわりに、学びのチャンスを得ることにしたのです。

「学びたいんです。あなたのやり方を見せてくれませんか（相手を師とする）」

そんな変わり身を予想していなかったイシダは、初めのうち仰天しましたが、やがてその姿勢に心動かされ、マックスにつらく当たらなくなってきました。友人になることはありませんでしたが、関係は友好的になりました。

マックスは実際に貴重な技術を教わりましたし、イシダはマックスの仕事の才能を認めま

した。何より幸いだったのは、マックスの胃潰瘍の症状が完全に消えたことでした。

まとめ

【〈博識家〉が現れたとき】

■目標：新しい意見に向けて心を開かせる

■アクション・プラン：

①準備をし、自分の資質を知る
②敬意をこめて繰り返す
③相手の疑念や望みに融和する
④自分の意見を婉曲に示す
⑤師弟関係を築く

13 知ったかぶり

トニーは楽しいことが好きなタイプです。自分のジョークに誰も笑ってくれなくても、自分で笑います。パーティーには、たとえ招待されていなくても必ず姿を見せます。そして誰かが賞をもらったら、自分の意見や提案のおかげだと言い回るのです。

トニーの話を聞くと、彼は計画性のある男で事情通、何でも彼に聞きさえすれば、たちどころに判明するという感じがします。しかし実際には、トニーは聞かれる前に自分からしゃべります。自分から割って入り、周りの人たちを怒らせてしまうのです。

とくに怒っていたのはサリーでした。サリーにとって、トニーの横柄な態度は耐えられないものでした。トニーのつく嘘を嫌い、馬鹿げた意見ははねつけました。事実を歪めたり省略したりしたときには、何度も立ち向かいました。残念ながらトニーは保身に走り、意見を変えようとはせずに、全力で主張してきます。最も残念なのは、ほかの人たちが、よくわからないままトニーを信じてしまうことでした。

トニーと衝突するたびに、サリーは思いました。

13
知ったかぶり

「この人、いったい何の問題があって、あんな行動をとるのかしら?」

〈知ったかぶり〉がたいていそうであるように、トニーの不快な行動は、認められたいという欲求によるものです。自分がないがしろにされたように感じると、それまでにもまして主張を強め、周囲の関心を引こうとします。〈知ったかぶり〉の人は、強引な態度で、望まれもしない会話をしてしまうのです。「人間志向」の傾向が強いのは、彼らが欲する注目や承認を与えてくれるのが人間だからです。

〈知ったかぶり〉には特別な能力があります。ある事柄に精通しているふりをするためには、どれくらい知っていればいいかを心得ているのです。非常に悪い習慣もあります。関心を集めるために誇張するという悪癖があるのです。わざとそんなことをしていると思うかもしれませんが、彼らは自分が嘘つきだとはまったく考えていません。たとえ初めて口にすることでも、その言葉を信じ切っているのです。

自分を守ろうとするほど、同じことを繰り返します。自分の口から出た言葉を耳にするたびに、ほかの人たちも賛成してくれているような気になるからです。こうして彼らは、みんなが賛成していると思ってしまうのです。そう思っているのは自分だけかもしれませんが。

彼らの誤った情報は、最初のうちは聞いていて楽しいし面白いと思うこともあるでしょう。しかし、危機的な状況に陥っているときや何かを変えなければならないときには、不快なだけでなく危険なものになることすらあります。そのうち、人々は耳を貸すのをやめるでしょう。〈知ったかぶり〉はさらに必死になって関心を引こうとしますが、ますます孤独になり、非難されるばかりです。やがて誰にも相手にされなくなります。関心も尊敬も励ましも受けられません。それどころか、人々はこんなことを言いはじめます。「あいつらを助長させるな！」

その結果、きちんとした努力や良い意見までもが却下され、見過ごされることになります。不幸にも、そのおかげでさらに関心を引かなければならないという思いが強くなり、〈知ったかぶり〉の行動はエスカレートしてしまうのです。

〈知ったかぶり〉への態度を変える

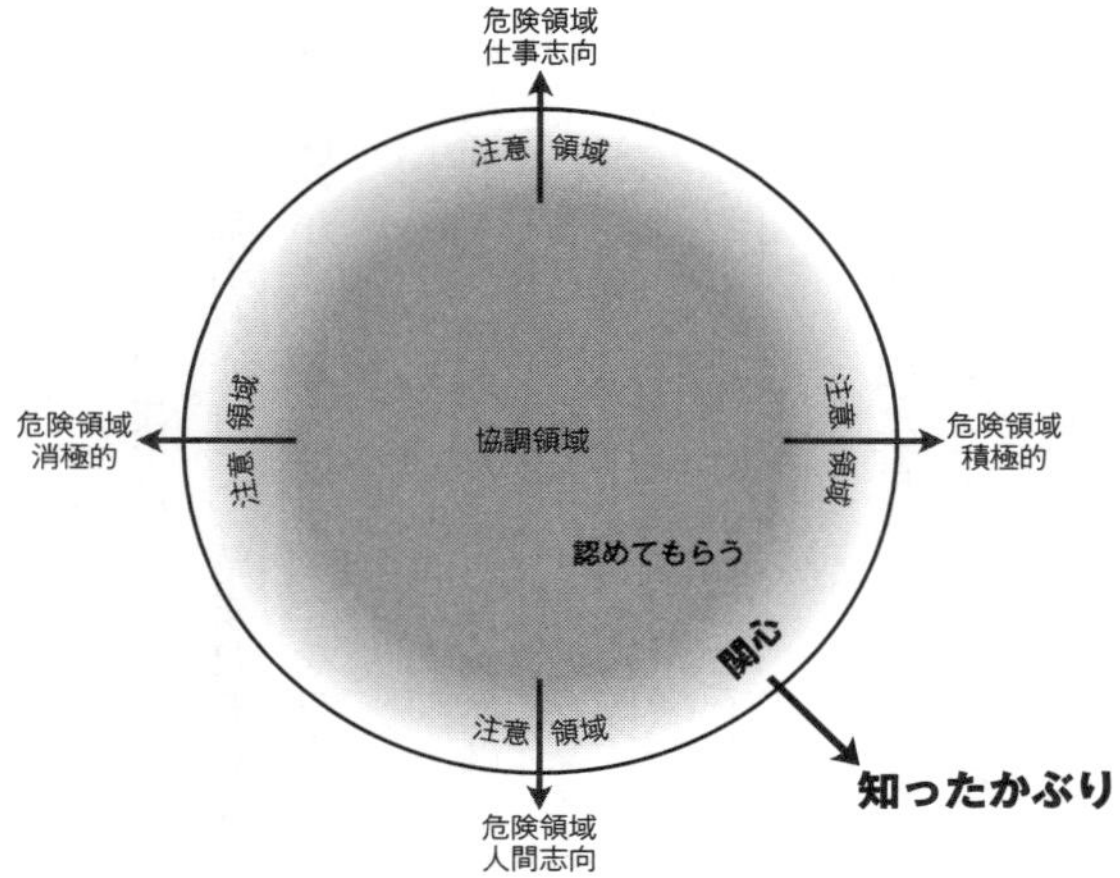

13
知ったかぶり

嘘に近いほどの誇張をしたり、誤った情報を広めたりする相手にがまんできなくなって、そのたわごとを叩きつぶしたくなる人もいるでしょう。けれども、注意してください。攻撃的に立ち向かうと、相手はより声を大きくして主張し、反撃するしかありません。その確信に満ちた言葉は、よくわかっていない人たちを惑わしてしまいます。そしてさらに〈知ったかぶり〉が人々を誤解させるという悲惨な結果を招いてしまうかもしれません。

自分はそんなレベルの低い行動はしないと言い切ってはいけません。あなた自身も、よく考えずに必ずしも信じていない意見を主張してしまったことはありませんか？　どこかで読んだことを信じ込み、知識をひけらかすように披露してから、その分野にもっと詳しい人が現れ、それでもなんとか面目を保ちたいと思ったことは？　自分の言ったことを正当化してみたものの、そんなこと言わなきゃよかったと思ったことはありませんか？

何かをちょっとだけ大げさに言ってしまったこともあるでしょう。よく知っているようなふりをして発言したものの、実は不確かだったり根拠がなかったりするときには、あなたも〈知ったかぶり〉のひとりなのです。

ですから、彼らの発言が真実からどんなに離れていたとしても、それを正しい方向に向けたいという誘惑に負けてはいけません。そんなことをしたら自分の信用を失い、〈知ったかぶり〉と同類だと思われてしまいます。〈知ったかぶり〉の正体を暴きたいという欲求を抑え、彼らの妨害をたいしたことのない邪魔だととらえて、さっさと片づけてしまいましょう。つまり〝超越的な態度〟をとることをお勧めします。「１００年後にはどうなっているか、考えてみよう」と自分に言い聞かせるのです。

面目を失い、愚かだと思われたり、嘘つきというレッテルを貼られたりするのは、誰にとっても不快なことです。成長期に、両親にほかの子どもと比較され、時にはけなされたことがあるのではないでしょうか。あるいは、学校でチーム分けをするときに、最後まで仲間外れにされて恥ずかしかったという経験はありませんか。〈知ったかぶり〉の人のなかに、そんなふうに不安でおびえた子どもの姿を探してみてください。関心を集めようと必死にならざるをえない相手に思いやりを抱いてください。

効果的に対処する力を高めるには、思いやりの態度が大切です。〈知ったかぶり〉の人にとって、生きることは大変なのです。常にうわべをとりつくろい、内心の不安を隠さねばならないのですから。思いやりをもてば、相手に恥をかかせて罰する欲求を抑え、面目を保つ方法を彼らに与える余裕ができるでしょう。

もうひとつ、あなたに必要となるのは、忍耐です。〈知ったかぶり〉は時に、ぺらぺらとしゃべりつづけて聴衆を魅了します。あなたはじっとタイミングを待ってから、軌道修正にかからなければなりません。タイミングは大事です。そのためには忍耐が必要なのです。

目標：間違った意見を止める

タイミングを見て、〈知ったかぶり〉の人が間違った意見を吹聴しているところをつかまえ、やめさせましょう。かつてボードビルの舞台で下手な演者がステージから下ろされたように。ただこの場合、〈知ったかぶり〉のタイプに恥をかかせないようにしなければなりません。

対〈知ったかぶり〉アクション・プラン

ステップ① 相手に多少の関心を払う

〈知ったかぶり〉に最小限の関心を払う方法は、ふたつあります。

■相手の発言を熱心に繰り返す

〈知ったかぶり〉にとって、聞き手の熱意は、演者にとってのスポットライトのようなものです。相手の発言を熱心に繰り返すのは、あなたが関心を抱いているという確かな信号なのです。同時に、彼ら自身の愚かさを彼ら自身に聞かせることにもなります。

■ポジティブな目的を認め、内容には時間をかけない

たとえば、こんな例です。ある会議で、〈知ったかぶり〉がばかげた提案と、無用な、あるいは逆効果の情報を提供しはじめました。その目的を認めるためには、こう言いましょう。

「この議論に貢献したいと思ってくださったことを感謝します」

ここで気をつけてほしいのですが、相手の言葉の内容に賛成する必要はありません。その発言のポジティブな目的だけを認めましょう。その時点で〈知ったかぶり〉が正直に「いやいや、私はそんなことをするつもりじゃないんだ。関心を集めたいだけのおしゃべりな自慢屋なんだよ」と正直に告白することはまずありません。

実際、そのように肯定的な指摘をするだけで混乱を収拾できるかもしれません。相手が欲しているもの、相手への〝関心〟をあなたが提供しているからです。目的が達成できれば、相手は議論の場から引き下がり、しばしほかの者にスポットライトを浴びさせてくれるでしょう。

ステップ② 詳細を具体化する

相手が自分自身の話の内容をわかっていないけれど、あなたは自分の話をきちんとわかっているという確信がある場合には簡単です。話の詳細をはっきりしてもらえるような質問をするのです。〈知ったかぶり〉はなんでも一般化しますから、「誰もが」と言われたら「具体的には誰ですか？」と問い、「いつでも」と言われたら「具体的にはいつですか？」、「重要です」には「具体的にはどんなふうに重要なんですか？」と尋ねましょう。

！注意：表情や動作に充分気をつける

具体化を求める質問は、〈知ったかぶり〉を窮地に立たせます。実際あまり知識を持ちあわせていなければ、具体例が挙げられません。追いつめられると、相手はより防御を固めて自分を守ろうとします。ですから、質問をするときには、無邪気に、あるいはただ知りたいだけだという表情を見せ、相手を徹底的に困らせてやろうという気持ちは抑えましょう。長期的に見ると、そんなふうに恥をかかせることは何の役にも立ちません。

ステップ③　ありのままに話す

会話を現実に向けて軌道修正するときです。自分の観点から、ありのままに話しましょう。「私」という言葉を使えば、発言をなるべく穏やかに保てるでしょう。事実を述べる前に「私の聞いたところでは」「私が読んだ文献によると」「私は見たんですが」などの前置きをつけるのです。

反論の余地のない証拠を口頭の発言に添えたければ、情報を文書化して、話しながら見せましょう。さすがの〈知ったかぶり〉も、印刷された文書には勝てないとわかっていますし、反論しようとはしないはずです。雑誌や記事などを引用するのもいいでしょう。

ステップ④　理解を示す

この時点で相手は、いよいよ正念場を迎えます。知識をもっているのはあなたのほうで、相手は何も知らないことが明らかになったからです。相手を困らせたいという誘惑には逆らいましょう。逃げ道を与えて、相手が守りを固める可能性を最小限にし、相手を味方につけるのです。たとえば、ある記事について言及したり、証拠となる文書を見せたりするときには、「でも、たぶんあなたはまだこの記事を読んでいらっしゃらないですよね？」などと言いましょう。

逃げ道を与えて大きな効果をあげる方法がもうひとつあります。１９５０年代に提唱された広告の原理**「ジャンク・オー・ロジック（論理の破綻）」**という方法です。無関係なふたつの概念を誰かに与えて、そのふたつに関連性があるかのように行動すると、受け取った側は自分で関連性を考えだそうとする、という原理です。テレビコマーシャルや雑誌や広告の看板にはよく、製品と関係のない画像が使われています。

同じように、〈知ったかぶり〉の意見をあなたの情報とつなぎあわせて、あたかも関連性があるかのようにふるまいましょう。〈知ったかぶり〉は混乱して関連性を探そうとし、会議よりそちらのほうに気がとられます。少なくとも、会議の正しい方向を立て直すに充分な時間は取れるでしょう。

例をひとつ挙げてみます。「ありがとう。そのことを持ち出してくれてうれしいです！　おかげで、そこにスポットを当てられます」。そこで話題を現実問題に戻すのです。そうすれば、

〈知ったかぶり〉をしばらく混乱させておいて、その間にふたたび議論に集中し、軌道修正する時間が稼げます。

ジャンク・オー・ロジックを使って〈知ったかぶり〉に逃げ道を与えるさらに別の方法は、相手の誤った意見のおかげで思い出した事実があるというふりをして、相手の努力に感謝することです。「その問題を持ち出してくれてありがとう。おかげで、あの記事を思い出したよ」〈知ったかぶり〉が、自分に向けられた感謝を拒否することはありません。感謝されたことを喜ぶことで相手が動きを止めている間に、あなたは進みつづけましょう。

どんな場合でも押さえておくべきポイントは、〈知ったかぶり〉は、〈博識家〉のように自分の意見に固執しているわけではないということです。もしあなたが機会を与えれば、あなたを支持する側に回るでしょう。この戦略は、長期的に予期せぬ結果ももたらします。あなたがいつも自分の発言に自信をもっていることを見ていると、だんだんと公の場であなたに対抗してこなくなります。それどころか、味方になろうとしてくるかもしれません。勝者になることの次に好ましいのは、勝者のそばにいることですから。そこで、次のステップに進みましょう。

ステップ⑤　循環を断つ

このステップは長期的な行動となります。まず、〈知ったかぶり〉の行動による悪循環を認識し、それを断ち切りましょう。自分が何も知らない邪魔な愚か者だと思われると、〈知ったかぶり〉たちはもっと必死になります。その結果、どんなに努力しようが、どんなに良い意見もあっさりと退けられ、単なるまぐれとして無視されてしまい、当然の賞賛までも受けられなくなります。それによって、残念なことに〈知ったかぶり〉はさらにまた悪循環に陥ってしまうのです。こうしてエスカレートする悪循環を断ち切るには、ふたつの方法があります。

■穏やかに対面し、相手の否定的な行動の結果について率直に話す

■相手の正しい行為を熱心に探して見つけ、認めるべき功績はきちんと認める

人によってはそれだけで充分で、問題行動がおさまることがあります。そのほかの人には、どうすれば正当に認めてもらえるのかを教えることもできます。それによって生産的な方向に流れが変わることでしょう。

〈知ったかぶり〉が変わるとき

１００万ドル近い損害

サリーは興奮と同時に恐れも感じていました。次の会議で、会社の新しいコンピュータ・システムが決定されるのです。興奮していたのは、調査に長い時間をかけてきたサリーには、

13
知ったかぶり

ペア・コンピュータ社のバートレットが最良の選択だと確信があったからです。会議を恐れていたのは、トニーが出席するからです。慎重にならなければ、トニーがこの件を台無しにするかもしれません。

ついに会議が始まり、サリーは説明を始めました。説明は思ったより順調に進みました。しかし、まさにサリーうまくいきそうだと思ったとき、トニーが割りこんできました。

「ペアだって？　果物か野菜の話ですか⁉（訳注：pearは英語で洋ナシ）そんなの、考えるまでもないですよ！　この私はコンピュータの専門家です。大学だけでなく、大学院でもコンピュータの勉強をしました。ええ、選択肢はひとつです。ドアーズですよ！　世界中で使われていることが優秀さの証明です！　ソフトウェアの選択肢も多いですし、インターネットには欠かせないウイルス対策プログラムも万全です。データを全部保存したいなら、ドアーズですよ。大きなビジネスをやるならドアーズの計算能力と容量は欠かせません。これしかないですよ。誰でも知っています」

サリーは落ち着こうとしました。頭の中でリハーサルをしてから、次の場面に臨みます。

「トニー、社に適切なシステムの導入に手を貸したいと思ってくださったことに感謝します（ポジティブな目的を認める）。おっしゃるとおり、大きなビジネスをやらなければなりませんからね（熱意をこめて繰り返す）」

そして無邪気にこう尋ねました。「では、ドアーズの容量はどれくらいなのか覚えてらっしゃいますか？（繰り返し、具体的な点を明確にする）」

「ええと、うん、かなりの容量だ」

トニーはそんな言葉でお茶を濁そうとしましたが、サリーは別の質問をしました。

「バートレットとドアーズをネットワークでつないで、ファイルを送れることをご存じですか？（具体的な点を明確にする）」

トニーは今度もろくに答えられませんでした。その言葉は不明瞭で誰にも聞き取れず、声はしだいに小さくなって、消えてしまいました。

トニーの大声を押さえると、サリーは文書に戻りました。

「『ペア・ユーザー』と『バイト』の最新号に、バートレットによるファイル転送の簡単さについて書かれた記事がありました。私の記憶では（「私」という言葉を使って相手の抵抗を小さくする）、ドアーズには20万以上のウイルスが存在し、だからこそウイルス対策プログラムがたくさん作られているのです。ペアの場合、30年でウイルスはたった68種しかなく、ここ10年ではゼロです。

ほかの記事では（証拠文書）、ある第三者の調査機関が行った調査によれば、バートレットの場合、ほかのシステムに比べて、コンピュータを知らない人が習得して生産性を上げるのにかかる時間は10分の1ですむそうです。あなたはたまたま、記事をまだ読む機会がなかっただけですよね？（理解を示す）」

トニーの声が響きました。「ああ、そうなんだけど、これから読むつもりですよ。バートレットを選んだほうが良さそうだな」

サリーはにっこり笑って言いました。「私も賛成です」

まとめ

【〈知ったかぶり〉が現れたとき】

■目標：間違った意見を止める

■アクション・プラン：

①相手に多少の関心を払う

②詳細を具体化する

③ありのままに話す

④理解を示す

⑤循環を断つ

14 手榴弾

結婚して15年になるマークとマージーが幸せに過ごしたのは、初めの6年だけでした。その後は、このまま一緒にいると苦しいばかりのように思えました。それでも、ふたりは心のどこかで、運命にまかせればいいと思っていたので、奇跡を祈りながら、忍耐強く一緒に暮らしていました。

ふたりの関係はよくあるパターンでした。マージーが激怒し、マークが内にこもるのです。マージーが怒れば怒るほど、マークは閉じこもってしまいます。そしてマークが閉じこもれば、マージーの怒りはさらに増すのです。ふたりとも、相手の行動に苦しめられていると感じていました。

仕事から疲れて帰ってきたマークは、しばしの安らぎと静けさを求めていました。足を投げ出して、ゆっくりとくつろぎたかったのです。けれども、家に入るやいなや、マージーがその日のつらい出来事について矢継ぎ早に話し出し、聞いてくれとせがみます。

「落ち着いてくれよ。そんなつまらないことでくよくよしたって、何の意味もないだろう？

14
手榴弾

そんなことぐらいで大げさに騒ぎたてるなよ！」

マークは本音をもらしました。

「そんなことぐらいで大げさに騒ぎたてるなですって？　それはどうも！　たいしたご意見ね！　一日中働いたあげく、やっとあなたが帰ってきたと思えば、そんなこと言われるなんて！　私の気持ちなんて、誰も考えてくれない！　こんなことなら、いっそ！」

マージーは爆発しました。マークは心のなかで思いました。

「どうしていつもこうなるんだ？　俺が何をしたっていうんだ？」

「認めてもらう」ことを目的に努力している人は、自分の努力が無視されると〈手榴弾〉になることがあります。認めてもらえないと、どうしても注目されたくなるのです。怒ったり、感情をコントロールできなくなったりするのは、軽んじられたという思いを打ち消すための自己防衛手段です。がまんした末の爆発であれば、それは最大の防御手段となりえるのです。

軽んじられたという思いを10年もがまんしてから爆発する人もいますし、毎日のように爆発する人もいます。他人に向かって爆発する人も、配偶者に爆発する人もいます。遅かれ早かれ、かんしゃくを起こします。爆発の準備ができた手榴弾のピンを抜くきっかけは、どんなことでもありなのです。声の調子や表情、言われた言葉、言われなかった言葉、状況そのものということもあります。対応が遅れると取り返しがつかないことになります。そうなってしまうと、何を言おうと、何をしようと、状況は悪くなるばかりです。爆発が起きてからほんの数秒で連鎖反応が始まるからです。

大人になってから人前で自制心を失ったことがある人なら、カッとなって自分を抑えられなくなることの恥ずかしさをよくご存じでしょう。〈手榴弾〉は、爆発しながらも、爆発のあとも、自分の行動に嫌悪を感じるのですが、またやってしまうのではないかと恐れてもいます。この自己嫌悪の悪循環こそ、爆発を引き起こす時限装置なのです。

〈手榴弾〉は自分のしたことに気づくと、爆発の現場を離れようとします。時間が傷を癒やし、目撃者がその出来事を忘れてくれるのではないかと願って。ところが残念ながら、誰も忘れてはくれません。だからこそ爆発の煙が消え、粉塵がおさまっても、〈手榴弾〉が戻ってくるとた

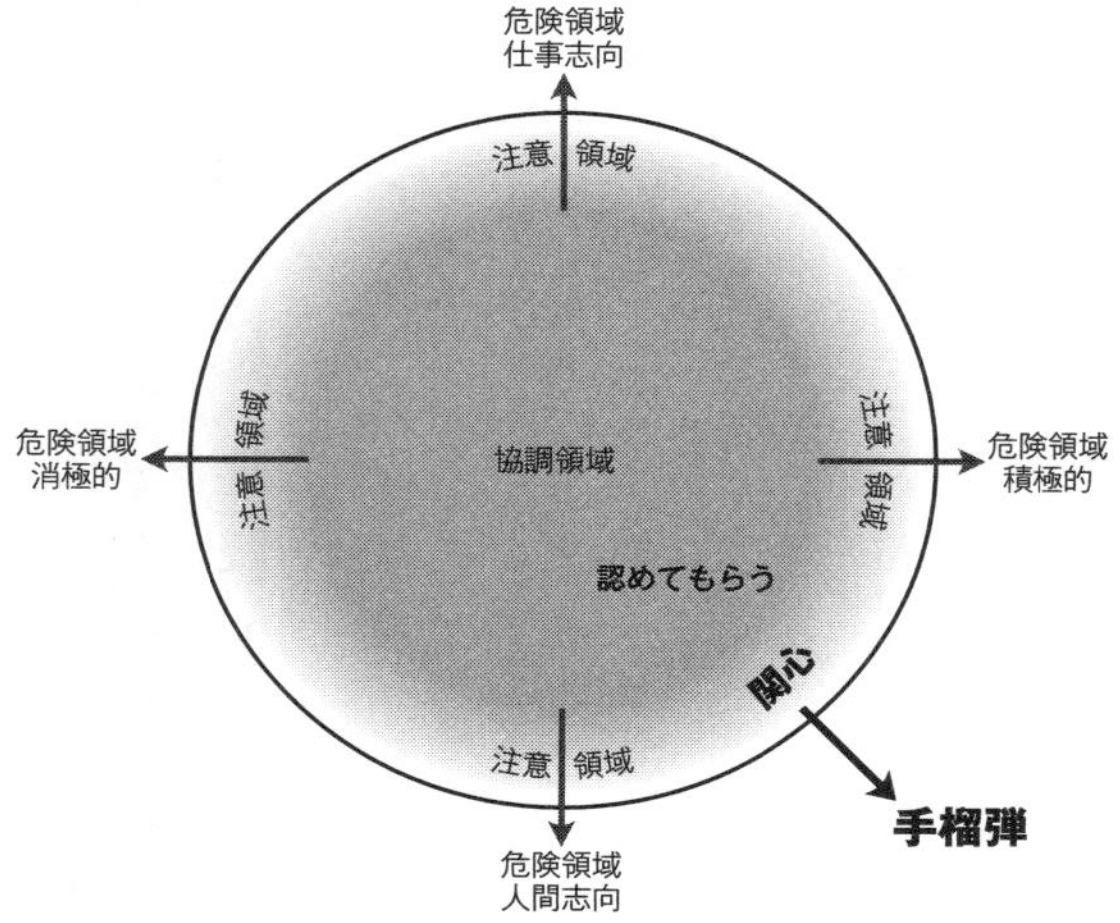

いていますぐに悪循環が始まって、ふたたび臨界点に達するのです。

明らかに、これは危険な循環です。アドレナリンが尽きるまで永遠に続きかねないでしょう。そういう場合には、予防に優る治療はありません。少しでも爆発の気配を感じたら、すぐに対処しなければならないのです。

〈手榴弾〉への態度を変える

〈手榴弾〉の爆発に対する主な反応は、ふたつあります。

■相手の怒りに対して怒る
■そっと引き下がって、安全な場所で相手を憎む

どちらの反応も、嫌悪、あるいは恐れによってもたらされたものです。しかし、自己嫌悪に陥っている人を憎むのは、炎にガソリンを注ぐようなものです。ここで必要なのは、冷静な思考と柔軟な行動です。「まっぴらだ、こんな仕打ちを受ける覚えはない」とは思わずに、一時的に取り乱した〈手榴弾〉の行為を許すことが、あなた自身のためにもなります。

そうでないと、あなたが許さなかったものを、今度はあなたが味わうことになるのですから。

この悪循環を断つには、相手が自身を責めている行為を、あなたが責めるのはやめましょう。許しがたい行為を許すには、どうしたらいいでしょうか。ただ息を吸い、息を吐くたびに、許せないという思いも吐きだすのです。そのときに赤い色が見えていたら、リラックスできる青や緑色に変えましょう。あるいは、いらいらや失望を吐きだすように、怒りの手紙を書いてみるのもいいでしょう。

！注意：その手紙を実際に出してはいけません。書き終えたら燃やしましょう。

そして、〈手榴弾〉への見方を変えましょう。あるセミナーで参加者の女性が語ってくれた話ですが、上司に八つ当たりされたときには、彼女はただ、相手が2歳の子どもでおむつが汚れてかんしゃくを起こしているのだと想像し、それに応じた扱いをするのだそうです。

別のセミナーの参加者は、〈手榴弾〉の行動をしのぐために愉快な空想をしていると語ってくれました。たとえば、〈手榴弾〉が爆発している最中に、当の相手にクリームパイを投げつけるところを想像するのです。

目標：状況の支配権を握る

〈手榴弾〉が爆発したときの基本的な目標は、その場における支配権を握ることです。ピンが抜けてしまった〈手榴弾〉を止めることは不可能ですが、適切な環境を与えれば、〈手榴弾〉は自制心を持つことができます。そんな環境をつくりましょう。

対〈手榴弾〉アクション・プラン

ステップ①　相手の関心を引く

自制心を失っている人の関心を引くには、相手の爆発に負けないくらい大きな声で相手の名前を呼び（電話でも効果があります）、両手を体の前でゆっくりと動かしましょう。相手の名前を知らなければ、「先生」「奥さん」といった呼びかけでもかまいませんが、いずれにしても、相手が耳を貸すまで、声を大きくしていきましょう。

攻撃的になっていると誤解されないように、口調や言葉は親しげにしてください。相手の注意を引くには、名前を呼びながら腕を前後に振るのも効果があるでしょう。

ステップ②　心に訴えかける

相手のことを純粋に心配していると伝えるために、相手が聞きたいと思っていることを言いましょう。注意深く聞いていれば、爆発の原因をつきとめられるはずです。その相手の言い分を繰り返しながら、自分が心配していることを伝えましょう。相手が最初に言った不満は、たいてい現在の状況と関係があります。その後、急に話がそれて、一般化された話になってしまうか、現在の状況とは何の関係もない話に飛んでしまうのです。

ジョーの話を例に挙げてみましょう。「僕がどんなに長い間この仕事をしてきたか、誰も気にしてないんだ！　僕の気持ちなんかどうでもいいと思っている！　それこそが問題なんだ！　みんな無視するんだ！　政府も同じことをやっている！　環境は破壊されている！　犯罪だよ！　僕の父親は……」

ジョーには、こんなふうに声をかけてみましょう。「ジョー、ジョー、気にしてますよ。あなたがどんなに長い間この仕事をしてきたか、わかってますよ」。世界的な問題や政府や、環境やジョーの父親についてまで反応する必要はありません。最初のほうの訴えに反応するだけでいいのです。

別の方法もあります。〈手榴弾〉を防止する一般的な言葉があるので、それを使ってみましょう。「そんなふうに考えてほしくない。誰もそんなふうに感じるべきじゃない。誤解です！　ジョー！　ジョー！　そんなふうに考える必要はないですよ」。この方法に効果があるのは、〈手榴弾〉はあなた以上に、そんなふうに感じたくないからです。

親しい間柄であれば、また別の方法もあります。相手が心のなかで自己嫌悪の念を持っていることに焦点を当て、こう言ってみましょう。「あなたが大好きだし、心配しているんだ。だか

ら、悩んでいることを全部聞かせてくれるとうれしい。言ってみて。何か困ってることがあるんだってわかっているから。一緒に何とかしよう」

そうした言葉は、単純で言いやすいでしょう。難しいのは、相手を支えることです。実際には、〈手榴弾〉に向かって「悩んでいることを全部聞かせてくれるとうれしい」などとは思っていないかもしれません。それでも、〈手榴弾〉はたいてい我を忘れていますから、たとえ本心でない言葉でも、何の言葉もかけられないよりはましなのです。もし相手がその言葉に心を打たれれば、あっという間に冷静さを取り戻すでしょう。

ステップ③　声を弱める

あなたの狙いが的中すれば、心を打たれた〈手榴弾〉は怒りを捨てようとするか、驚いて目をパチパチさせるでしょう。これは狙いが的中したと証拠であり、相手は正気を取り戻す前に、自分のシステムのどこかが損傷を受けていないかを調べているのです。そういった反応を目にしたら、声を弱めてください。こちらの話し方を穏やかにすることで、爆発のピークにあった〈手榴弾〉を通常レベルに戻すことができます。

ステップ④　良い行動に導く時間をつくる

〈手榴弾〉のアドレナリンがまだ血中にほとばしっているときに、爆発の原因について議論しようとしてもまったく無駄です。ここで時間をとって、しばらくの間、状況を鎮静化させましょう。かんしゃくの原因について実りある追求をするためには、10分でも、１時間、１日、１週間でも、時間を空けることが必要なのです。「ジョー、この件についてはしばらく時間を空けましょう。それから、一緒に解決しましょう」

ステップ⑤　予防：手榴弾のピンを見つけて、抜かないようにする

５番目のステップは、長期的な段階なので、最も重要です。ピンを見つけて、抜かないようにするのです。手榴弾のピンが抜けるきっかけが見つかれば、二度と抜けないようにできるでしょう。爆発のあと、何の問題もなく相手と「協調領域」にあるときには、いろいろなタイミングでピンを見つけることができます。あなたはただ素直に、〈手榴弾〉に向かって、何が原因で怒ったのかを尋ねることもできます。ただしその場合は、相手と充分なコミュニケーションがとれていることが条件です。

まずは、「あなたとのいさかいを減らしたいんです」というふうにあなたの目的を明確にしておくといいでしょう。そして、〈手榴弾〉がなぜあれほど怒ったのか、その理由を尋ねます。具体的な点をはっきりさせる質問をしましょう。便利な質問は、「どうして怒ったのですか？」。たとえば、〈手榴弾〉が「誰も聞いてくれなかったから腹が立ったんだ」と答えたら、その意見を変えようとしてはいけません。実際にはみんなが聞いていたとあなたが知っていたとしても、

14
手榴弾

〈手榴弾〉はそうは思っていないのです。ですから、親しげな口調で尋ねてみましょう。「みんなが聞いていないって、どうしてそれがわかったのですか？」

相手はおそらくこう答えます。「聞いていたら、そこにじっと座っているだけじゃなくて何か反応を返すものだろう！」

あなたはもちろん、こう尋ねたくなるはずです「聞いていたとしたら、どんな反応を返すんですか？」。この質問に対しては、どんな答えももっともだと認めましょう。そして具体的に話しましょう。そうすれば、次に状況が手に負えなくなったときの対処法を具体的に考えられるかもしれません。

ローラの上司はよく激怒する人でした。たいていはローラとは関係のないことで怒っていました。1年間、ローラはその怒りをどうしようもできないことに悩んでいました。何を言っても何をやっても、爆発の症状は激しくなるばかりです。ついにある日、ローラは率直にこう尋ねました。「お怒りになっているとき、何かお役に立てることはないでしょうか？」

上司はあっさりと答えました。「ただ出て行って、放っておいてくれればいい。君のすべきことをすればいいんだ」

信じられませんでした！　1年もの間、何とかしようと悩んでいたのに、相手が求めていたのは放っておいてもらうことだったのです。このことから、いかに話をすることが大事かがわかると思います。

手榴弾のピンを抜くのはあなたではないと気づくこともあるでしょう。ピンを抜くのがオフィスのほかの人だとしたら、チームワークやコミュニケーション、問題解決の訓練をするのも解決法のひとつでしょう。ピンが抜ける原因が相手の家庭にあり、それによってオフィスで爆発が起きている場合もあります。その場合は、なぜ爆発しているのか、その原因を相手が認識する手助けをして、そのためにどんな結果がもたらされているかをわかってもらいましょう。

爆発の原因が何であろうと、毎日、少しでも時間をかけて相手の問題に自分から耳を傾け、相手が怒らずに話せるよう積極的に仕向ければ、だんだんと、しかも確実によい影響を与え、あなたを困らせる行動の頻度も程度も減っていくでしょう。少なくとも、〈手榴弾〉が目の前で爆発することのない、数少ない人間のひとりにはなれるはずです。

〈手榴弾〉が変わるとき

紛争の解決

チェットとデイブは、シカゴのクリエイティブ企業でチームを組んで働いていました。そのビジネスに不可欠なのは、新しいアイデアです。しかし、ふたりの仕事場はまるで戦場で

14
手榴弾

した。チェットは〈手榴弾〉タイプ、デイブは〈戦車〉タイプです。

休戦状態のときに、〈戦車〉のデイブが〈手榴弾〉のチェットに、自分との仕事のどこが最も不満かと尋ねました。チェットは、デイブが新しいアイデアに否定的なところだと答えました。その答えに、デイブは不愉快になりました。自分は新しいアイデアに対して非常に肯定的だと思っていたからです。

けれども、デイブは感心にも深呼吸して怒りをこらえ、さらに尋ねました。

「僕が新しいアイデアに否定的だって、どうしてわかるんだ？」

チェットは説明しました。チェットが新しいアイデアを思いつくたびに、デイブはあら探しをすると。チェットは、デイブがそのアイデアの価値を認めたがらないと思っていました。そのとき突然、デイブは気づきました。チェットは「認めてもらう」モードで、自分は「終わらせる」モードで働いているのだ、と。

デイブは、これまでのいくつかの争いを思い出し、はっきりとわかりました。チェットがアイデアを出すと、デイブは頭のなかで、それがうまくいくかどうかを想像しては、それが失敗する恐れについて伝えていました。そのアイデアを信頼しなかったわけではなく、ただ障害を取り除きたかったのです。そのアイデアを気に入れば気に入るほど、どこかに問題がないか考えてしまうのです。

「終わらせる」モードのデイブは、チェットが求めていて、チェットが受けてしかるべき承認を忘れていたのでした。そのせいで、チェットの手榴弾のピンが抜かれていたのです。「終わらせる」モードの人間にとって、自制心をなくした〈手榴弾〉ほど忌々しいものはありません。そこで、デイブは〈戦車〉のように行動することでチェットをコントロールしようとし、仕事場は戦場と化していたのでした。

問題をつきとめたデイブは、解決方法を見つけました。チェットがアイデアを出したときに自分を抑えることを学んだのです。「ありがとう、チェット。すばらしいアイデアだね」と言うようにし、その褒め言葉が伝わるのを待ってから、さらにこんなふうに言うことにしました。「じゃあ次に、これを実現する方法について考えよう。乗り越えなければならない問題はないだろうか？」

デイブはまずチェットの「認めてもらいたい」という欲求に融和し、次に、障害に対処してそのアイデアを実現したいという自分の目的を明確に伝えました。早く「終わらせる」ためのノウハウを用いて、この方法を思いつき、実行に移してみたのです。結果は大成功でした！　そんな小さな変化だけで、ふたりの争いはほとんどなくなったのです。

ポジティブな予測の力

マークとマージーは、なんとか結婚生活を持続できればと思い、ついにセラピーを受けることに決めて、カウンセリングの予約をとりました。面談は、マージーの怒りに満ちた言葉

14
手榴弾

で始まりました。

「夫は私を愛していないんです。対処しなければならない問題が起きても、それをするのは私ひとりです」

悲しいことに、そう考えることでまた腹が立ってきて、マージーの怒りは激しくなるばかりでした。それに対して、マークは言いました。

「妻はヒステリックで、手がつけられません」

夫婦間の戦争が勃発しそうなところに、カウンセラーの医師が割って入りました。

「マージー、マーク、落ち着いてください。どちらの話ももっともです。問題を解決しなければなりませんね。私がお手伝いをしましょう」

カウンセラーは、マークとマージーはお互いに、相手の嫌な行動を見直す必要があると指摘しました。

マージーはふたりの関係により敏感で、無視すべきではないと考えています。夫婦が、そういった問題をあまりにも長く棚上げにしていると、必要以上に大きく膨れあがると言われています。爆発を知らせる警告信号がなければ、マークには何が起きたかわからないまま、ある日、目覚めたらふたりの関係が終わっていたということになりかねません。そんなふうに見直してみると、マークは、マージーの怒りにも一理あると思えてきました。

マークが沈黙してしまうのは、自分の発言でマージーを傷つけるのを避けたかったからでした。ひどい言葉を口にして相手を傷つけてしまったら最後、取り返しがつかないと固く信じていたのです。怒りを感じたときには黙っているほうがいいと考え、沈黙の時間を使って、建設的な意見を言えるようになるまで自分を見つめたいと考えていたのです。そんなふうに見直してみると、マークの沈黙にも理由があることが、マージーにもわかりました。

マークとマージーがカウンセラーのオフィスを出たときには、たくさんのことが変わっていました。最も大きな変化は、互いの行動に対する理解です。マージーが怒っても、マークは「ヒステリーだ」と決めつけずに、愛を継続するために解決しなければならない問題があると告げている、警告信号だと見なせるようになりました。

マークの反応は変わり、マージーに身を寄せて、「ねえ、君がそんな気分になるのなら、何か解決しなければならない大事な問題があるってことだね。そんな気分でいてもらいたくないよ。話をしよう」と言うようになりました。その言葉こそ、〈手榴弾〉が必要としていたものです。おかげで、マージーは気持ちを鎮めることができました。マークの行動が変わったことで、夫に対するマージーの思い込みも消え、爆発を起こすこともなくなっていきました。

マークが黙り込んでしまっても、マージーは「夫は私を愛していない」と腹立たしく思うのをやめ、こう考えることにしました。「夫は私を愛している。たぶん、ひどい言葉で私を傷つけたくないんだわ。ゆっくり考える時間が必要なのね」

そう考えると心は落ち着き、こんなふうに言うことができました。「ゆっくり時間をかけて

考えて。そのことは今晩話しましょう」

問題を永遠に棚上げされないという自信ができると、マージーは大きな満足を覚え、安心しました。落ち着いて話しかけられると、マークも黙りこくるのをやめ、話し合いはよりスムーズに進み、実りある結論が得られました。そしてマークとマージーはいつまでも幸せに暮らしました――もちろん、たまにはそうでないときもありますが。

まとめ

【〈手榴弾〉が現れたとき】

■目標：状況の支配権を握る

■アクション・プラン：

①相手の関心を引く

②心に訴えかける

③声を弱める

④良い行動に導く時間をつくる

⑤予防：手榴弾のピンを見つけて、抜かないようにする

15 八方美人

スタッフ会議の席で、地域営業部長のルックリンは、ジェイミーの仕事に協力してくれる人を募りました。２週間後にアベックス社に提出する企画書をまとめる仕事です。志願者がいないかと部屋を見回すと、テリが目につきました。彼女はぎこちなく微笑みながらまわりのスタッフを見回し、協力しますと言ってきたのです。

ジェイミーとテリはランチをとりながら詳細を話し合うことになりましたが、直前になって、テリがキャンセルの電話をかけてきました。

「ランチがだめなら、この電話で話し合わない？」

ジェイミーがそう言うと、「いいですよ、それがよければ」とテリは愛想よく答えました。テリは、ほかの部署から必要な情報を集め、図表入りの文書にまとめることを承知しました。ジェイミーはプレゼンテーションの準備をすることになりました。

１週間後、ジェイミーはテリに電話して尋ねました。

「調子はどう？」

15 八方美人

「ええ、順調です」とテリは答えました。

「経理からの情報は集めた？」

「ええと、はい、それについては今日か明日に話をするつもりです」

プレゼン当日、ジェイミーはひどく緊張していました。このために新しいスーツを買ったので、服装は申し分ありません。ルックリン部長が、社長と一緒にジェイミーのデスクに立ち寄って、うまくいくように祈っていると言いながら、アベックス社とのビジネスの重要性について念押ししていきました。

ジェイミーは腕時計を何度も見ましたが、時間はのろのろと過ぎていくように思われました。テリとの待ち合わせは1時、あと10分です。まだテリが姿を現さないことに、ジェイミーは少し驚いていました。1時3分になると、もしかしたら自分のほうがテリのオフィスに行く約束だったかしら、と不安になってきました。

テリの部屋に行くと、彼女はコンピュータのキーボードに向かっていました。

「テリ？　何しているの？　約束の時間を5分過ぎているわよ。まさか、直前になって変更しなきゃいけない問題が生じたんじゃないでしょうね？」

テリは顔を上げました。

「ああ、ジェイミー。ごめんなさい。時間を忘れていました。いいえ、直前の変更はありません。フランクの配送を手伝っているんです。今日は人手が足りなくて、手伝ってくれないかと頼まれたんです。とっても急ぎなんですよ。あと数分だけ待っていただけませんか？」

「フランクの配送？　あと数分？　テリ、すぐに行かないと遅れるわ。企画書はどこ？」

テリは椅子をくるっと回してデスクに向き合い、机一面に数センチもの高さに積まれた書類をひっかきまわしはじめました。

「ええと、ここに1枚あります、それからここにもう1枚」

1枚ずつ引っぱりだされた書類の一部はくしゃくしゃになっています。

ジェイミーはあっけにとられたまま書類を見ました。

「テリ、これはまるで下書きみたいよ。フォントもそろっていない。図表はどうしたの？」

「ああ、ジェイミー、本当にごめんなさい。時間がなくてできなかったんです。メアリーの部署は再編中で、どんな状態かおわかりでしょう。無理をさせられなくて」

ジェイミーは椅子にへたりこみました。急に気分が悪くなってきました。あと5分でここを出なければ遅刻なのに、用意ができていません。準備できる目処も立っていないのです。テリはまだ何か言っていましたが、ジェイミーの耳には入ってきませんでした。見えるのはただ、ルックリン部長と社長の顔だけです。ジェイミーは思いました。

「いったい、どうすればいいの？」

企画書の作成を手伝うと言ったテリは、守るのが難しいとわかっている約束をしてしまった

のです。ほかのスタッフとうまくやりたい、ルックリン部長を喜ばせたい、役に立ちたいという一心で、その仕事が実際にはどんなものかをよく考えなかったのでした。

　テリのような〈八方美人〉タイプの人は、人間志向が強く、仕事志向が後回しになります。そのせいで、たいていの仕事がうまくいかなくなってしまいます。〈八方美人〉は、ほかの人の望みに合わせて生きようとするので、自分の能力以上の仕事を引き受けてしまいがちです。時には、どうやり遂げればいいのかもよくわからないのに引き受けてしまうこともあります。引き受ける前に、その仕事についてきちんと考えないからです。すでに別の仕事を引き受けているのに、さらに違う仕事をすればどんな結果になるかを考えないこともしばしばです。

　〈八方美人〉がわかっているのは、誰かが何か

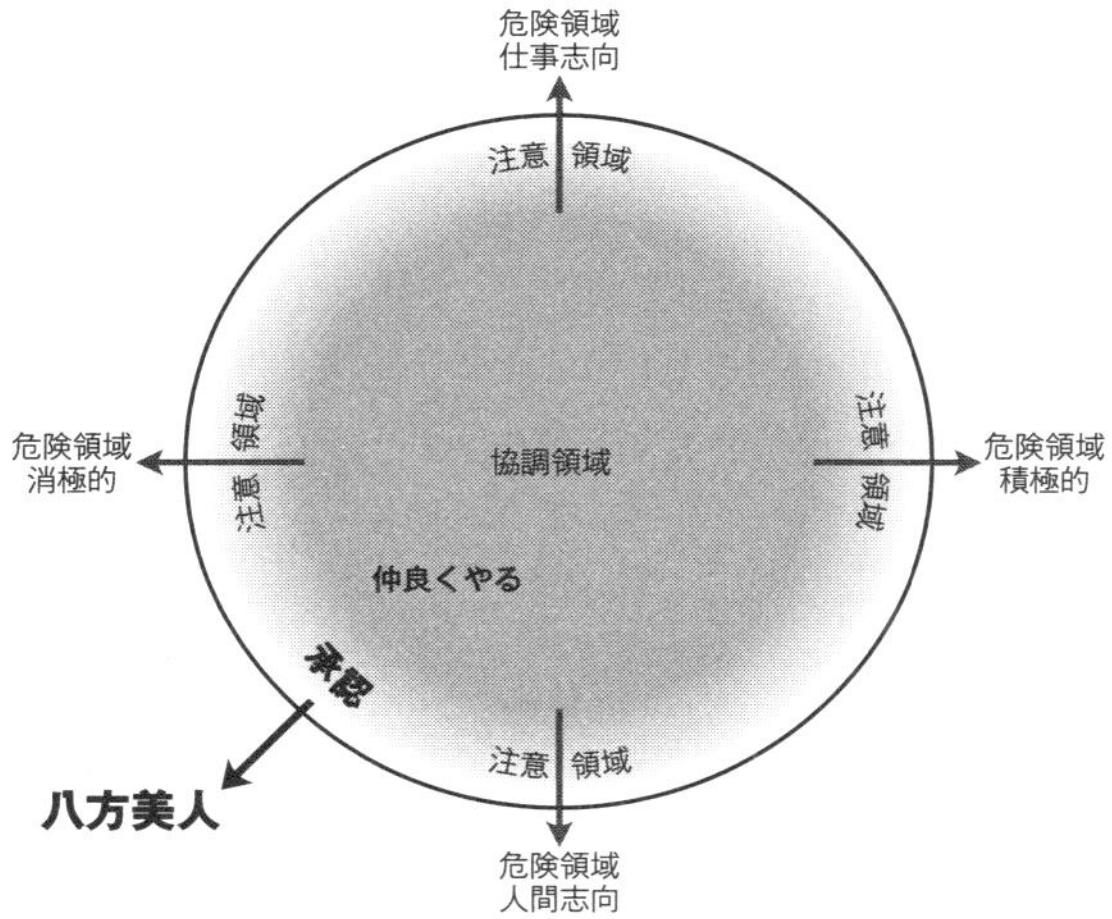

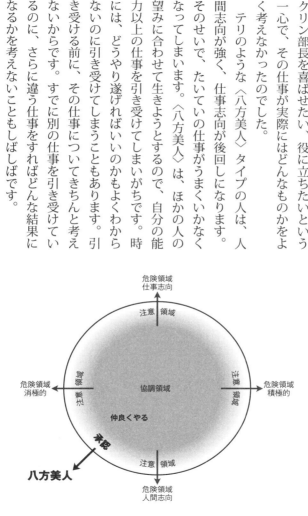

を必要としていることだけで、それに対してノーと言うことができないのです。ほかの人の希望をかなえたい、「仲良くやりたい」という欲求にしたがうあまり、相手を喜ばせるためだけに簡単に仕事を引き受けすぎるのです。

〈八方美人〉はいい人ですから、すべてがうまくいくことを願っています。何かがうまくいかなくなると心から悲しみます。それでも、自分がやれなかったことに対する責任は感じません。なぜなら問題の原因はいつも、自分の手のおよばない状況のせいなのですから。〈八方美人〉は言い訳をし、事情を説明して、自分が約束を守れなかった埋め合わせをしようとします。

ときどき、誰かにはっきりと怒られると、表面上はにこやかにふるまいながらも、内面ではひそかに憎しみをたぎらせはじめます。〈八方美人〉は、たとえ誰かに怒りを感じている場合であっても、自分は相手を怒らせたくありません。「仲良くやりたい」という思いのせいで、不愉快な真実を告げることができないのです。〈八方美人〉から謝罪を引き出し、次回は改善すると約束させたとしても、その言葉を守る気があるかどうか、保証はありません。

〈八方美人〉への態度を変える

〈八方美人〉に口先だけの約束ばかりされると、相手を責めたくなるでしょう。けれども、〈八方美人〉を責めて恥じ入らせても、行動は変えられません。話をしている間、〈八方美人〉は

15
八方美人

「仲良くやりたい」という思いから、あなたをなだめる言葉をいくらでも言うでしょう。たとえ、それがさらに非現実な約束であってもです。責められたことで怒りを感じても、〈八方美人〉は反発を外には出さずに、その思いを内にこもらせます。結局、約束を破ったことを責めていやな気分にさせても、約束を守らせることはできないのです。

心の奥深くを探って、他人を心から思いやる気持ちを見つけましょう。協調することを最優先事項としている人は、あなたの関心が関係の構築以外に向いていることを敏感に感じ取ります。また、〈八方美人〉に対してはかなりの忍耐が必要でしょう。〈八方美人〉は単に、総合的な能力が欠けているのですが、あまりにもその能力がないために、欠けていることにも気づかず、修正できないのです。

けれども、〈八方美人〉を手助けし、仕事の能力を高めてやることで、将来は変えられることを忘れないでください。忍耐強く丁寧に手を貸せば、〈八方美人〉はしだいに進歩し、期待どおりの最高の仲間になれるのです。

目標：信頼のおける約束を取りつける

この「困った人」に対処するときの目標は、信頼できるだけの責任を持ってもらうことです。そのためには、相手が正直にふるまえるような環境を整えて、仕事の処理方法を教え、その人との関係を強固にしなければなりません。この後に出てくる〈優柔不断〉（決断ができず、対立や争いを避け、相手を失望させる人）への対処と同じです。違うのは、〈八方美人〉の場合、表面上の決断をさせるのはかなり簡単だということです。

難しいのは、やると言ったことをやらせることです。〈八方美人〉には、いい人になるより信頼のおける人になるほうが、はるかに値打ちがあるのだということを知ってもらわなければなりません。あなたの目標は、〈八方美人〉に信頼できるだけの責任を持たせることです。

対〈八方美人〉アクション・プラン

ステップ① 正直に話せる雰囲気をつくる

安心してコミュニケーションがとれるような環境をつくりましょう。そうすれば、将来に向けた約束を守れるかどうか、正直に話し合うことができます。なごやかな会話を通して、相手が抱いている怒りや恐れについて穏やかに話し合いましょう。ちょうど、友人どうしが思いやりを持って折り合いをつけるように。

忍耐力があれば、一度の長い会話ですませられこともありますし、時間をかけて何度も話さなければならないこともあるでしょう。安心感を持たせるコツは、言葉を用いない融和と、言葉による元気づけです。

15
八方美人

ジェイミーがテリのもとを訪れたのは1週間後でした。プレゼンをキャンセルしたときに感じた怒りや失望を乗り越えるのに、それだけの時間がかかりました。ジェイミーは、テリと一緒にこの問題を解決しなければならないと考えていました。ふたりは同じチームで仕事をしていましたから、今後も組まなければならないのです。

「テリ、今、話ができるかしら？」

「ええ、いつでも大丈夫ですよ」とテリは恥ずかしそうに答えました。

ジェイミーは、すべての言葉が相手の心にしみこむように、時間をかけて話しました。

「テリ、私はあなたが気に入ってるわ。優しいし、思いやりもあって。一緒にうまく仕事ができると思うの。アベックス社のプレゼンをキャンセルしてからずっと、話をしなきゃいけないと思っていたの。でないと、お互いに気まずい思いのままだから」

このように、人間志向の会話は、感情を中心として回っています。チームメイトや友人として〈八方美人〉に近づき、将来の関係について最初に話すことで、親密度が増し、穏やかに過去の話を持ちだすことができるのです。

「あなたがプレゼンのために情報を集めようとしてくれたことは間違いないと思っているわ

（ポジティブな目的を認める）。予期せぬ邪魔が入ったこともわかっている。困ったのは、手遅れになるまで私が何も状況を知らなかったということよ。お互いに頼れるような関係になるには、正直に何でも話せるようにならなきゃいけないと思うの。私にはなんでも正直に話してくれていいのよ。私も正直に話していい？（安心して正直になれるようにする）」

ジェイミーはテリをじっと見つめ、静かに返事を待ちました。

「ええ、もちろん。先週の件では、本当に申し訳なく思っていますが、あれは私のせいではありません。わかってもらえないでしょうが」

ジェイミーは同意の印にうなずきました。

「そのとおりね。わかってあげたいとは思っているのよ。一緒に状況をよく見直して、将来のために反省したり、学んだりすべきことがあるかどうか考えたいわ」

〈八方美人〉との正直な話し合いに費やす時間は、将来への投資だと思いましょう。お互いの関係が心地よいものになれば、〈八方美人〉の真の考えや感情がわかるでしょう。そうすれば失望にも終止符が打たれ、安心できます。うまくいけば、約束の価値に関して深く話しあうのは一度きりですみます。うまくいかなければ、奮闘しつづけなければなりません。ですから、時間をかけて計画を練り、時間をかけて話し、会話を有意義なものにすることが大事です。

ステップ②　正直に話す

〈八方美人〉は何かに怒ったり、恨みを抱いたりしていることがありますし、自分の言い訳（あなたが納得していようといまいと）を信じていることもあります。それらを全部話してもらいましょう。反対したり、結論を急いだり、怒ったりせずに、耳を傾けるのです。そして繰り返し、すべてをはっきりさせましょう。相手の正直さを認め、それをどんなに評価しているかも伝えましょう。

「テリ、先週のこと、もう一度話してちょうだい。時間に間に合うように情報を集められなかった理由は何だったの？」

「私は本当にそうするつもりだったんです。でも、全部が私の責任だとは思いませんでした。会議には、手を貸せそうな人がほかにもたくさんいましたし。それなのに、私が全部やらなきゃいけないなんて！」

ジェイミーは理解ありげにうなずきました。

「ひどいわよね。会議には確かに、手を貸せそうな人たちがたくさんいたわ。あなたが仕事を引き受けたときにも、そんなふうに思ってたの？　誰かに手助けを頼んだ？」

テリはジェイミーの背後の窓から外を眺めました。

「いいえ。でもそもそも、すでにほかの仕事をたくさん抱えていたんです。それに予想もしないようなことがたくさん起きてしまって。メアリーの部署は再編中でしたから、彼女に無理強いする気にもなれませんでした。そしてフランクが、人手が足りないと助けを求めてきたんです。それを断れるでしょうか？」

ジェイミーはテリの言い訳に反論したい思いを抑え、代わりにもう一度うなずきました。

「じゃあ、あの企画書をまとめる時間が本当になかったわけね？　そんなに忙しいってことを、ルックリン部長か私にどうして言ってくれなかったの？」

「失望させたくなかったんです。その気持ちはおわかりでしょう」

「テリ、あなたの窮状を知っていたのは、誰もいなかったようね。途方に暮れていたのも当然ね。状況を話してくれてありがとう。正直に話してくれて、本当にうれしいわ」

ここで、ジェイミーがテリの言葉に対する自分の感情を早急に話してしまわず、テリの正直さに感謝したことに注意してください。〈八方美人〉の正直な会話を認めてあげることはとても重要です。そうすることで、今後はさらに正直な話を期待できるからです。

ステップ③　計画の立て方を学ばせる

〈八方美人〉の考え方を知れば、相手の「イエス」という答えをそのまま受け取れない理由が明らかになるでしょう。ここで、相手に学習する機会を与えましょう。どうしたら約束を守れ

15
八方美人

たかを一緒に考えるのです。

「ねえ、テリ、少なくとも私にとっては、チームの一員として、あるいは友人として最も大事にしなければいけないことのひとつは、相手が自分を信用しているとわかっていること、そして相手を信用できるということ。ちょっと考えてみて。何かにしょっちゅう邪魔されて、約束を守れなかったら、お互いの関係にすごく悪影響があると思わない？　それでも友達でいられる？　一緒に仕事ができる？　ちょっと聞きたいんだけど、もし3週間前に戻れるとしたら、どうしたらよかったと思う？」

ジェイミーにとってその答えは明らかでしたが、テリにはよくわからないようでした。そこでジェイミーは、あのときテリが選ばなかった選択肢を教えてあげました。

たとえば、テリはあの会議で、「チームには加わりますが、全部の仕事はできません」と言うこともできました。あるいは、自分の手に負えないと思ったときに、すぐにルックリン部長に連絡して手助けを頼むこともできました。最初から仕事を引き受けないという方法もあったのです。再編中の経理部に無理強いする度胸がないのなら、ジェイミーに頼んで代わりにやってもらうこともできました。

その気になれば、選べる選択肢はたくさんありました。信頼できること、助けを求めることは、チームワークにおいても友情においても重要な行為です。

このように過去の経験を叩き台として振り返り、それを未来に起きることとして考えてみましょう。どういう動機が足りなかったのでしょう？　ほかのやり方はなかったでしょうか？　その状況に対して、ほかにどんな対応ができたでしょう？

〈八方美人〉には、具体的にその仕事を達成するのに必要なプロセスを考えさせましょう。最優先事項が「仲良くやる」の人は、相手を喜ばせることばかりに目が向くので、誰かにその重要性を教えてもらうまで、仕事の手順についてはあまり考えません。〈八方美人〉が過去にしてきた言い訳も大事なポイントです。電話が鳴り続けていたとか、ひっきりなしに来客があったとか、ほかの仕事があまりにも多すぎてそれができなかったとか――それらの言い訳はすべて、自分で統制の取れない人であることの証拠です。

ここで、あなたはこう考えるかもしれません。「そんな人たちのために、私がなぜこんなことをやらなければならないんだ？」。確かにそのとおりです。それでも、あなたがすでに、守られない約束への対処にいらいらを募らせているなら、そのエネルギーをもっと有効に使ったほうがいいのではないでしょうか。時間をかけて、正直な会話のできる心地よい雰囲気をつくり、〈八方美人〉タイプの人に簡単な仕事の管理術を教えれば、その後は〈八方美人〉の行動に対処しなくてすむのですから。

ステップ④　責任を確かめる

話し合いの最後に、〈八方美人〉が問題について話し合ってくれたことに感謝してから、こう尋ねましょう。「今度、私との約束を守れそうもなくなったら、あなたはどうする?」。その答えの詳細まで詰めて、責任を確かめましょう。

責任を確かめ、約束を守ってもらうための簡単な方法を、5つ挙げておきましょう。

■誓いの言葉を言わせる

最も簡単なのは誓いの言葉を求めることです。〈八方美人〉の目を見つめて、「必ずやってくれるという誓いの言葉を言ってくれない?　なんでもいいから」と言いましょう。どんな誓いの言葉だったとしても、ただ「ああ、いいよ」と答えたときよりも、その約束に対する責任感は強くなるはずです。

■約束の内容を要約させる

約束の内容を要約させて、もう一度言わせてみましょう。その言葉を繰り返し、細かい点も確認するのです。こんなふうに頼めばいいでしょう。「どんなふうにやるのか、ふたりともわかっているかどうか確かめたいんだ。君が何をいつするつもりか、説明してもらえないかな?」

■書き留めさせる

約束を忘れないようにするため、別れる前に約束した内容をメモしてもらいましょう。そのメモを電話のそばかボードに貼り、あなたもコピーをもらっておきましょう。あるいは、メモをカレンダーに貼ってもいいでしょう。それは「私はやります」という積極的な意思表示となります。そして相手は、自分がした約束を守ることになるのです。整理能力のある人なら、約束を書くという身体的な行動によって覚えておくのが簡単になり、とりかかりやすくもなるとわかるでしょう。

■切りの悪い期限を設ける

「では、水曜日の午前10時23分に、それを私のデスクに置いてくれますね？」など。たいていの人は切りのいい時刻を選びます。変わった締切時間を設定することで、印象が強くなります。

■悪い結果を想像する

5番目の方法は、その約束を守らなかった場合に考えられる、悪い結果を想像することです。そのときには人間を中心とした話をすると、より効果的でしょう。「じゃあ、想像してみ

て。水曜日の10時23分になっても君が約束した仕事ができていない。もしそうなったら、君を頼りにしている人はどう思うだろうね？」

ステップ⑤　人間関係を深める

一般的に、「仲良くやる」ことを重んじる人は、すべての人づきあいを人間関係を深める機会だと見なしています。過去に人間関係で困った経験のある人は特にそうです。〈八方美人〉が正直に疑問や心配について話してくれたときには、それを認め、約束を守ってくれたときには感謝しましょう。また、約束が破られたときの扱いには、非常に慎重になりましょう。

それでも、〈八方美人〉が約束を守れないことはあるでしょう。仕事や時間の管理技術は実際にやってみることで学ぶものなので、時間がかかるのです。約束が破られたときには、慎重に対処することをお勧めします。失敗したり間違ったりしたときに責められると、よけい、頑なになるものです。

約束が守られなかったり、失敗が起きたりしたら、相手の仕事の処理技術を向上させる機会と見なしましょう。うまく修正してあげることで、人間関係をさらに深めることができます。その方法は次のとおりです。

■相手のしたことを説明し、できるだけ具体的に伝えましょう。自分の意見は言わずに、事実だけを伝えること。思いやりをこめて誠実に話しましょう。「テリ、あなたは企画書をまとめると約束したわよね」

■まわりの人々が受けた影響について、全力を尽くして話しましょう。「その結果、大事な顧客に悪い印象を与えてしまった。ルックリン部長も社長もがっかりして、私たちは信用してもらえなくなった」

■あなたの気持ちを伝えましょう。失望、怒り、不満などを誇張せずに正直に話すのです。「正直に言って、がっかりしたし、とても腹が立ったわ」

■ポジティブな目的を指摘しましょう。そして、「あなたらしくなかった」と言いましょう。たとえ本当は「らしい」行動だったとしてもです。誰でも、ポジティブな目的を達成したいと思っています。「みんなをがっかりさせたのは、あなたらしくなかったわ。私にはわかっているけれど、あなたはいい仕事をしてチームの一員になろうとしている。あなたには自分の言ったことをやるだけの力があるわ。でも、守れないような約束をする必要はないのよ」

■この経験から何を学んだか、もう一度機会を与えられればどうするかを尋ねましょう。そのときこそが学習のときです。悪しき記憶は、役に立つ経験に変わるでしょう。「じゃあ教えて。もう一度やれるなら、どんなふうにやるつもり？」。この方法を使えば、お互いに、失敗を成功に変えられるでしょう。

15
八方美人

この手法は、約束が守られたときに人間関係をさらに深めるために使えます。普通なら、約束を守った人には単に「ありがとう」と声をかけておしまいです。〈八方美人〉あるいは〈優柔不断〉の場合、あなたの感謝の言葉によって、今後も約束が守られる確率が増します。約束が守られたときには次のような対応をしましょう。

■相手がやってくれたことをできるだけ具体的に話しましょう。自分の意見は言わずに、事実だけを伝えるのです。「テリ、プレゼンの企画書をまとめると約束してくれたわね。そして約束どおりちゃんとやってくれたわ」

■まわりの人が受けた影響について全力を尽くして話しましょう。「その結果、あの会社との取引が決まった。社長も大喜びだし、ルックリン部長に花を持たせることができたのよ」

■あなたの気持ちを伝えましょう。喜び、感動、感謝など。「あなたがやってくれてとてもうれしい。企画書全体の構成にも感動したわ！　図表はすばらしかった。たくさんの情報をわかりやすくまとめてあったわ。あなたがいなければ、プレゼンテーションはあんなにうまくいかなかったはずよ。よくやってくれて本当にありがとう」

■ポジティブな目的を指摘しましょう。そして、「それがあなたのいいところよ」と言いましょう。約束を守ろうとする姿勢を保ってもらうには、「あなたのそんなところが本当に好きなの。いつもきちんとやってくれるから。本当にすばらしいわ！」
■今後も同じようにしてくれると期待していることを伝えましょう。「あなたと一緒にこの仕事ができて本当に楽しかった。今後もあなたと仕事ができることを楽しみにしているわ」

〈八方美人〉が変わるとき

〈八方美人〉や〈優柔不断〉な人々との人間関係を築くことで、信頼できる人とのネットワークを強められるだけでなく、さらに長続きする喜びが得られるでしょう。それは、ほかの人の人生に有意義な変化を与えられるという喜びです。

非現実的な約束

「どうすれば全部終えられるのかわからない」

クリスティはがっくりと肩を落としました。ジョンソンの報告書に新しい推薦状……。しかし、ふたたび元気を取り戻したように、こう尋ねました。

「で、ジョニーはどう？　まだ歯は抜けないの？」

「抜けたわ」とベッキーが答えました。「すきっ歯のジョニーはとってもかわいいわ。だけどクリスティ、今日中に全部の仕事を終えなきゃいけないんじゃないの？　ここで私とお昼を

15
八方美人

のんびり食べている場合じゃないでしょ。さっさととりかかったほうがいいわよ」

「わかっているわ」

クリスティはそう言って部屋を見回し、知った顔を探しました。するとハリーが気づいて微笑み、近づいてきました。

「やあ！　クリスティ、ちょっと頼まれてくれないか？　四半期報告書の情報集めが遅れてるんだ。今日中に数字を調べてまとめて持ってきてくれないかな」

「いいわよ」

クリスティはにっこりと笑いました。

「ありがとう。さすがは友達だ。じゃあ、また」

ベッキーはぽかんと口を開けました。

「クリスティ、ふざけてるの？　今どんな約束したか、わかってる？」

「え？」

「ねえ、数字をまとめるのは、ただ数字を拾うのとはわけが違うのよ。少なくとも2時間はかかるわ！　さっきあなたは、今日は仕事がたくさんあって、5時までにはとても終わらないって言っていたじゃない！」

クリスティはうなだれました。

「ああ、考えていなかったわ」

「もし頼まれたことができなかったら、ハリーがどう思うか考えてみて。大勢の人が彼を当てにしているのよ。もちろん、あなたを当てにしている人もたくさんいるし（将来を示す）」

「そうね、残業するわ」

「家族はどうなるの？」

「どうしよう。なんてことしちゃったのかしら。どうすればいい？」

「これからは、誰かに何か頼まれたときに相手を本当に喜ばせたいと思うなら、こう答えられるように練習して。『ちょっと待って、予定を調べてから返事します』って（学ばせる）。そうすれば、現実的な約束ができるわ。みんな、あなたのことが好きなのよ、クリスティ。誰もあなたに負担をかけすぎたくはないのよ」

「ハリーのことはどうしたらいい？」

「正直に話してきなさい。よい人間関係は、正直さの上に成り立つのよ（人間志向に融和する）。ほかの手を打つ時間があるうちに言ってもらってありがたいと思うはずよ。5時になってもう間に合わなくなってから知るよりもね」

「わかった、ハリーと話す」

「よかった。今、12時49分よ。ハリーのオフィスに行って、12時58分から1時6分までの間に話すのよ、いい？（約束の念を押す）」

クリスティは笑いながら立ち去りました。正直に話すと、ハリーはわかってくれただけで

15
八方美人

なく、クリスティの仕事の手伝いまで申し出てくれました。

なくなりかけたクリスマス

エルフのピンキーは、悲しい目で打ち明けました。

「みんな困っています！　約束の備品が届かないんです。そうでなくても、今のペースでは、来年のクリスマスに間に合えばラッキーというところです。今年はとても間に合いません」

新しく来た相談役、人間のレイチェルが答えました。

「誰か、そのことをサンタと話したの？」

「ええ、もちろん」とピンキーが答えました。「彼は耳に心地いいことばかり言ってくれるんですが、それじゃなんにもならないんです」

レイチェルは、オフィスにひとりでいるサンタをつかまえました。いつものように陽気な様子です。

「サンタ、あなたがこの備品を交換するってエルフたちに約束してからもう2カ月経ったのに、まったく交換されていません。今では毎週ふたりもケガしかけているし、作業の効率も悪くなっています。あなたが約束を守らないなんて信じられない！」

レイチェルは怒りをこめて、文句を言いました。

「こんな状況で、あと2週間もがまんしなきゃいけないんですよ！」

「レイチェル、いいかい、私だって、あの備品を交換するつもりなんだ。本当だ。忙しかっただけなんだよ。もうちょっとだけ待ってくれれば時間をつくれそうだ。本当だよ。お茶を入れようか？」

「お茶？　お茶なんてほしくありません。私がほしいのは結果よ！」

レイチェルは鼻息荒くオフィスを出て行きました。

その夜、レイチェルの夫が言いました。

「お前、あんな風に銃を突きつけるみたいに怒っちゃいけないよ。サンタを死ぬほどおびえさせちゃっただろう。サンタに説明する機会を与えてやったらどうだい。正直になっても大丈夫だと安心させてやるんだ。たぶん、いろんな事情があるんじゃないかな」

レイチェルは、夫の言うことももっともだと思いました。そして、夫の態度がとても穏やかでがまん強いので、とても話しやすいことにも気づきました。この状況に必要なのは、そんな態度かもしれません。

次の日、サンタの家のドアにノックの音が響きました。

「ホー、ホー、ホー！　お入り、鍵は開いているよ！」

サンタはドアに背を向けたまま、壁にかかった子どもたちの絵をいじっていました。

「サンタ、私たちは話し合う必要があると思います。今回はどなったりしません、約束します。ここで働き続けるならあなたに信頼してほしいと思うし、あなたを信頼したいと思うの。

15
八方美人

心を打ち明けあって誤解を解かなきゃ。あなたの話が聞きたいの（正直になっても安心という雰囲気をつくる）。何か言いたいことがあるのなら、今、話してください。サンタ、工場の床の壊れた備品を交換すると約束してくれたことを覚えてますか？」

「ああ、言ったとおりだよ。交換するつもりだ」

「サンタ、本当のことを話してください。どうしてまだ交換していないんですか？」

「ええと、うん、在庫切れだったからかな？」

「誰の店で？　注文したのはいつですか？（具体的な点を明確にする）」

　レイチェルはきっぱりとした、落ち着いた声で尋ねました。

「ええと、本当はまだ注文していないんだ。お金が入るのを待っているところなんだ。もう入るところなんだよ！　そうしたら問題を解決しよう。約束するよ」

「では、備品をまだ交換していないのはお金が足りないからなんですね？（繰り返し）」

　サンタはため息をつきました。「そうだよ」

「2カ月前、私が最初にここに来たときに、どうしてそう言わなかったんです？」

「面倒をかけたくなかったからね。心配させたくなかったんだ」

「サンタ、お心遣いには感謝します（正直に認める）。でも古い備品で作業するのは、エルフたちにとってつらいことです。もっと悪いのは約束を守ってくださらないために、みんながやる気をなくしてしまうことですよ。では、全部話してください」

サンタは泣き言を並べはじめました。

「工場は赤字で注文は減っている。新しい電子玩具に市場を奪われてしまったんだ。製品の返品率は、この工場が始まって以来、最高だ。商売全体が成り立たなくなるのも時間の問題に思える。そして、もしそうなったら、子どもたちは本物のクリスマスを味わえなくなってしまう。忠実なエルフたちがどうなるかは言うにおよばずだ。そしてトナカイたち！　あいつらはソーセージにされてしまうかも！」

サンタには、みんなが失業するかもしれないと告げる度胸はありませんでした。政府の失業対策も、架空の生き物には適用されません。サンタはとても心配だったのに、どうしていいのかわからなかったのです。

「事情を打ち明けてくれてありがとう。正直に言ってくださったことを感謝します（正直さを認めて関係を深める）。ちょっと遅かったとしても。でも、状況を変えるのに遅すぎることはありません。今すぐ始めましょう。今後は、私に何でも知らせてくれると信じてよろしいですか？（約束を確かめる）」

「レイチェル」と言って、サンタはすすり泣きました。「本当にごめんよ。もちろん、信じてくれていい。だけど、今年のクリスマスはどうすればいいんだ？」

「最初に、この問題の始まりに戻しましょう。ここを出て工場に行き、エルフたちに本当のことを話してください。エルフのひとりひとりに、質の向上と改革のための行動をしてくれ

15
八方美人

るよう頼み、約束をとりつけてください。活気のある会社では、すべての社員が毎年最低24件の改善案を出します。エルフたちは、平均どれくらいの案を出していますか？」

「さあ、わしにはわからん」

サンタはあごひげを撫でながら答えました。

「はるかに少ないのです。それを変えるには、ここの官僚主義を撤廃して、ひとりひとりに変革の権利と責任を与えましょう。全員に力を与えなければいけません」

サンタはレイチェルの言ったとおりにしました。沈んだ様子でオフィスを出て工場に行き、問題の床の近くに忠実なエルフたちを集めました。サンタが心をこめて話すと、エルフもトナカイも耳を傾け、サンタの誠実さと思いやりに気づきました。

それからは、みんな協力して働き、工場を再編してエルフが管理するいくつかの小さなチームに分け、品質管理サークルも設けました。総合的品質管理の原則を教えてくれる講師も招きました。1年で品質は10倍も改善され、顧客満足に優れた企業に贈られるマルコム・ボルドリッジ賞を獲得しました。市場のシェアは3倍になり、力を増した彼らは、任天堂の敵対的買収にも成功しました。

この話の教訓は次のとおりです。〈八方美人〉を相手にするときには、「イエス」という言葉を受け入れてはいけません。友好的にふるまい、正直になっても大丈夫という雰囲気をつくって、実際に何が起きているかを見つけるのです。ソリで順調にすべっていけるのは、協力しあうチームだけなのです。

まとめ

【〈八方美人〉が現れたとき】

■目標：信頼のおける約束を取りつける

■アクション・プラン：

①正直に話せる雰囲気をつくる
②正直に話す
③計画の立て方を学ばせる
④責任を確かめる
⑤人間関係を深める

16 優柔不断

期限が迫っています。決断を下さなければなりません、それも早急に。これほどたくさんのマーケティング計画が集まったのは初めてです。そこから選ばねばなければならないのですが、意見のある人はみんな、圧力をかけてきました。チーフはスタッフを集めて助言を求めました。

「テッド、何か意見ある？」

「難しいですね。変化を求める者もいるし、これまでの路線がいいと言う者もいます」

「で、君の意見は？」

「チーフのやりたいほうで結構です」

「それはありがたいけど、支援だけじゃなくて、助言も欲しいんだよ」

「そうですね、現時点では決められません。どちらの線でもいけるでしょう」

「それはわかっているんだ。君の意見が聞きたいんだよ。ビル、君はこの件についてどう思う？」

「ええと、ちょっと考えさせてください。あとでお返事します」

「今、決めないといけないんだよ。メアリー、新しい計画はうまくいくと思う？」

「たぶん」

チーフはあきらめ、落胆しながら言いました。

「ありがとう。以上だ」

スタッフはぞろぞろと部屋を出ていき、チーフは首を振りました。

「正直な意見を言えるのは俺だけなのか？」


決断力のある人は、どんな決断にも良い面と悪い面があることを知っています。手に入る情報にもとづいて最良の決断を下し、その後発生する好ましくない結果に対処する術を知っています。ところが〈優柔不断〉タイプの人は、最良の決断に至る道を見きわめられません。どの選択肢にもある悪い面に目をふさがれてしまうからです。

決断するために他人に助けを求めようとしないのですが、その理由はたくさんあります。面倒をかけたくない、怒らせたくない、間違った方向に進めたくないなどです。決断を先延ばしにして、さらによい選択肢があらわれるのを期待するのです。残念ながら、決断を下さないうちに時機を逸し、勝手に決まってしまう場合がほとんどです。

16
優柔不断

〈優柔不断〉への態度を変える

決断力のない人にいらだつのは当然ですが、いらいらしてもまったく効果はありません。先延ばしにがまんできなくなると口出ししたくなりますが、それが難しい決断がさらに困難にさせます。決断を下す過程に怒りは禁物です。

〈優柔不断〉の背中を押して無理に決断させようとすると、相手はさらなる疑問を出して、あなたの努力を押し返してくるでしょう。〈優柔不断〉を引きずって決めさせようとしても、口実をつけて引き下がってしまうだけです。ですから、怒りやいらだちをおぼえたときには、まずその感情を処理してから、相手に対処しましょう。

まず、相手に対して優しく繊細な態度をとり、

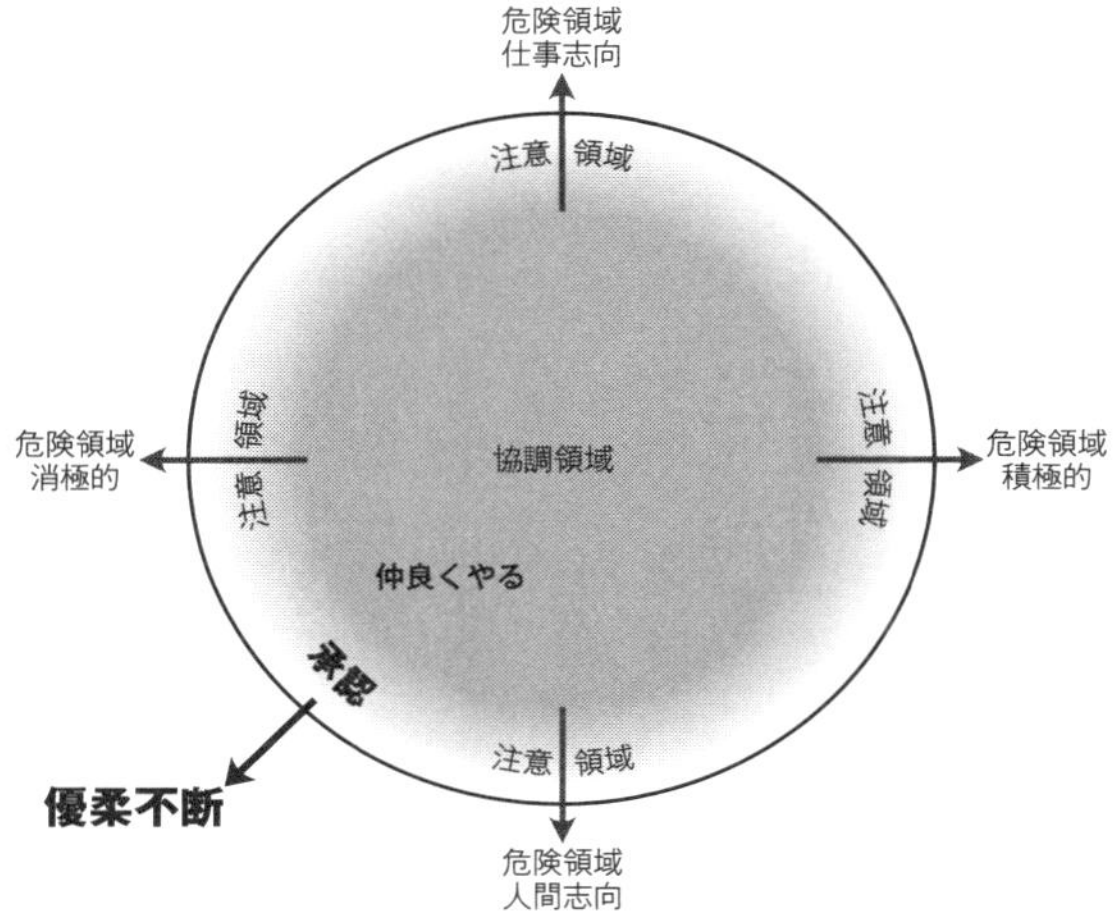

忍耐強く、手助けしたいという気持ちになる必要があります。優しさが必要なのは、それによって〈優柔不断〉タイプの人はあなたを信頼し、リラックスして考えられるようになるからです。繊細さがなければ、たちまち信頼を失い、相手はあなたに深い疑いを抱くようになり、何も話そうとしないでしょう。

忍耐力が必要なのは、情報を引き出すには時間がかかり、相手のペースで心を開くのに合わせなければならないからです。手助けしたいという気持ちが重要なのは、相手に決断の方法を教えなければならないからです。

目標：決断の方法を学ばせる

〈優柔不断〉タイプが直面する現実的な問題はシンプルです。不完全な選択肢のなかから選ぶという体系的な方法を知らないのです。つまり、あなたの目標は、決断方法と、それを使う動機を相手に与えることです。

「人に一匹の魚を与えれば、一日で食べてしまう。だが釣りの方法を教えれば、一生食べていける」ということわざを聞いたことがあるでしょうか。しかし、「人を水辺に連れていくことはできるが、釣りをさせることはできない」というのもまた真実です。ですから、〈優柔不断〉が先延ばしをやめて、筋の通った良い決断方法を学ぶ気になるようなコミュニケーション環境を

つくりましょう。

対〈優柔不断〉アクション・プラン

ステップ① 安全地帯を設定し、維持する

セールスマンに向かって、買う気もないのに「考えてみます」と言ったことはありませんか？どうしてそんなことを言ったのでしょう？ あなたのなかには「相手とうまくやりたい」という気持ちがあって、真実を告げる不快さを避けたかったからではないでしょうか。

漠然とした恐れやネガティブな感情が、明確な決断の妨げになるのは間違いありません。「仲良くやる」モードにいる人に対応するときは、強制すると相手がますます優柔不断になってしまうと覚えておきましょう。たとえ決断を強要したとしても、また別の誰かが違う問題で圧力をかけてくれれば、気持ちを変えてしまうでしょう。明確に決断する手助けをするには、決断を下す前の安全地帯を設定してやらなければなりません。決断を無理強いするのではなく、時間をかけて、できるだけ思いやりを持ちましょう。

最初に、相手との信頼関係の重要性を話しましょう。そして、心を開いたつきあい方によって関係は深まるというあなたの信念を伝えるのです。優柔不断な行動は、「仲良くやりたい」という気持ちから生まれていますから、上司でさえあなたの誠実さに応えてくれるでしょう。誠意を持って接しましょう。例を挙げてみましょう。

「まだ決められないのなら、それなりの理由があるんだろう。私の気持ちや意見を気にしているなら忘れてほしい。大丈夫、君の率直でありたいという気持ちは何よりも大事なんだから」

そのほうが賢明だと思えば、ここだけの話で口外はしないと保証するのもいいでしょう。相手をくつろがせ、安心させるような口調や表情を保ちましょう。

マーブは、自動販売機のそばにひとりでいるスーを見つけました。もう少し早くマーブに気づけば逃げ出せたのに、と思っているように見えました。

マーブはできるだけ優しい口調で話しかけました。

「ハワイの会議に誰を派遣するか決めてくれた？」

「ええと、まだ考えているところです」

「スー、決めてほしいと頼んだのは6カ月前だよ。会議まであと3週間しかない。これまでずっと最も優秀な営業マンを送ってきたじゃないか。決断を先延ばしにしているのには、それなりの理由があるんだろう。気になることがあるなら話してくれないか（安全地帯を設定

する）」

「あの、これが候補者リストです。選んでもらえますか？」

ふだんは快活なスーが、不安そうになっています。

ステップ② 葛藤を表面化し、選択肢を明確にする

〈優柔不断〉の視点から、すべての選択肢や障害を忍耐強く見直しましょう。その決断によって不利な影響を受ける人がいるかどうかも調べます。「たぶん」「そう思います」「かなり」「そうかもしれません」などのためらいを示す言葉を手がかりにして、さらに追求を進めましょう。

「スー、ありがとう。だけど私は選ばないよ。あなたは販売部長でしょう。決定するのに最もふさわしいのはあなただ。決断するにあたって、私が承知しておくべき問題があるとでも？（葛藤を表面化する）　僕になら話してくれても大丈夫だよ」

「そうですね」と言って、スーはためらいました。

マーブはたたみかけます。「もし何か気になることがあって決められないなら、その原因を知りたいな（安全地帯を維持する）。私に関することでも、言ってもらって大丈夫。何があるのかな？（葛藤を表面化する）」

「ええ、たぶん、ジェリーを派遣すべきなんですが。四半期のトップですから」

「では、ジェリーにしよう」

マーブは心躍らせました。こんなに簡単にすむなんて！

「ええと、たぶんそれでいいでしょうけど」

「スー、『たぶん』っていう言葉は、ジェリーが最適かどうか、自信がないように聞こえるけど。ジェリーを選ぶと何か問題がある？」

「そういうわけじゃないんですけど。いえ、あります。つまり、ローリーはどうでしょうか？ローリーはあなたのアシスタントでしたし、あなたの指導を受けていました。あなたはいつも彼女の仕事を誉めているし……私にはよくわかりませんけど（葛藤が見つかる）」

スーのことをよく知っているマーブには、この件で彼女がかなり悩んできたことがわかりました。

「そういうことだったんだ。私の反応が心配だったと？」

「ええ、そうなんです（事情がさらにはっきりする）」

ステップ③　意志決定システムを使う

決断を下す最適な方法は、意志決定システムを使うことです。その方法はすでにたくさん紹介されているので、ここで一から説明する必要はないでしょう。もし自分に適した方法を知っていれば、それを〈優柔不断〉タイプの人に教えてあげましょう。

そういう方法を知らなければ、ベンジャミン・フランクリン・メソッドと呼ばれる、実証済みの簡単な方法があります。一枚の紙の真ん中に縦線を引き、２分割します。ひとつの選択肢をいちばん上に書き、その選択肢のすべてのメリットを紙の半分に、残る半分にデメリットを書き出しましょう。選択肢ごとにこの作業を繰り返します。頭のなかだけでこの作業をしてもいいし、実際に紙に書いてもかまいません。優柔不断な人の場合は、書き出すほうが適しているでしょうし、最後までやり通す手助けにもなります。

リストができあがったら比較してみましょう。すべての利点と弱点がはっきりすれば、どれが有力な選択肢でどれが弱い選択肢かを把握しやすくなります。

マーブは言いました。

「その話を打ち明けるのは、ずいぶんつらかっただろうね。ありがとう（安全地帯を維持する）」

「ええっ？」とスーは驚いた表情を見せました。

「本当にそう思ってるよ。それに今後は、私にとっては意見の一致よりも、正直さのほうが大事だということを覚えておいてほしい。いずれにせよ、決断は下さなきゃいけない、それも一刻も早く」

マーブは近くのテーブルにスーを連れていき、紙を一枚取って、いちばん上に「ローリー」

と書きました。それを裏返して、今度は「ジェリー」と書きました。

「では、選択肢を検討しよう（意志決定システムを使う）。私を喜ばせるためにローリーを選ぶこともできる」

マーブはメリットの欄に「マーブを喜ばせる」と書きましたが、それを線で消しました。

「ローリーがベストでないなら、私は喜ばない。それに、もちろん、ジェリーの成績は下がってしまうだろうね」

マーブはデメリットの欄にそう書きました。

「あなたが最も適していると思う人を選んでほしい」

それから数分間、マーブとスーはそれぞれの候補者のメリットとデメリットすべてについて話し合いました。

マーブは椅子の背にもたれて言いました。

「ジェリーはローリーよりもはるかにいい成績をあげているようだね。この旅行で彼に報いれば、ほかの者にもいい影響を与えるだろう。だけどスー、これはあくまで私の意見だ。私が求めているのは、正直さという基盤に親しい人間関係を築くこと。どんな選択であろうと、それ以上に私を喜ばせてくれるものはない。決めるのはあなただ。どちらがいい？」

スーはほっとため息をつきました。

「ジェリーにします」

肩の重荷がおりると、疑念の雲のすきまから、生来の明るい性格が顔を出しました。

どんなシステムでも、効果があれば継続的に使いましょう。そのうち優柔不断な人も、その方法を自然に使うようになるでしょう。

ステップ④　再確認し、最後までやり通させる

〈優柔不断〉タイプが決断を下したあとで、完璧な決断などないことを説明したうえで、それは良い決断だったともう一度確認させましょう。それから、最後までやり通させるために、決断が実行されるまで連絡を絶やさずにいましょう。ちょっとした行動を心がけていれば、事態を停滞させずにすみます。

「すばらしい！　あらゆる点で最適な選択だと思うよ（再確認）。それで、いつ彼に話すつもり？」

「この話し合いが終わったら、すぐにでも。ふう！　ほっとしたわ」

「そうだろうな。スー、午後にはその後の話を聞きに来るよ。彼の反応も知りたいしね（最後までやり通させる）」

ステップ⑤　人間関係を深める

こうした決定的な瞬間は、〈優柔不断〉との人間関係を深める機会となります。そうなれば、今後は葛藤を表面化するのがずっと簡単になるでしょう。正直に話すことで、互いの将来はもっとよくなるという展望を示しましょう。

「では、スー、帰る前にひとつだけ聞きたいことがある。この件で何を学んだ？」

「そうですね、マーブ。ひとつは、あなたには話を聞いてもらえるということです。こんなに理解してもらえるとは思いませんでした」

「ありがとう。どんな心配ごとでも安心して話してくれていい。今後は何でも話してくれると信じていいかな？　私にとってとても大事なことだから」

「ええ、いいですよ」

スーは一瞬口をつぐんでから、こう続けました。「実は、お話ししたいことがほかにもあるんです、ちょっと個人的なことなんですけど、もしよろしければ」

ふたりはソフトドリンクを飲みながら通路を歩き、会話を続けました。難しいと思われた決断が土壌となって、そこから友情という花を咲かせることができたのです。

ときどき、少しだけでも時間を割いて〈優柔不断〉の不安に耳を傾けましょう。個人的な話

16
優柔不断

をして、必要があれば相手が意志決定のプロセスを学ぶ手助けをしてあげましょう。そういった指導に少しの時間を忍耐強く投資しつづければ、〈優柔不断〉な人は決してあなたを失望させなくなるでしょう。そして、かつては〈優柔不断〉だった人が、頼もしい決断を下せる人に変わっていることに気づくでしょう。

〈優柔不断〉が変わるとき

打つべきか、打たざるべきか

サリー・デイビスがハンクの部屋に入ると、ハンクは窓の外を眺めていました。もの思いに沈んでいるようで、1時間たっても振り向いてもらえないんじゃないか、と思ったくらいです。ついに、サリーは野球のグローブをハンクの膝に投げました。どこからともなく降ってきたグローブに、ハンクは飛び上がりました。

「それで、先発メンバーは決まったの、キャプテン？」

ハンクは片手で眉間のしわをさすり、こう答えました。「ああ、いや、まだだよ」

サリーはあっけにとられました。

「ハンク、ソフトボールの試合は1時間後よ。いつ決めるつもり？」

「もうすぐだよ、たぶん」

サリーは首を振りました。

「ハンク、あなたらしくないわよ（ポジティブな目的を指摘する）。今週ずっとその件で頭を悩ませていたじゃないの。決められないなら、それなりの理由があるってことね。話してみて。ねえ、私はあなたのキャッチャーじゃないの。ピッチャーがキャッチャーに話せないなら、誰に話せるって言うの？（安心して正直に話せる雰囲気をつくる）ねえ、これはマウンドでのふたりだけの会議よ。秘密は外にはもれないわ。いったいどうしたの？」

ハンクは両腕を机に置き、その上にあごをのせて、ため息をつきました。

「迷っているんだ」

「どういうこと？　ねえ、打ち明けて！」とサリーが励まします。

「ジョンソンをどうしたらいいのかわからないんだ。何番を打たせたらいいものか」

サリーは困惑した表情を見せました。

「8番か9番でいいんじゃないの。打率は最高で2割5分でしょう。どこが問題なの？」

「なあ、僕がどんなにあの役職をほしがってるか、知っているだろう。ジョンソンは昇進を決める委員会のメンバーなんだよ。万が一にでも彼を怒らせたくないんだ。だけど、どうやったらもっと早い打順に回せるのかもわからない。チームのみんなは、僕がきちんとやるって信頼しているからね。どうしたらいいんだろう」

サリーは深呼吸して、この状況に対する自分の反応を抑えてから冷静に言いました。

16
優柔不断

「本当に困っているのね。一方では、ジョンソンを妥当な打順に据えたら、彼の機嫌を損ねて、昇進を逃すんじゃないかと思っている。もう一方では、ほかの打順に回したら、あなたをキャプテンに選んでくれたチームのみんなを失望させてしまうと感じている。これで合っている？」

「うん、そのとおりだ。にっちもさっちもいかないよ」

「たぶんね」とサリーは言って、壁のホワイトボードに近づきました。

「何するの？」

「選択肢を検討するのよ」

サリーはボードの左側に「ジョンソンを8番にする」と書き、右側に「ジョンソンの打順を上げる」と書きました。その文の下に縦線を一本ずつ引いて列をふたつつくり、それぞれの列のいちばん上に「＋」と「－」の記号を書き入れました。

「これでよし」と言ってから、サリーは始めました。「ジョンソンを8番にすることのメリットは何？（決断を助ける）」

「そうだな、うん、チームにとってはそのほうがいい。チームメイトをがっかりさせたくはないし。それだけだな」

「わかった。じゃあ、ジョンソンを8番にすることのデメリットは？」

「僕の昇進がふいになるかもしれない。彼が機嫌を損ねるかもしれない」

ハンクはため息をつきました。それから急に顔を上げ、目を見開いて言いました。

「ジョニー・ブランチャードだ」

「はあ？」

「１９６１年、ヤンキースの控え選手だったジョニー・ブランチャードの打率は３割５厘、本塁打は22本だった。それだけの数字を上げながら、先発メンバーにも入れなかったんだ。54本塁打のマントルがいたせいでね。その年、マリスも61本打った」

「そうだったわね」とサリーは答えましたが、ハンクほど熱狂的な野球ファンではないので、その話が最大のライバル、アービー・プラスティックスとの今日の試合の先発メンバーと何の関係があるのか、まったくわかりませんでした。ともあれ、サリーはハンクの話に耳を傾け、理解しているかのようにうなずきました（融和）。

ハンクは自分の世界に浸って話しつづけました。

「ブランチャードはキャッチャーだったけど、エルストン・ハワードやヨギ・ベラもそうだった。ハワードの打率は３割４分、ハワードもベラも本塁打の数は20本を超えていた。スコーランは27本。チーム全体では２４０本塁打、この記録は35年間破られなかった！」

サリーは聞かずにはいられませんでした。

「ハンク、１９６１年のヤンキースは好調だったのね。それがジョンソンの打順と何の関係があるの？」

16
優柔不断

「これから話すよ。ジョニー・ブランチャードはメジャーリーグの他球団でプレーすることもできたんだ。でも、ヤンキースのベンチにとどまることを選んだ。不平ひとつこぼさずにね。ついにトレードされると、ヤンキースの帽子に文字どおり涙をこぼしたんだ」

窓の外を眺めるハンクの目もうるんでいました。

「ポスト紙に掲載された写真は忘れられないよ。あのブランチャードが帽子に涙をこぼしている写真が新聞に載っている！　それがヤンキースの一員というもの。チームプレーヤーの鑑だ！　ありがとう、サリー、もう充分だ。チームは僕を信頼してキャプテンに選んでくれた。僕は自分の使命を果たすよ。ジョンソンもこのチームの一員だ。彼も自分の役割を果たしてくれると信じているよ。ジョンソンの打順は8番だ。そこが彼の場所だよ。それで僕を恨むなら残念なことだ」

ハンクはそう言って、コート掛けから自分のグローブを取り、それでサリーの肩をいたずらっぽくつついて言いました。

「ありがとう、サリー。君がチームにいてくれてよかった。さあ、ウォーミングアップに行こう」

「OK」とサリーは微笑みました。

ゼイ・ラブ・ユー、イエー、イエー、イエー

その音楽バンドは、突然の成功に驚きました。今やコンサートにはたくさんの人が押しかけ、メディアは競ってインタビューを求めてきます。人々が大騒ぎするなか、テレビ出演が決まり、彼らの野心をはるかに超えた認知度となりました。

ひとつだけ小さな問題がありました。メンバーのひとりがショーの出演に二の足を踏んでいて、どうしても決心がつかなかったのです。彼らの話を聞いてみましょう。


「真剣に言ってるんだけどさ、ジョン、成功したくないのか？」

「ポール、僕は、うん、その話はまたあとで」

「ジョン、考えてみてよ、ぐずぐずしてたら、エドはほかのバンドを見つけちゃうよ」

「そうだね、ポール、答えはひとつ、なるようになるさ」

「聞いてくれ、ジョン。僕は君を知っているし、君も僕を知っている。僕に言えるのは、僕たちなら解決できるってこと（安全地帯をつくる）。本当のことを話してくれよ。エドのショーに出るのにどんな問題があるんだ？（葛藤を表面化する）」

「ポール、なぜだかわからないけど不安なんだ。年をとったから、とても心配なんだ」

「ジョン、不安になることなんて何もないよ。世界を肩に背負うことはないんだ。わけを話してくれよ、一緒に考えるから。ねえジョン、言ってくれよ。わかってるだろ？　君だけなんだ。なあジョン、君ならやれる。話してくれよ。ほかにどうしたいんだ？（選択肢を明確

にする）」

「ポール、君はイエスと言い、僕はノーと言う。君がそうだと言えば、僕はわからないと答える。たとえ成功しても、僕が最低の馬鹿者だったらどうする？　君をがっかりさせるだけだ。本当に憂鬱なんだ」

「わかるよ、ジョン、僕をがっかりさせたくないんだね？（繰り返し）この決断は本当に君を悩ませているんだ（融和）」

「ポール、お見通しだね」

「わかったよ。じゃあ、僕の視点になってくれないか。今晩、ショーがある。テレビやスクリーンに映る自分の姿を想像してみて。みんなが君を愛しているよ、違う？（心の目を使った決断法）」

「イエー、イエー。僕の心の迷いを止められたらね。ポール、何か意味のある言葉をささやいてくれない？」

「きっとうまくいくよ。レット・イット・ビー。レット・イット・ビー（あるがままに。あるがままに／再確認して最後までやり通させる）」

「友達のちょっとした助けがあれば、なんとかやれると思うよ。スタジオまでの行き方はわかる、ポール？」

「僕が連れていってあげるよ、ジョン、僕も行くんだからね（人間関係を深める）」

まとめ

【〈優柔不断〉が現れたとき】

■目標：決断の方法を学ばせる

■アクション・プラン：

①安全地帯を設定し、維持する

②葛藤を表面化し、選択肢を明確にする

③意志決定システムを使う

④再確認し、最後までやり通させる

⑤人間関係を深める

17 何もしない

レイはサムの部屋に入り、サムの机の前にあるソファに座りました。サムは顔を上げることすらしません。

「ほら、サム、ずっとこのままにはしておけないよ。話してくれよ。何に悩んでいるのか知らないが、一緒に考えれば解決できると思うよ！」

サムは日誌をぱらぱらとめくりつづけています。サムの顔にちらっと興味の色が浮かんだように見えましたが、すぐに消えてしまいました。レイはいらいらして大声をあげました。

「いいかげんにしろ、サム！　君が数字を出してくれないから、プロジェクト全体が中断してるんだ。これ以上みんなを待たせるわけにはいかない。言い訳も尽きたし」

サムはのろのろと椅子を引いて立ちあがると、部屋を横切りました。レイはやっと突破口が開けたと思い、立ちあがって迎えようとしました。しかし、ソファに近づいてきたサムは、左に向きを変えて、書棚の上の鉛筆削りのほうに歩いていきました。そして、こうつぶやきました。「なんてこった」

レイはサムをにらみつけ、首を振って考えました。

「どうしてこいつは、いつもこうなんだ？　こんな目にあうようなことを俺がしたか？」

あなたにも、サムのような人の反応をずっと待っていた経験が何度かあるのではないでしょうか。その忍耐の代償として何が得られますか？　普通は、何も得られません。言葉が返ってくることも言葉以外の反応もありません。何もないのです。〈何もしない〉は口を固く閉ざし、まるであなたがそこにいないかのようにその視線はあなたを通り過ぎます。

「理解のレンズ」を通して見れば〈何もしない〉の行動の意味がわかります。〈何もしない〉は消極的ですが、その目的が「きちんとやる」なのか「仲良くやる」なのかによって、仕事志向か人間志向かのどちらかになります。

「仲良くやる」という目的が妨げられると、恥ずかしがり屋や物静かな人、考え深い人は引きこもって、さらに消極的になります。沈黙は究極の消極的反応です。「仲良くやる」モードの人は、波風立てて事を荒立てたり見捨てられたりすることを恐れて引きこもる傾向があります。

何を言っても仕方がないと感じたり、自分の言葉が誰かの感情を害するのではないかと恐れたりして、何も言わない瞬間は誰にでもあります。あとで後悔するようなことを言いたくなくて黙りこむこともあるはずです。何かいい話がないのであれば、何も言うべきではないというのは、誰もが知っているとおりです。人とうまくやりたいと思う〈何もしない〉は、何も言わ

17
何もしない

ないし、何も言おうともしません。

「きちんとやる」モードの〈何もしない〉は完璧を求めますが、その人が満足できるほど完璧なものなど存在しません。自分ほどミスを避けようとする人は誰もいないし、自分が何を言っても状況は変わらないと決めつけています。欲求不満が募り、ついには「いいさ！　好きなようにやるがいい。うまくいかなくて泣きついてくるなよ」と思いながら引きこもってしまうのです。口を閉ざし、すべてをやめてしまいます。自分にできることがあっても、まったく考えようとしません。

〈何もしない〉は争いから手を引いているように見えますが、内面には敵意が渦巻いていて、時にそれがふきこぼれてきます。鉛筆を折ったり投げつけたり、引き出しやドアに八つ当たりする人を見たことがあるでしょう。どうしたのか

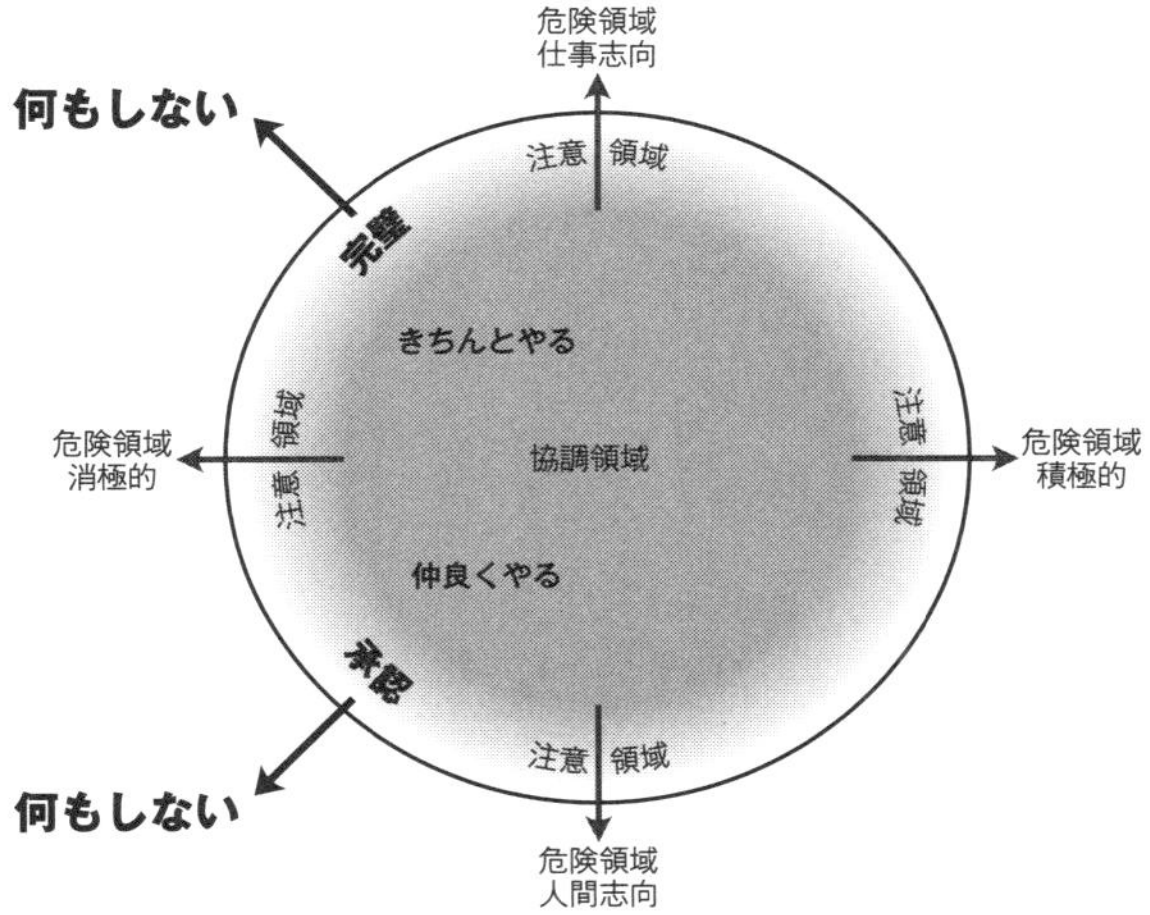

と尋ねると、「何でもない！」と答えます。「大丈夫？」と尋ねても「大丈夫」と言います。しかし、その「大丈夫」の裏側には、いらだちや不安や神経過敏や激情が隠れています。消極的で攻撃的な〈何もしない〉は、何かに激怒しても、敵意でほかの人の感情を傷つけてしまわないように配慮します。だからこそ、暴力をふるう相手は鉛筆やドアなどなのです。沈黙も、場合によっては一種の攻撃となりえます。

〈何もしない〉への態度を変える

〈何もしない〉が最悪の状態にあるときには、あなたの行為が事態をそれ以上悪くしないように、自分のペースを落としてゆっくり対応しましょう。

最も難しいのは、「終わらせる」モードにいてあまり時間がないときに、ゆっくり対応しなければならないことです。ゴールに向かってすばやく動きたいのに、〈何もしない〉にペースを落とされていらいらした経験はありませんか。そのいらいらが攻撃的なコミュニケーションに変わりやすいのですが、そんなことになってもいいことはひとつもありません。人とうまくやりたいと思って、争いや非難を避けようとする〈何もしない〉に我慢できない場合には、何をしようと目的は達成できず、相手をいっそう何もしない状態にさせるだけです。

これは、たいていの親が子どもに対してやってしまう過ちのひとつです。何もしないのは子

17
何もしない

どもの得意技です。いらいらした親が子どもに厳しく当たると、子どもは黙りこみます。親がいらいらを募らせてさらに強い態度に出ると、子どもはさらに遠ざかってしまいます。子どもは言葉の爆弾を防ぐシェルターを探すことに頭がいっぱいで、言われている言葉の内容にまでは注意が向きません。その結果、短期的には何も起きず、反対に長期的には親子関係が壊れてしまいます。

同じ原則は大人同士の人間関係にも当てはまります。主張のない人に対してかんしゃくをおこせば、コミュニケーションがさらに少なくなるのは間違いありません。短気やいらいらをぶつければ、〈何もしない〉はさらに何もしなくなりますから、世界じゅうの時間を手中にしているかのようにゆったりとふるまってゆっくり話すことが重要です。そういった態度をとるためには内面の落ち着きが必要です。コミュニケーションをとる前に、自分を落ち着かせる時間をつくりましょう。〈何もしない〉から何かを引き出そうとするなら、心を落ち着かせ、リラックスしなければなりません。

もうひとつ、役に立つのは洞察力です。洞察力を育てる最良の方法は、他者の目を通して世界を眺めてみることです。他者の姿勢や表情を真似ながら、そのときの自分の感情や思考を観察する方法もあります。この方法を使えば、〈何もしない〉を理解し、彼らとコミュニケーションをとるのが驚くほどうまくなるはずです。

目標：説得して話をさせる

何も言ってくれない理由がなんであれ、目標は〈何もしない〉を説得して話をさせることです。それは可能ですし、実現できる可能性も高いです。次の戦略を使ってみましょう。

対〈何もしない〉アクション・プラン

オプション①　時間を充分にとる

敵意のある〈何もしない〉は、期限ぎりぎりまであなたを待たせることがあります。あなたがとても必要としている情報を相手が手に入れたときには、あなたが欲しがっても決して渡そうとはしません。ですから、可能な限り早めに計画を立てて自分を守りましょう。〈何もしない〉にうまく対処するには長い時間がかかることがあります。期限がせまっていってプレッシャーがかかっているときには、うまく対処できませせえん。

心を閉ざしている人と率直に話し合いたいなら、少なくとも1週間以上は必要です。話す機会を15分ずつ何回か持って、試してみましょう。最初はうまくいかなくても、何度も試すのです。あきめないというメッセージが相手に伝われば、相手はあなたが来るのをやめさせようと

して口を開くかもしれません。

オプション②　期待の表情で自由回答式の質問をする

〈何もしない〉への質問でいちばんいいのは、はい／いいえ、あるいは「うーん」だけでは答えられないような質問です。誰、何、どこ、いつ、どうやって、などで始まる質問をおすすめします。そこが糸口となって話題が広がるかもしれないからです。

〈何もしない〉の具体的な考えを聞いてみるのもいいでしょう。たとえば、「何を考えているの？」「どんなふうに進めたいの？」「どこへ行こうか？」などの質問のほうが、「あれは好き？」「君の話をそのうち聞かせてくれる？」「話してくれる？」などの質問よりも、成功する確率がはるかに高いのです。

そして、「何を聞くか」ではなく、「どんなふうに聞くか」ということのほうが、はるかに重要です。質問をするときには、言葉以外でも答えを求めるように気をつけましょう。答えが欲しいという表情や口調を使うことをおすすめします。それは「**期待の表情**」と呼ばれます。私たち人間は期待すれば、それを得られる（時間がかかることは多いですが）という考えにもとづいた非言語的なスキルです。

誰にも見られていなければ、今すぐ試してみてください。眉を上げ、口を少し開けて、頭を横にかしげ、少し前かがみになって、今すぐに答えが欲しいという姿勢をとるのです。

〈何もしない〉に自由回答式の質問をするときには、期待の表情で相手を見て、ふつうの人に対するより長時間、相手をじっと見つめていてください。心の目を使って相手の言葉が見えるという空想をすれば、その時間を過ごすのが楽になるかもしれません。言葉は相手の喉の奥からあがってきて、口の中を通り、舌の先に出てきます――相手は今にも口を開き、答えを言ってくれるでしょう！

！注意：にらめっこにしてはいけません。最初に失敗したら、そこまでの経緯をざっと振り返って、もう一度質問をしましょう。たとえばこんなふうに。「さっき、どうしたのって聞いたけど、答えてくれなかったよね。まだ聞きたいんだけど、いったいどうしたの？」

しまいには、相手もプレッシャーに耐えきれなくなり、あなたの態度に気圧されて答えることになります。すると相手の口が動くのが見え、典型的な答えが出てきます。「なんでもない」「わからない」

「なんでもない」と答えたら、「ほかには何かない？」と聞き返します。「わからない」と答えたら、「じゃあ、考えてみて！」「思いついたら教えて！」「自分でわからないんなら、いったいどういうことだろう？」などと聞くのです。

最高の「期待の表情」を見せましょう。大人にも子どもにも、驚くほどの効果があります。誰

かが次に「わからない」と言ったら、試してみてください。びっくりするくらい早く、相手は答えを思いつくでしょう。ついさっき「わからない」と言ったばかりなのに。

オプション③ 雰囲気を軽くする

何をしてもうまくいかなければ、多少のユーモアを使うと効果があります。沈黙の原因について、ありえないような想像を大げさに話してみると、頑固きわまりない相手が笑みを見せ、よろいを脱ぐのです。〈何もしない〉を笑わせることができれば雰囲気は一変するでしょう。

「わからない」に対する次の攻撃は、誇張です。ある夫婦セミナーで参加者のひとりが、「夫は流しにコップをたくさん置きっぱなしにする」と文句を言いました。私たちは尋ねました。「どれくらいの頻度で何個くらいですか?」

彼女の答えは「しょっちゅう、たくさんよ」でした。笑いながら数を尋ねると、「わかりません」と言いました。その答えの対策はできています。「考えてみてください」と言って、私たちはできるだけ期待に満ちた表情をしました。彼女はその表情にあらがえず、ふたたびこう言いました。「しょっちゅう、たくさんよ」

うまくいかないことがあれば、ほかの方法を試すべきだと確信していたので、私たちはそうしました。誇張したのです。「では、1日にコップ30個を、週に7日、1年に52週間、ということでよろしいですか?」

すると彼女は、「いいえ、たぶん4個くらいよ、それを週に3日」と答えました。さっきまで影も形もなかったその数字は、いったいどこから出てきたのでしょう？　それはわかりませんが、とにかく、こっちが誇張してみせれば相手は具体例を出してくるのです。

あるいは、自分から推測してみるのもいいでしょう。「君が怒っているのは、満月だからだね？」「僕が話すから賛成ならまばたきを1回、反対なら2回してくれよ」などと言ってみましょう。〈何もしない〉の中には、推測や提案が斬新であればあるほど、すぐに口を開いて具体的に話してくれる人がいるのです。

ただし、これは慎重に行いましょう。ユーモアは諸刃の剣です。うっかりすると、あなたと相手の両方を傷つけてしまい、そうなれば笑いごとではすまされません。これは警告です。あなたがユーモアを使ったとき、相手が腹を立てたなら、その状況を軽視していてはいけません。すぐに心から謝罪しましょう。そして、あなたの目的は対話をすることで、ひとりでしゃべることではないと説明しましょう。

ほかの多くのコミュニケーション方法と同じく、ユーモアはあらゆる状況で使えるわけではありません。その判断を下すのはあなた自身です。ユーモアは慎重に使いましょう。

オプション④　推測する

もしも〈何もしない〉が沈黙を続け、何をしてもどうにもならない場合、またはオプション

③以外のやり方を試してみたい場合には、この選択肢を試しましょう。〈何もしない〉の立場になって、それまでのできごとを振り返ってみるのです。経緯をたどり、別の解釈をして、この消極的な沈黙に積極的な意味を見いだせるかもしれません。

何かを思いついたら、それを言って相手の反応を見ましょう。いくつかの可能性を思いついたら、全部言ってみましょう。正しいものを探そうとしなくていいのです。不正確なものがあってもかまいません、手当たり次第、口に出しましょう。ただし、推測したことを話す前には必ずこう言いましょう。「君がいったいどうしたのかわからないけど」「これは僕の推測に過ぎないんだけど……」などなど。

私たちは、誰かにあなたの考えていることはわかっていると言われるのを嫌うくせに、推測が当たっていれば喜ぶものです。沈黙の原因を言い当てるか、近い答えを出せれば、相手をしゃべらせることができるでしょう。少なくとも、相手の姿勢や表情は大きく変わるはずです。

州当局は、問題のあるベッキーを、ギデオンというカウンセラーに託しました。ベッキーは学校をやめて、一日じゅう寝ています。誰とも話そうとしませんし、カウンセラーに対しても同じでした。ベッキーはただギデオンのオフィスで、足をぶらぶらさせながら座り、窓の外を眺めていました。どんな質問にも答えようとしません。何より困ったことに、ギデオンの「期待の表情」も無視するのです。

そこでギデオンは、ベッキーの態度が変わった理由の推測を始めました。

「君にいったい何があったのかはわからないし、教えてくれそうもないね。だけど僕は、想像したくなった。もしも僕がティーンエイジャーで、一日じゅう寝ていたとしたら、何があったからだろう？　うーん、たぶん、何かを避けたいからだな。何を避けたいのかな？　学校の何かかもしれないし、家庭の何かかもしれない。学校なら、そうだな、友達になじめないのかもしれないし、本当の仲間がいないのかも。あるいは、仲良しグループ的なものが大嫌いなのかも。学校に戻れって言われるけど、勉強はかなり遅れてるだろうし、二度と追いつけないだろう。国語や数学の基礎も身についていないかも」

ギデオンは続けます。「では、家庭では何を避けたいんだろう？　たぶん、大事にされていると思っていないんだろうな。結局、学校をやめて一日じゅう寝ているのに、両親が何も言わないのなら、うーん、両親は君のことをあまり気にしていないんだ。聞くところによると、継母がいるそうだね。家族のつながりから仲間はずれにされているような気がしているんだろう」

この推測ゲームに、ベッキーはどんな反応を見せたでしょうか？　カウンセラーが学校についてふたつめの推測を口にしたとき、揺らしていた足が止まりました。良い兆候です。何もしないことにかけてはベテランのベッキーが、この20分間で初めて見せた変化でした。ギデオンが言葉を続けると、ベッキーは顔を上げて目を合わせました。その目に涙があふれま

した。まもなく、ベッキーは心に秘めていた不安について話しはじめました。

推測を語っているときに、相手の態度の変化に気づいたら、それはあなたの話の方向性が正しいという合図です。同じやり方を続ければ、いつのまにか相手が会話を始めるでしょう。たとえ推測が間違っていても、相手が話を始めてくれることもあります。あなたが実際の経緯の手がかりをつかめないのを見て気の毒に思い、チャンスを与える気になったかのようです。相手の立場になってしばらく考えることで、相手は、あなたに共通点を見いだすからです。

オプション⑤　将来を示す

現在ではなく将来について話すことが、〈何もしない〉に話してもらう唯一の方法という場合もあります。〈何もしない〉は、自分が沈黙を続けるとその結果どうなるかがわかると、口を開こうという気になるのです。実際にどういう言葉を使って話すかは、相手との関係によって変わります。

■「きちんとやる」モードの〈何もしない〉には、こう言いましょう。「いいよ、話さなくても（現在の状況に融和する）。ただ、想像してくれるかな。君が話してくれないせいで、いろんなことがうまくいかなくなり、かなりの時間を無駄にすることになるんだよ」

■「仲良くやる」モードの〈何もしない〉には、こう言いましょう。「わかった、話さなくていい（融和）。でも、長い目で見れば、このまま話をしなかったら、今の関係を保てるかどうかはわからないよ」

■「仲良くやる」モードの〈何もしない〉が会社にいるときは、こう言いましょう。「わかった、話さなくていい（融和）。でも、みんなが自分だけの小さな世界に閉じこもっていたら、ここで働いていても楽しくないよ。チーム精神がなくなって、いやな感情や誤解がいっぱい生まれるだけだよ」

■敵意のある〈何もしない〉で、あなたを困らせることで攻撃しようとする人に対しては、それによって悪い結果がもたらされるという話をしましょう。たとえば、苦情処理や書類書きが発生し、上司に直接、この問題について相談するからといった話をするのです。

！警告：守れない約束はしない

口先だけの言葉を使うと、口先だけの人間だと思われてしまいます。目標は、無から何かを引き出すことで、何かから無を引き出すことではありません。〈何もしない〉の居心地が悪くなって、沈黙を守れなくなるようにするのです。

時には、〈何もしない〉がやっと口を開いたときに、明らかにしゃべりすぎると気づくことも

あります。無関係と思われる情報をたくさん与えられたとしても、言葉をさえぎって確認しようとはせずに、相手にしばらく話させましょう。そうすれば、相手も口に出して話すことに慣れていきます。相手を支配しようとしてはいけません。〈何もしない〉が話しはじめたら、耳を傾けなければなりません。

〈何もしない〉が変わるとき

継続は力なり

レイは立ち去りたいという衝動と闘っていました。心を落ち着かせながら、時間が必要だ、時間をかけるだけの価値はある、と自分に言い聞かせました。サムの言葉の一部を拾って、質問の形で返します。

「サム、『なんてこった』って、何が？（期待の表情で自由回答式の質問をする）」

サムは鋼鉄のような目でレイを見ました。一瞬、その目つきが和らいだように見えました。それからサムは気を取り直して答えました。

「わからないよ」

サムは机に戻り、また日誌を読みはじめました。レイは言いました。

「わからないって、じゃあ、わかったらどうするの？（期待の表情で質問する）」

サムは目をそらし、一瞬の沈黙のあとで、こう言いました。「こんな条件で僕たちがここで仕事ができるなんて、なんで思えるんだろう。それはただ……」

そのつぶやきはだんだん小さくなっていき、ふたたび沈黙が続きました。レイは座ったまま、心の中で最近の社内のできごとを振り返ってみましたが、そのとき気づいたのです。

「サム、これはただの僕の推測なんだけど、3カ月前の組織再編で、ふたつの部がかなり縮小されて予算がカットされたよね。あれで君は何か影響を受けたのかな？（推測する）」

レイはサムの体の動きが大きく変わるのを見ました。サムは座ったまま、落ち着かない様子で身をよじり、話したいという衝動がどんどん高まっているように見えました。それでも、サムはふたたび鋼鉄のような目つきで日誌をにらみました。

サムが心を開いて、沈黙を続けるようになった理由を話すには、ちょっとした動機が必要だと感じたレイは、将来の話をすることにしました。

「僕の推測が当たっていたら、君はあの予算縮小と人員整理で、つらい思いをしているんじゃないかな。考えてみてくれよ。君がいつまでも情報をくれないと、もっと多くの人が職を失い、この会社で君が長年つきあってきた人の将来が危うくなるんだ。君がやるべきことをしなかったせいでね。沈黙するのはそれなりの理由があってのことだと君は考えているかもしれないが、その理由はいつまでも通用する？（将来を示す）サム、どうなんだ？」

サムの心の堰が切れ、不快な思いや不安が、どっと流れ出して部屋にあふれました。サム

17
何もしない

が沈黙を続けながら悩み苦しんでいたことは明らかでした。レイは、サムがしゃべりたいだけしゃべらせました。すべてを話してしまうと、サムは少年のように恥ずかしがりながら、レイが必死に求めていた情報を打ち明けました。

レイは状況が少し好転したことを喜び、サムの率直さに礼を言って去りました。あとには、もの思いにふけるサムが、ひとり残されました。

足の火事

州の招きで講師が呼ばれ、やる気のない子どもにやる気を起こさせるセミナーが行われることになりました。対象は、絶望的な状態の8人のティーンエイジャーです。講師が聞き手を引きつけようとする手法は、どれもあまりうまくいきません。彼らにとっては講師もまた、お偉方のひとりに過ぎないのです。

講師が部屋を見回したときに目に入ったのは、ひとことも耳を貸そうとしない、敵意ある〈何もしない〉8人の姿でした。講師が背を向け、黒板に字を書いていると、急に煙のにおいがしました。見回すと、リーダーのエリックがにやにやしながらこちらを見ています。エリックは、自分の靴紐に火をつけたのでした。紐は燃え、エリックはにやりと笑いながら足を組んで座っていました。

講師は、この子どもたちが反抗を続けてきたお偉方たちの長い行列に加わりたくはありませんでした。そこでエリックの目を見つめ、にっこり笑ってこう言ったのです。

「君は熱い男だとは聞いていたけれど、今日は煙を上げているんだね（雰囲気を軽くする）」

そして講師はまた黒板に向かい、何事もなかったかのように続きを書きはじめました。子どもたちはいっせいに笑い、エリックは火を消しました。

講師がふたたび振り向いたとき、そこには、前向きに学ぼうとする8人の姿がありました。

まとめ

【〈何もしない〉が現れたとき】

■目標：説得して話をさせる
■アクション・プラン：
①時間を充分にとる
②期待の表情で自由回答式の質問をする
③雰囲気を軽くする
④推測する
⑤将来を示す

18 愚痴り屋

「ひどかったわ」とシンシアが愚痴をこぼします。

ジョアンは大きなため息をつき、目を上げてシンシアを見ると、無理に笑いました。

「そうね、ひどかったんでしょうね」

ジョアンは目の前の紙にいたずら書きを始めました。シンシアに邪魔をされるのは、午前中だけでもう5度目です。それだけではありません。ジョアンの部署にはシンシアのような人がほかに16人もいるのです。前部長はそれに耐えられず、早期退職したという話でした。ほかの部長たちの冗談だと思っていたのですが、間違いでした。本当のことだったのです。

誰かの愚痴に邪魔されずに、10分以上ひとつの仕事に集中できることなどないように思えました。「どうすれば仕事を終わらせられるの?」とジョアンは思わずにはいられません。

「シンシア、箱とグリルの件はとてもつらかったわね」

相手に調子を合わせれば黙らせることができるかと思いましたが、とんでもありませんでした。

「どんなにつらかったか、あなたは全然わかってないわよ！」

シンシアはさらに激情に駆られてしまいました。そして「だってね……」と最初からまた話しだしたのです。苦しみをさらに大げさに脚色して。

そんな愚痴はまったくの時間の無駄です。ジョアンには、その真意がまったくわかりませんでした。聞こえてくる愚痴に耳を傾けながら、ジョアンは自分自身に愚痴をこぼし始めていました。

「どうしてこの人たちはこうなの？　私が何をしたって言うの？」

私たちが耳にする不平には３つの種類があります。役に立つ不平、健康維持に役立つ不平、そして不愉快な不平です。

役に立つ不平を言う人は、手を打たなければならない問題に注意を向けさせて、不平と一緒に選択肢や解決方法を提供します。この不平は実際に、ビジネスや組織や人間関係の向上に役立ちます。というのも、たいていの人は、問題に気づいてもサイレント・マジョリティとなり、当事者に向かって不平を言わないからです。問題を指摘して同時に解決法を見つけようとする人は、同僚や家族、雇用主、企業にとって貴重な存在なのです。

もうひとつのタイプの不平は、健康の維持に役立ちます。私たちは誰でも、時には不満を発散させ、肩の荷を下ろして、それを声に出す必要があります。たまに少し愚痴をこぼすのは、現

代生活のストレスを解消するうえで実に効果的でしょう。誰かに自分のストレスについて話をすることは、鬱積した不安やためこまれたエネルギーを解放してくれます。

　第三のタイプは悩みや悲しみに振り回されての愚痴です。それは、ストレス解消にはほとんど役立ちません。ひたすら、いつまでももがき苦しみつづけるばかりです。シンシアはこのタイプの愚痴でした。決して解決法は出さず、不平によって何かを変えようとすることもありません。

「理解のレンズ」を通して見ると、この困った行動の意味がわかってきます。悲観的な態度は、無力な〈愚痴り屋〉から〈否定人〉の絶望的な確信の領域まで分布しています。どちらの態度も、「きちんとやる」という目的から生まれたものです。〈否定人〉は、できるかもしれないこと

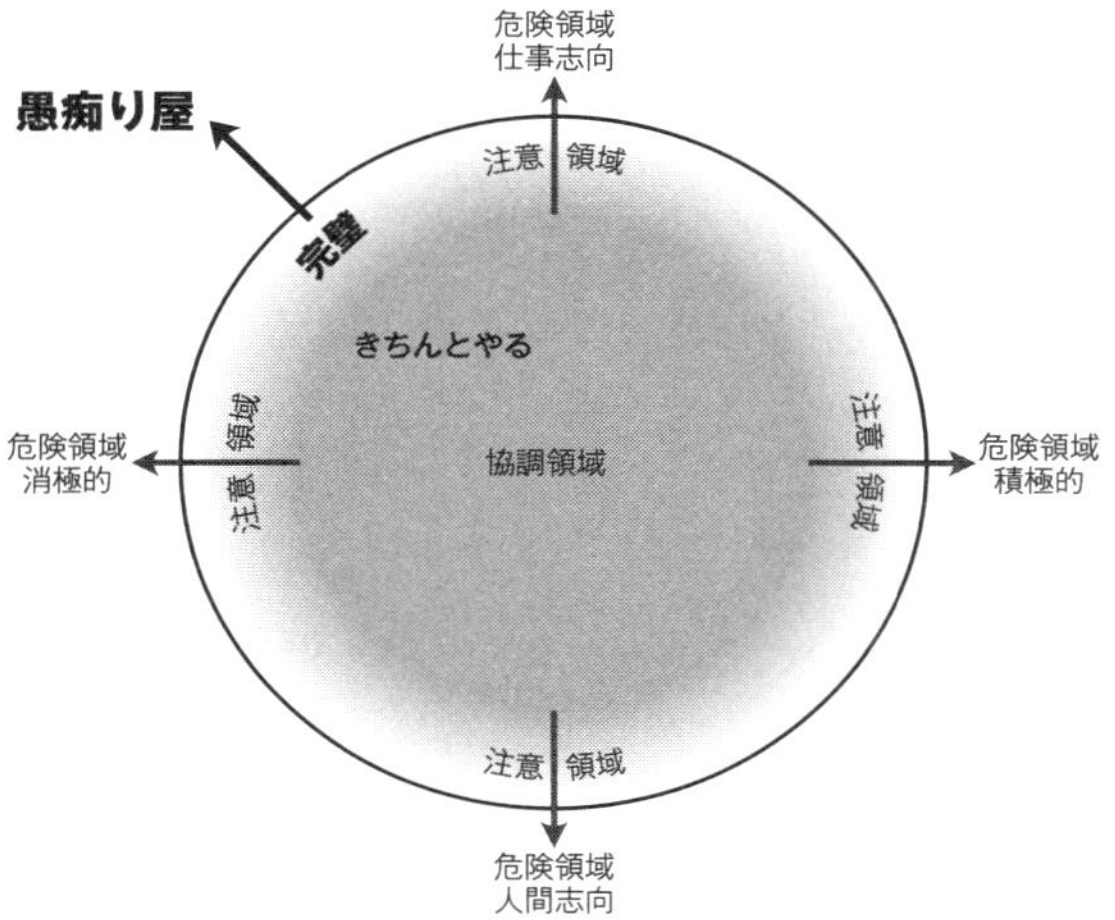

ややるべきことを考えてから、現在の様子を見て、求める水準に達していないと、あきらめて絶望的になってしまいます。一方、〈愚痴り屋〉はなす術もなく、誰かほかの人が欠陥を補ってくれるのを願っているのです。だからこそ、聞こえる範囲にいる人全員に向かって、何もかもうまくいかないという話を聞かせるのでしょう。

〈愚痴り屋〉には、現在のできごとはもっと違う形であるべきだという漠然とした意識はあるのですが、ではどんなふうに変えたらいいのかという手立てはもっていません。好ましくないものにどう対処すればいいのかまったく見当もつかず、だからこそ、あなたのもとにやってくるのです。言いかえれば、たとえなんらかの計画があったとしても、どうしたらいいのかわからないのです。この無力感のせいで、〈愚痴り屋〉は〈否定人〉に比べ、言葉の主張は弱いです。その声に、特徴的な愚痴っぽい響きを与える要素は3つあります。

■悲嘆に満ちた肩にかかる荷の重さ。問題を見つけて集めるたびに、荷物は重くなるばかり。
■打つ手は何もないというのに、困ったことをすべて話したい気持ち。
■役に立つ意見をもらえず、間違いも正してもらえないときのむなしさ。

悲観的な表現は伝染力を持ち、インフルエンザのように人々の間に広がっていきます。知らないうちに、誰もが悲観的なことを言い始めます。そんな態度が習慣になると、士気も生産性

も流砂に呑みこまれるように消えていくでしょう。

〈愚痴り屋〉への態度を変える

ジョアンのように、〈愚痴り屋〉の相手をしていると、自分も〈愚痴り屋〉になってしまうことがあります。すると、彼らの相手をする苦痛は加速的に増し、ついには、どちらが愚痴の多い人間なのかもわからなくなります。

状況をますます悪くするだけの絶望的な行為が4つあります。〈愚痴り屋〉にやってはいけない4カ条です。

❶〈愚痴り屋〉に同意しない。同意しても不平を助長するだけ。
❷〈愚痴り屋〉には反論もしない。反論しても、また愚痴を繰り返すだけ。
❸〈愚痴り屋〉の問題を解決しようとしない。それはしょせん無理。
❹〈愚痴り屋〉に、どうして自分に不平を言ってくるのかと尋ねない。彼らはその言葉を歓迎されたと勘違いし、初めからまた愚痴をすべて繰り返す。

〈愚痴り屋〉に対処するうえで、役に立つ態度は3つあります。〈愚痴り屋〉への接し方3カ条です。

❶〈愚痴り屋〉のありえない基準や永遠に続くと思われる悲観的態度に対して忍耐強く接する。
❷自分の人生をコントロールできない哀れな愚痴をこぼす人には、思いやりをもって接する。
❸〈愚痴り屋〉を解決法に向かわせる長い過程に取り組む。

〈愚痴り屋〉に対処するときの目標や戦略は、〈否定人〉への対処にも使えます。

目標：問題解決の同盟を結ぶ

〈愚痴り屋〉タイプの人に対処しなければいけないなら、目標は、彼らとチームを組んで問題解決同盟を結ぶことです（それがうまくいかなければ、彼らを追い払うことに目標を変えましょう！）。問題を解決する人と〈愚痴り屋〉の違いは、問題へのアプローチの仕方の違いです。問題を解決する人は、問題の具体的な点を見て解決法を探します。〈愚痴り屋〉は問題を見て無力感を覚え、その問題を実際よりも悪いものと見なしてしまいます。

ですから、〈愚痴り屋〉の対処法として最良であり、周囲の全員にとっても好都合なのは、問

18
愚痴り屋

題の解決方法を見つける手助けをして、その人の無力感を軽減させることです。時間をかけて継続的に行えば、この戦略で〈愚痴り屋〉が完全に立ち直れることもあります。無力感が減れば、愚痴をこぼす必要もなくなるのです。

対〈愚痴り屋〉アクション・プラン

ステップ①　要点を聞き出す

他人の愚痴に耳を傾けるのは、誰しもいちばんやりたくないことでしょう。それでも、相手が〈愚痴り屋〉の場合は、やらなければなりません。不平の要点を書きとめられるよう、紙とペンを用意することをおすすめします。理由はいくつかあります。

第一に〈愚痴り屋〉は、あなたのそういう態度を気に入ります。話を聞いてもらえていると思うからです。苦痛の詰まった袋をあなたが受け取ってサインしてくれているように思うかもしれません。次に、書きとめることで繰り返しや具体化がしやすくなります（この戦略の次の段階です）。最後に、不平の要点を書きとめることで、その不平を二度と聞かなくてすみます。相手がその不平をリサイクルして語り始めたら、すぐにわかるのですから！

ステップ② 話を中断し、具体化する

巧みに話に割りこんで、会話の主導権を握りましょう。そして、問題をはっきりさせるような質問をして、具体化しましょう。一般化することで解決できる問題はめったにありません。ただし、一般化された大量の返答への備えはしておきましょう。

あなたが「何が問題なの？」と尋ねれば、彼らは「全部」と答えます。

「だけど、具体的には何が問題なの？」と尋ねると、「いろいろ」と答えます。

いつ起きたのか尋ねると、「いつでも」。

誰がやっているのかと尋ねると「誰もが」。

そしてもちろん、「何を試してみた？」という質問の答えは、「すべて」です。

それらに応じる準備をしておきましょう。一般化された答えを3つも受けてしまうと、行き場のないいらだちが増して、一足飛びに解決法を提供したくなるかもしれませんが、それはやめましょう。この段階では、あなたの目標は単純に相手よりも長く耐えることです。

人間の行動が一般化に向かうのは自然なことです。その仕組みは誰もが知っているのではないでしょうか。2、3回たて続けに赤信号にひっかかったら、あなたはこう言います。「今日はどの信号も赤ばっかりだ」。不機嫌な人と2、3人会えば、「今日はみんな機嫌が悪い」。

〈愚痴り屋〉や〈否定人〉も同じなのですが、あなたよりもっとスケールが大きいのです。ですから、悲観的な人々に質問をするのは考古学の発掘みたいなものだと考えるといいかもしれ

ません。多くの一般化の下に、真実が埋もれているのです。すでに尋ねた質問でもかまいませんから、質問を続け、掘りつづければ、いつかは何か具体的なものを掘り当てるのです。

単純に、〈愚痴り屋〉が問題を具体化できない場合もあります。最初に詳細を調べることもなく、問題を悲嘆の袋に入れてしまったからです。そんな場合は、もっと情報を集め、指定の期限にあなたのところに持ち帰るよう、あなたが命令（あなたのほうが立場が上なら）あるいは提案（立場が下なら）しましょう。そうすれば〈愚痴り屋〉も無力な状態に甘んじず、期待することができるのです。

ステップ③　解決方法に照準を合わせる

〈愚痴り屋〉の不平の具体化に取りかかれば、相手は問題を具体的に直視することになります。あなたには何をすべきかがわかっていたとしても、口にしてはいけません。ただ、こう尋ねてください。「何が望みなの？」

〈愚痴り屋〉タイプの中には、このシンプルな質問によって、今まで向かったことのない方向に心を動かされる人もいます。実際に、実用的な解決法にたどりつくのです。そのとき、あなたは不思議に思うでしょう。どうしてこの人は、今までその解決法を思いつかなかったのだろう？　その答えは、「以前はできなかったから」です。

私たち人間は、タイミングが合わないかぎり充分に集中できないものなのです。具体化ではなく一般化にのみ注意を向けていれば、解決方法はどこにも見つかりません。ところが、問題の具体的な点にいったん注意を向けたとたん解決できるようになるのです。

あなたの質問への反応が、ただの「わからない」だった場合には、基本どおり「じゃあ、何か考えて思いついてみて。わかったら、どうなっていたと思う？」という返事をして、期待の表情で相手を見つめましょう。

それでも〈愚痴り屋〉タイプの中には、あなたの質問をじっくり考えたあげく、まったく不可能な望みのリストをつくる人もいるでしょう。たとえば、「私は3人分の仕事をしているので、あと3人雇ってください」というような。

その望みには、こう答えるしかないでしょう。「ああ、君は忙しく働いてくれてる。でも、わかっているはずだけど、あと3人は雇えるはずがない。あらためて聞くよ。何が望み？」〈愚痴り屋〉が非現実的なばかげた返事や、とても見込みのない返事をしたときには、現実を確認して相手に伝えることが重要です。ありのままに伝えたら、もう一度尋ねましょう。「そういう事実をふまえたうえで、何が望み？」

そこで〈愚痴り屋〉タイプが理にかなった返事をしたなら、次に何をするか、何をするべきかを尋ねて、解決方法に導きましょう。

ステップ④　将来を示す

無力感に襲われている人には、将来への希望を与えてあげるといいでしょう。相手が持ちだしてきた問題を解決することがあなたの責任の一部であるとわかったら、進行中の出来事の進捗状況を随時伝えなければいけません。

不平がほかの人に関するものなら、対象となる人と話し合う場を設けましょう。あるいは、その問題を調べて文書化するよう頼みましょう。相手が部下や同僚や家族の場合は、日時を設定して会い集まった情報について話し合いましょう。

たとえば、こんなふうに言うことができます。「明らかにこの問題については、君は僕よりよく知っている。今から2週間でこの問題について調べてくれないか。それから、可能性のある解決方法を3つ考えて、この日に来てほしい。そうすれば次のステップに進めるだろう」

ステップ⑤　けじめをつける

繰り返しも具体化も功を奏さず、目的意識も与えられずに、〈愚痴り屋〉タイプが解決方法を考えようとしなかったら、何らかのけじめをつける必要があるでしょう。相手との関係によって、その方法は変わります。

■あなたが上司なら、主導権を握ってきっぱりと愚痴をはねつけることが大事です。悲観的な態度は、おそらく本書に述べたほかのどんな態度よりも、全員の士気やチームワークに悪影響を及ぼします。「解決策について話したくないなら、それが君の出した答えだね。だが私はこれ以上、君の不平を聞きたくないし、君の愚痴でまわりの人を混乱させたくないんだ。もしこれが続くようなら、やむをえず……」。そして、まわりに混乱を与えつづけているところうむるであろう好ましくない結果について具体的に説明するのです。

■同僚や友人に対しては、もっと慎重になりましょう。「メアリー、あなたとの友情はとても大事よ。だけど、行動しないで不平だけ言っていても意味がないわ。問題をあげつらうだけじゃなくて、解決方法について話そうとしてくれるなら、いつでも大歓迎よ」

相手の「でも……」や「あなたにはわかってない」などという言葉で、また悪循環に引きずりこまれないようにしましょう。最後通告を繰り返して相手の言葉を妨害するのです。「言っただろう、もし君が気持ちを変えて解決方法を見つけたら、知らせてくれ」。それでもメッセージが伝わらないようなら、非言語的コミュニケーションも使いましょう。相手の肩に手を置いてドアまで導くか、自分から背を向けて立ち去るのです。

〈愚痴り屋〉が変わるとき

悩み事ノート

18
愚痴り屋

キャサリンは、私たちのセミナーの参加者でした。キャサリンは、慢性的な〈愚痴り屋〉タイプの17名の部下を受け継いでいました。前任の部長は、病気と疲労のために早期退職してしまったのです（部下に対応しているうちに体調を崩してしまいました）。

キャサリンは、自分はそんな目にあいたくはないと思い、「悩み事ノート」をつくりました。チームのメンバーに、何か問題があっても愚痴を言うのでなく、この「悩み事ノート」を使ってほしいと指示しました。ノートの使用方法はとても簡単なものでした。

①自分の名前と日付を記入する
②問題の詳細をすべて書く（具体化）
③その問題の解決方法を3つ提案する（提案がなければ、キャサリンはその不平を読まない。提案が3つあるなら、どんなに突飛なものでもかまわない）
④4つ目の欄にはキャサリンが頭文字を記すことで、その不平と提案を読んだことを示す
⑤最後は補足欄。会社の官僚主義の解決にあたって、キャサリン自身が問題に対してどう対処しているのか、現在はどのような状況にあるのかを書き込む（将来的な展望を示す）

しばらくすると部下たちは、自分たちの不平に対策がとられ、提案が実行されることに気づきはじめました。無力感はしだいに消えていき、問題にぶつかったときには、「悩み事ノー

ト」に頼らずに自ら行動しはじめました。キャサリンは誇らしげに言いました。
「問題解決のできる優秀な17名の部下を手に入れたわ」

前向きな壁紙はがし

ジョーは州政府の部長です。彼が相手にしなければならない〈愚痴り屋〉は、特定の人ではありません。無数の〈愚痴り屋〉が代わる代わる、毎日のようにオフィスのスタッフの士気を削ぐのです。一般化された言葉があちこちで飛び交います。「これがお役所というものなんですね」「何も変わらない」「誰も提言に耳を貸さないじゃないですか」

ジョーはそういった一般化が誤りだと証明し、この問題を解決しようと決心しました。そこでノートを1ページちぎり、壁に貼って、「改善状況」と見出しをつけました。それから数週間、提案を実行するたびに、その紙に書きとめていきました。3週間たつと、改善したことの証拠で紙面は埋まってしまいました。

ジョーはその紙を壁に残したまま、別の紙をとなりに貼りました。事態が改善されるたびに、ジョーはその変化を書きとめつづけました。2ページが4ページになり、8ページになって、壁は文字どおり改善事項で埋め尽くされました。

しかし、最も大きな変化は、壁に書かれたものではありません。オフィスの雰囲気が変わったのです。みな自分たちが無力ではないと気づき、役所でも改善策が実際に行われているこ

とを知ったのです。コップの水が半分しかない場所に目をとめるよりも、コップの水がいっぱいあるところを見るようになりました。かつて仕事場に漂っていた無力感は高い士気と新しい考えに変わりました。

まとめ

【〈愚痴り屋〉が現れたとき】

■目標：問題解決の同盟を結ぶ

■アクション・プラン：

①要点を聞き出す
②話を中断し、具体化する
③解決方法に照準を合わせる
④将来を示す
⑤けじめをつける

19 否定人

子どものころから、リックはホッケーが大好きでした。アイスホッケーはやらなくなりましたが、なんとか仲間を集めてチームをつくり、地元の体育館でフロアホッケーをやることになりました。メンバーには、最近移住してきたロシア人が数名います。

最初の練習で、リックはそのひとり、ウラジミールという男と口論になってしまいました。まもなく、ウラジミールは典型的な〈否定人〉であることがわかりました。ほかの選手がミスをすると必ず指摘し、そのくせ、いいプレイには何も言わないのです。

「なんで？　足、半分折れている？　走れないのか？」

「どこの言葉をしゃべれば、ちゃんとパスをくれるんだ？」

試合のたびに、ウラジミールの否定的なコメントによって、口論が起きてしまいます。

「やれやれ、なんてやつだ」とリックは思いました。

〈否定人〉は仕事志向タイプで、「きちんとやる」という目的のもと、失敗を避けようとします。

19
否定人

やるべきこと、それをやるべき場所、時間、人のすべてに完璧を求め、なかでも、そのやり方が完璧であることが重要だと考えています。他人の欠点や弱点、不手際が完璧さを妨げると、すべてが基準を満たさなくなり、〈否定人〉は絶望的になるのです。見る目があるのは自分だけだと考えているので、何かがうまくいかなくなると、あらゆる人やものに欠点を見いだします。〈否定人〉のなかには、声に出して文句を言うことにかなりのエネルギーを注ぎこむ人もいますし、完全に消極的になり、絶望して感情を見せない人もいます。思考や言葉、ときには行為を通じて、〈否定人〉は他人の希望をつぶし、創造的なひらめきの火を消してしまうという不思議な力をもっています。それはまるで、周囲の人々を失望しないように、あらかじめ希望の種を摘み取ってしまっているかのようです。「上に上がったものは、必ず落ちる」とこの人たちは言うのです。そして落ちたものは、おそらく二度と上がれないのでしょう。

　前章で述べたとおり、悲観的な態度はほかの人たちに陰湿な影響を与えます。やる気を失わせ、進歩を阻害し、人を憂鬱と絶望に導くのです。〈愚痴り屋〉の原因が無力感であるのに対し、〈否定人〉の態度の原因は絶望感です。そして〈愚痴り屋〉と同じように、その態度にも伝染性があります。そのまま放っておけば、知らず知らずのうちに、誰もがそんな態度になってしまうのです。

　それでも〈否定人〉は、わざとみんなに悲惨な思いをさせているわけではありません。言葉どおり、本当に絶望的だと思っているのです。〈博識家〉の確信と傲慢さをすべて備えつつ、ダークサイドに引き寄せられたのです。極端に悲観的な人は、過去のさまざまな状況がもたらした絶望とともに暮らしています。困難は過ぎ去りますが、そのつらさは残るのです。悲観的な人たちは、人生についての思い込みが強くなり、すべての思いを絶望の色に染めてしまいます。

〈否定人〉への態度を変える

〈否定人〉に対処するのに重要なのは、軽蔑ではなく同情心を抱くことです。長い目で見れば、忍耐することも必要でしょう。

　相手がこれまでの人生でどんな試練や苦難にあってきたのか、どんな障害を乗り越え、どんな状況を生き抜いてきたのかは知りようがありませんし、知る必要もありません。ただ、相手が気難しくなったとき、その態度の変化の原因

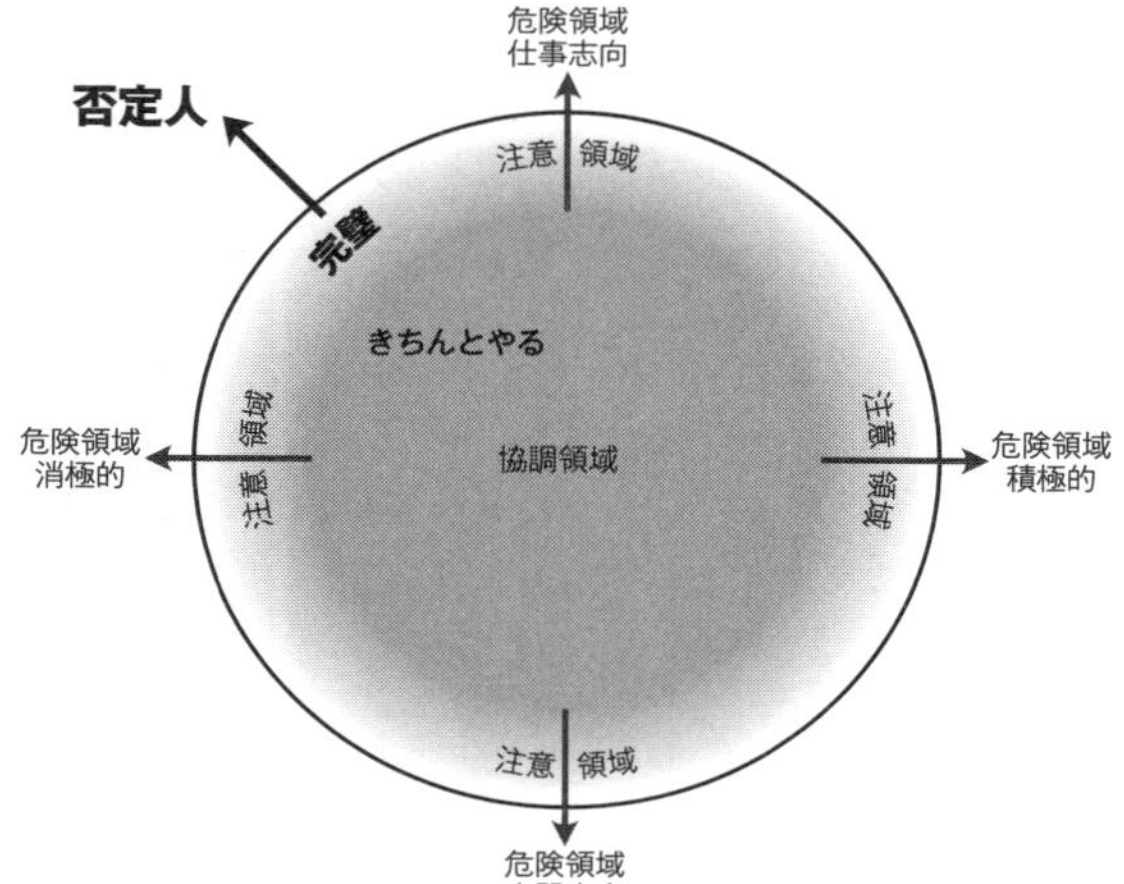

は、たいてい過去の暗い経験にあるということを押さえておきましょう。

たとえば、9章「あなたの態度を変える方法」で述べた、「解離」のスキルをおすすめします。〈否定人〉とのつきあいを、何かもっと不快なものと比較してみましょう（あなた自身があまりに不快にならない程度の何かと）。あるいは自問してみましょう。「100年後にはどうなっているか、考えてみよう」

〈否定人〉の態度に影響を与えようと必死に努力しても、何も変わらなかったように見えることがあります。それでも、忍耐強く続けましょう。態度の変化が現れるのは、カタツムリのようにゆっくりしていることがありますが、やり続ければ報いられるものです。悲観的な人が不安を忘れて新たな人生を歩みはじめる勇気をもつことができれば、それはあなたの人生におけるすばらしい成果のひとつとなるに違いない。そんな見方をすれば、〈否定人〉への対応も変わるはずです。

目標：問題解決に移行させる

〈否定人〉に対処するときの目標は、欠点を見つけることから問題解決に移行させることです。停滞から革新へ、衰退から進歩への移行です。悲観の洪水を完全に止めることはできないかもしれませんが、潮の流れを本来の方向に戻すことはできます。

対〈否定人〉アクション・プラン

オプション① 〈愚痴り屋〉に対する戦略を使う

〈愚痴り屋〉に対する戦略を使って、〈否定人〉に具体化をさせます。〈否定人〉は〈愚痴り屋〉同様、一般化の海を漂っています。しかし、〈愚痴り屋〉の一般化は無力感を引き起こすのに対し、〈否定人〉の一般化は絶望を感じさせます。どうしてでしょうか？　いったん一般化すると、それに当てはまる証拠しか気づかなくなり、反対の証拠は除外してしまうからです。〈否定人〉はすべての希望をあきらめると、その悲観的な一般化に当てはまるものすべてに気づくようになり、その結果ますます一般化を強め、確信を深めます。だからこそ、慢性的に悲観的な人のモットーは、「私は悲観的なのではなく、現実的なのだ」です。

オプション② 〈否定人〉の助けを借りる

〈否定人〉は、あなたの人生でふたつの貴重な機能を果たす力をもっています。その機能とは、あなたの人格を鍛えてくれることと、問題を早期に警告してくれることです。

筋肉をつくりたいときにはウエイトトレーニングをします。同様に、逆境が人格をつくります。ですから人格を鍛えたければ、〈否定人〉と過ごしてみましょう。

19
否定人

悲観的な人を楽観的に変えようとすれば、自分が代わりに悲観的になってしまいます。そうではなく、楽観的な態度を維持するのです。人生の難関のために訓練しているのだと自分に言い聞かせましょう。〈否定人〉は、あなたの人格を鍛える手助けをしてくれます。結局、この世界は苦難に満ちています。苦難を受け入れることで、内面の力が鍛えられます。そして精神を鍛えることは幸せな人生に欠かせないものです。

少し楽しみたいなら、次に〈否定人〉が悲観的な態度であなたを否定しはじめたら、相手の肩に優しく手を置き、目を見つめてこう言いましょう。「すばらしい働きをしてくれてありがとう」相手は混乱して、否定をやめるかもしれません。あなたのほうは、相手をまごつかせたことで気分がすっきりするでしょう。

〈否定人〉は、火災報知器の機能も果たします。問題の可能性を早期に警告してくれるのです。ある会社の役員のひとりは〈否定人〉でした。ほかの役員たちは、新しい意見や行動計画をすべて彼女に見せてチェックしてもらい、批判を聞いてから実行に移します。「すばらしいアイデアを思いついたんだけど、大きな欠陥があると思うんだ。スー、説明してくれないか」

これは重要なことです。なぜなら、質問し、耳を傾けて、充分に調べれば、悲観的な人の心配のなかに真実が見つかるからです。そういった知識があれば予防することができるでしょう。〈否定人〉は、ほかの人が見過ごしていた問題に真っ先に気づきます。〈否定人〉がそういった問題を一般化するのは確かですが、その問題を知らないために受ける傷は、〈否定人〉の悲観的な態度による傷よりずっと深いこともあるのです。

どんな人も、時には一般化をしますし、（ここに書かれた文章を含む）すべてのコミュニケーションはある程度一般化されています。悲観的な人は、問題を一般化します。何かがうまくいっていない、あるいはうまくいかないだろう細部を観察することからはじめ、やがてそれを世界のすべてに当てはめ、こう考えます。「何もかも間違っている、正しいものは何もない、きっとうまくいかないだろう」

ここであなたは、その言葉を繰り返し、具体化しなければなりません。問題を具体的に定義すればするほど、充分な解決方法が得られます。

セミナーの参加者のひとりが、夫のボブの話をしてくれました。ボブは典型的な悲観主義者だそうです。ボーイスカウトがワシントンＤＣへの小旅行を計画していたとき、ふたりの責任者が神経質になり、何かがうまくいかなかったらどうしようと心配しはじめました。彼らはボブを会議に呼びました。何かまずい点があったら、ボブがきっとそれを見つけ、計画の問題点を前もって指摘してくれるだろうと思ったのです。

確かに、ボブはそうしてくれました。そして壮大な一般化もはじめましたが、ボブの言葉を繰り返して具体化するうちに、実際に問題となりそうないくつかの可能性を前もってつきとめ、旅行を始める前に問題が起きるのを防ぐ手順を踏むことができました。

オプション③　時間をかける

〈否定人〉は、ほかの人とは違った時間の観念で行動しがちです。決断を急がせようとすると、かえって遅らせることになってしまいます。〈否定人〉はわざと時間をかけ、グループの動きを完全に止めてしまいます。ギアについた砂がやがて機械を故障させるのと似ています。そんな相手は放りだし、排除し、面前でドアを閉めてやりたくなるでしょう。しかし、考える時間を与え、ドアを開いたままにしておくのが賢明な行動です。そうすれば、準備が整ったときに戻ってこられますから。

ドアを開けたままにして、次のような言葉をかけましょう。「気が変わったら知らせてね」「解決法を思いついたら戻ってきて」「しばらくこのことを考えてみたらどうかな。問題の防止策か解決策が見つかったら報告にきてほしい」

現代では、誰もが、もっと少ない時間でもっとたくさんやらなければというプレッシャーを感じていますが、忍耐が勝利を収めるときもあります。いちばん早かったからではなく、具体的で効果的な方法をつきとめたからです。急ぎたいと思っても、出発地点でゆっくり時間をかけておくと、最後に大きな成果が得られることもあるのです。

オプション④　対極の反応を引き出す

2歳の子どもに「もう寝なさい」と言ったらどうなるでしょう？　まったく反対の反応が起

こります。「まだ寝たくない！」と。強制すればするほど、子どもは反抗します。そこでこの手法を使い、期待する行動をさせるため、反対の立場をとってこう言いましょう。「まだ寝ちゃだめだよ、一晩中起きていなさい」。すると、２歳の子どもはおそらくこう言うでしょう。「でも、疲れたよ」

ティーンエイジャーの場合も同じです。何かをしなさいと言われるのが大嫌いで、あなたとは違う存在になりたがっています。そんなティーンエイジャーに、「君の考えは間違っている」と言えば、相手はあなたのほうが間違っていることを証明するために躍起になるでしょう。敵対的な手段に見えるかもしれませんが、実際にそうなのです。これはよくある方法ですが、あなたも実際に自分で使うことができます。

〈否定人〉に対処する方法で最悪なのは、ものごとはそんなに悪くないよと説得しようとすることです。相手は対極の反応を示し、ますます悲観的になってしまいます。悲観的になればなるほど、ものごとはあなたが思うよりも悪いという考えに固執していきます。〈否定人〉を楽観的に変えようとするのは、流砂から這い上がろうとするようなもので、もがけばもがくほど埋もれていくのです。しかし、あなたが相手と同じ側の反応を見せ、それをもう少し押し進めれば、相手があなたの悲観的態度に対抗するためには、楽観的になるしかないのです。

以前、優秀なセラピストが、鬱病の患者にこの対極の反応を用いるのを見たことがあります。患者は全力を尽くして、自分が完全に絶望的だということをセラピストに伝えようとしていま

19
否定人

した。あらゆる試みが失敗に終わると、セラピストは患者に最大限の同意を示し、こう言いました。「わかったよ、君の勝ちだ。納得したよ。僕が治療に当たってきた何千人もの不幸な人々のなかで、君がいちばん絶望的で、誰よりも価値のない人間だ。回復の見込みはまったくないね」

患者はショックを受けた様子で、しばらく考えこんでから、こう返事をしました。「まさか。そんなにひどくはないですよ」

ある企業のCEOを務める知り合いは、アシスタントに不平を言っていました。「社員たちは無能で何ひとつまともにできない。まったくの役立たずだ」と言うのです。アシスタントは熱心な表情で提案しました。「そのとおりです。全員、表に出して、撃ってやりましょう。そして建物も焼き払いましょう！」。CEOはその意見に笑いながら、こう認めました。「わかったよ。そんな仕打ちをするほどは悪くないね」

〈否定人〉の対処に対極の反応を適用する方法には、2種類あります。ひとつは、相手より先に悲観的な意見を言うことです。「私の意見ですが、ここに問題があると思います」。それを聞いた〈否定人〉は、あなたが現実的な見方（間違いを見つける）をしていると思い、その修正方法を指摘するでしょう。

対極の原則を使うもうひとつの方法は、状況が絶望的であると認め、さらにもう一歩進めて挑戦的に主張することです。「君の言うとおりだ。絶望的だね。実際、君でも問題を解決する方法は見つけられないだろう」。いきなり、〈否定人〉が反対側に回って、やりとげられるよ、やり方もわかる、と言い出しても驚かないでください。

オプション⑤　ポジティブな目的を認める

悲観的な行動のポジティブな目的を指摘すれば、〈否定人〉は自分でもその目的を認めるようになります。そして、実際に役立つような方法に分析的な完璧主義を発揮します（８章参照）。〈否定人〉に指摘できるポジティブな目的をいくつか挙げてみましょう。

「そんなに高い基準をもっているなんて、すばらしいね」
「問題を指摘してくれてありがとう。おかげで解決方法を考えられるよ」
「避けなければいけない落とし穴に気づかせてくれたこと、感謝するよ」

ポジティブな目的を指摘するときには、信頼感が出るよう重みをもって語ってください。長い間その態度を保つには、かなりの忍耐が必要でしょう。それぞれのポジティブな目的によって、〈否定人〉をポジティブな方向に押しやることができると考えましょう。たとえ悲観的な人でも、自分を破壊的だと考えるより建設的だと考えるほうを好むものです。悲観的な行動のポジティブな目的を指摘されても、それを否定することはあまりないでしょう。そしてあなたが

指摘を続けるうちに、やがてその指摘を自分のものとして建設的な行動をとるようになるのです。

〈否定人〉が否定した仕事がうまくいったときには、「だから言っただろう」と言いたくなる気持ちを抑えて、〈否定人〉も成功の祝いに招きましょう。たとえ〈否定人〉がプロジェクト全体のお荷物だったとしても、努力して勝利を導いてくれたチームの一員であるかのように話し、行動しましょう。それによって〈否定人〉が影響を受けるだけでなく、ほかの人が〈否定人〉に対する見方をすっかり変えてしまうこともあるのです。

あるチームリーダーがこの方法を使いました。チームが４つの賞を取った祝宴のあとで、〈否定人〉はみんなにこう言いました。

「チームの功績がこんなに認められて感動したよ。長い間、真実だと思っていた、たくさんのことに疑いをもつようになったし、結局、君たちのほうが正しいのかもしれないと思うようになった。この件が証明してくれたかもしれない……何かをなしとげることは可能だし、いつも失望に終わるわけではなく、人は困難に取り組んで打ち勝つことができるということをね。そうかもしれない。まだ疑いはあるけど、まあいいか」

そう、大きな変革も、こんな小さな変化から始まるのです。

〈否定人〉が変わるとき

アメリカとロシアの緊張緩和

最初の試合で、リックはウラジミールの批判的な態度に反応しないように努めました。けれども、知らず知らずのうちに言い争いが起き、嫌な気分で試合を終えることになりました。ロシア人に会ったのは初めてなのに、もうそのひとりとの戦争が始まってしまったのです。

リックは平和的共存という目標に向かって努力することを決めました。平和は個人の努力から始まるものであり、なんといってもリックは、「最悪の状態の相手から最良を引き出す」本の共同執筆者なのですから。次の試合で、リックはウラジミールと同じチームでプレーすることを提案しました。

驚いたことに、ふたりのスキルは相手を補い合うもので相性はとてもよかったのです。ウラジミールはホッケーに関して完璧主義者ですが、リックもそうです。ふたりとも、勝利よりもよい試合ができることのほうが大事だと思っていますし、いいプレーを組み立てるのが大好きでした。

リックはやっと、ウラジミールがほかの選手に抱くいらだちを理解できました。選手の半分は、ただ勝つことだけを求め、勝ち方は気にしていません。残りの半分は自分が何をして

19
否定人

いるのかわかっていないのです。だから、ウラジミールは批判的になってしまうのです。皮肉なことに、リックにとって最も「困らせる人」になると思っていたウラジミールが、一緒に最も楽しくプレーできるホッケー仲間だったのです。

ふたりは一緒にすばらしいプレーをしました。残った問題は、ほかのメンバーをチームに引き留めることでした。メンバーのだれもが、ウラジミールのひっきりなしの批判の相手をするのを嫌がっていたのです。

ある日、リックはウラジミールに言いました。

「思うんだけど、君が懸命にみんなにうまいプレーを教えてやろうとしているのはすばらしいね」

もちろん、ウラジミールは戸惑いました。「なんだって?」

リックは説明しました。

「ほら、みんながもっといいプレーをできるようにと、君はすごく熱心じゃないか。かなりの時間をかけて間違いを説明してやっている。ちゃんとプレーできるように教える気がなければ、そんな面倒なことするわけないだろう?」

ウラジミールは答えました。「そうかも」

ポジティブな目的の指摘が効果をあげるには何度も繰り返さなければなりません。ホッケーでウラジミールが誰かの批判を始めるたびに、リックは彼に近づいてこう言いました。「あいつを助けてくれてありがとう」「よかった、あいつもこれで次にどうすればいいかわかったはずだ」「もうすぐ、みんながパスできるようになるね」などなど。

ポジティブな指摘を毎週2回、2時間ずつやり始めてから3週間後、ロッカールームで、リックは結果を試してみることにしました。「ウラジ、君は一生懸命みんなに教えようとしてるよね？」

ウラジミールは答えました。「ああ、そうだよ。それで？」

〈否定人〉がポジティブな指摘を受け入れたなら、次はその評価を知りたくなるものです。

そこでリックは言いました。

「でも、誰も上達していないってことに気がついた？」

沈黙が生まれ、ウラジミールは考え込みました。そして心配そうに言いました。

「そうだ、リック。どう思う、みんなは馬鹿なんだろうか？」

リックは笑いを押し殺して言いました。

「馬鹿かどうかは知らないけど、コミュニケーションに関して言えば、君のやり方でうまくいかないいなら、ほかの方法を試したらどうかな。僕たちはみんなに、間違ってるところを指摘してきたよね。これから2週間は、正しい方法を教えるだけにして、違いがあるかどうか見てみないか？」

もちろん、ウラジミールはそのやり方にあまり期待しませんでしたが、やってみるとは言っ

てくれました。すると、面白い結果が出ました。正しい方法を教えると、みんなは正しくプレーするようになったのです。間違ったプレーを指摘すると、みんなは同じ失敗を繰り返しました。ウラジミールはどんどん肯定的な態度をとるようになり、教え方はさらに建設的になりました。

みんなのプレーが上達するにつれ、かつて〈否定人〉だったウラジミールは、チームの大事なメンバーになっていました。

ネガティブの瓶

慢性的に士気の低い職場の管理職として雇われた部長の話です。彼は、不平や悲観的態度に対処するすばらしい方法を編み出し、実行しました。

社員が否定的な言葉や考えを口にしたり、改善策もなしに愚痴だけをこぼしたりしたら、「ネガティブの瓶」に25セント硬貨を入れさせることにしたのです。それはただのピクルス用の大きな瓶で、ピクルスのにおいがまだしみついていました。その瓶にたまったお金は、毎月1回、金曜日に開かれる社内パーティーの費用に充てられました。

ふたつのめざましい効果があらわれました。ひとつは、瓶がたちまちいっぱいになって、社員は自分たちがどれほど否定的だったかに気づきはじめたことです。この視点は、社員に大きな影響を与えました。みんなが苦い表情をするようになったことに気づき、その原因を考えはじめたのです。

もうひとつは、月に一度のパーティーが社員の士気を上げ、みんなを楽しませるようになったことです。その結果、社員はパーティーの規模と質を上げようとして、いろいろなできごとの欠点を大げさに吹聴して、瓶にもっとお金を入れるようになりました。

否定的な空気が消えると、職場の雰囲気は劇的に改善されました。パーティーの曜日は金曜日から月曜日に変わりました。部長は会社にかけあって、生産性向上の見返りとして、パーティーの費用を出してもらえるよう話をまとめました。

あのピクルスの瓶はキャビネットから姿を消しましたが、代わりに記念としてクッキーの瓶が置かれました。そのふたには「すべての雲の裏側は銀色に輝いている」と印刷されています。

まとめ

【〈否定人〉が現れたとき】

■目標：問題解決に移行させる

■アクション・プラン：

①〈愚痴り屋〉に対する戦略を使う

②〈否定人〉の助けを借りる
③時間をかける
④対極の反応を引き出す
⑤ポジティブな目的を認める

20 裁判官

フクロウのオリビアと、コマドリのロビン

「こんにちは、オリビアおばさん」

ロビンがさえずりました。

「ホーホー、誰かと思ったら、お気に入りの姪っ子、コマドリのロビンだね」

フクロウのオリビアが答えました。

ロビンは正面の枝にとまって、オリビアおばさんの大きな黄色い目をじっとのぞきこみました。オリビアおばさんのことは生まれてからずっと知っていますが、それでもまだ、おばさんがまっすぐ見つめてくる目つきには、ちょっとドギマギさせられます。それはまるで人間みたいで、首の羽毛がぞくぞくしてしまうのです。けれども、ひとつだけ確かなのは、オリビアおばさんの突き刺すような視線は、相手を見通すことができるということです。

「おばさん、パーティーに行かれたそうですね。いかがでした？」

「食べ物はひどかったよ。木の実は固すぎて、みんな割るのに苦労していたね。もちろん、オ

20
裁判官

オハシのタラは別だけど。あの鳥のくちばしってとても信じられない。それにあの色ときたら！　あきれたもんだ！　たぶん、ジャングルではみんな、ああなんだろうね。だけどこの森であんな格好をするなんてありえないよ」

「おばさん、パーティーで何かお気に召したことはありませんでした？」

ロビンは明るく尋ねました。

「あんな食べ物を出すパーティーが気に入るわけないだろう？　たとえば、パーティーでは虫を出さないのは知っているだろう。すぐに腐っちゃうからね。どれもこれも種ばっかりだ。野ネズミ1匹いやしない。私は肉食系の鳥なんだよ。あそこにいたのは、ケチっている鳥ばかりだったね」

ロビンが返事をする前に、オリビアおばさんは続けました。

「カモのデイジーとダリアを覚えているかい？　お前の遠い親戚だよ。あの子たちも来ていたね。水鳥だってことは知っていたけど、いくら水に浮かなきゃいけないからって、あんなにお尻が大きくなきゃいけないとはね！　あんな格好でいるなんて、ホーホー、ほーんとに理解できないよ」

ロビンは枝の上でもじもじしました。オリビアおばさんが親戚をこきおろすのを聞きたくなかったのです。けれども、おばさんは何も気づかずに言葉を続けました。

突然、おばさんははっと感覚を研ぎ澄ませ、遠くを見つめました。ロビンには何も見えませんでしたが、おばさんは言いました。

「見ちゃいけないよ。口もつぐんで。アオカケスのベティがやってくる」

遠くから、大きな鳴き声が聞こえました。ベティです。

「こんにちは、オリビア！　こんにちは、ロビン！」

「ホーホー、こんにちは、ベティ」

2羽が答えると、ベティはひらりと飛んできて、またひらりと姿を消しました。

「おやおや、すてきな格好だね！」とおばさんが声をかけました。ベティの姿が見えなくなると、おばさんはロビンのほうを向いて言いました。「なんて情けない！」

しかし、ロビンにはおばさんの言葉がほとんど聞こえませんでした。耳をつんざくような音が頭上に響いたからです。見上げると、30羽以上のカラスの群れが見えました。大きな鳴き声をあげながら何度か旋回したかと思うと、地平線に向かって飛んでいきました。オリビアおばさんはつぶやきました。

「やれやれ、いいかげんにしてほしいよ。カラスたちはやっかいごとを引き起こすからね。あいつらはゴロツキ鳥の集団だ。やかましい音を立ててさ。私たちの耳の器官は飾りだとでも思っているのかねえ？　見てごらんよ。自分たちのことをすごく強いと思いこんでさ、あんな黒い羽毛のジャケットを着て飛び回ってるんだ」

ロビンはますますもじもじしました。群れのリーダーとデートしていることを、おばさんに知られたくはありません。おばさんはロビンに非難の目を向けてくるに決まっています。

ロビンはそわそわと「じゃあ、おばさん」と言いました。「ご一緒できて楽しかったです。もう行かなきゃ!」

「わかったよ、ロビン。待って、後ろを向いてごらん。尾羽を整えてやろう。お前は春の象徴なんだ。だらしない羽でそこらを飛んでちゃいけないよ」

飛び去りながら、ロビンは考えずにはいられませんでした。私がそばにいないとき、オリビアおばさんは私のことをどんなふうに話しているんだろう?

20
裁判官

どんな人も、〈裁判官〉の基準を満たすことはできません。〈裁判官〉は批判の言葉を並べたてながら判決を下します。失敗を批判し、完璧さにこだわり、自分の判断に確信を抱いて、〈裁判官〉はあなたに有罪を宣告し、非難という牢獄での懲役を言い渡すのです。

「理解のレンズ」で見ると、〈裁判官〉の行動は「きちんとやる」という積極的な目的から生まれていることがわかります。

「きちんとやる」という目的があなたを困らせる行動につながるプロセスには2種類あります。

■目的が脅かされる　↓　間違いを恐れる

■目的を指摘される　↓　ほかの人の間違いを暴く

〈裁判官〉の行動は、「きちんとやる」モードの人が、ある状況で本当に正しい判断を決める法廷の椅子に座ったときに始まります。誰か、あるいは何かが場違いだったり、調和を乱したり、〈裁判官〉の高い基準を満たさなかったりしたときに、観察が行われます。何かが間違っている！そのとき、〈裁判官〉の目的は無慈悲でこだわりの強い完璧主義に変わり、批判と見下すような態度となって表れます。

〈裁判官〉の領域：無罪か、有罪か

〈裁判官〉の法廷では、あなたは無罪か有罪のどちらかです。判決がグレーゾーンになることはほとんどありませんが、開廷の方法にはいく

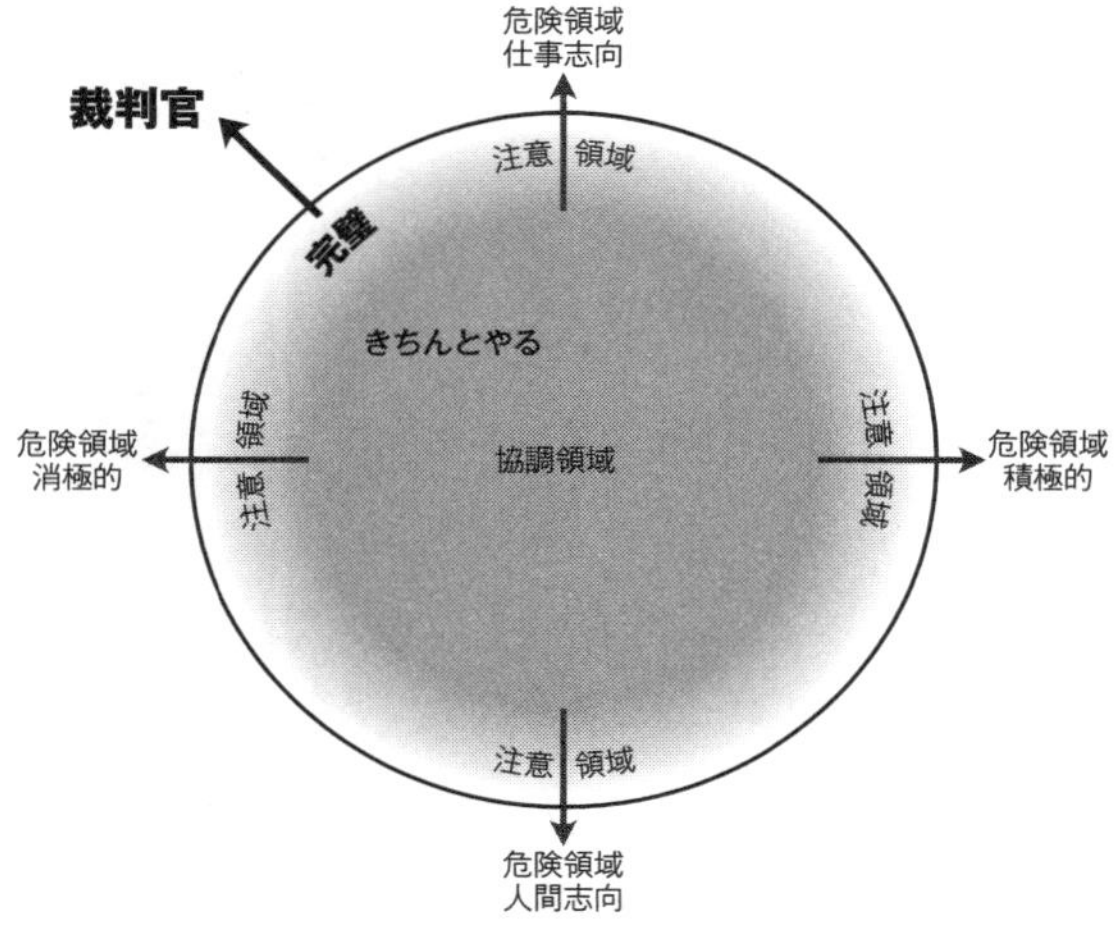

20
裁判官

つかの種類があります。

少額訴訟タイプの〈裁判官〉は、誰かの失敗を別の誰かに訴えます。証拠を提出し、判決を下してから、噂という形でその判決をほかの人に伝えます。

あら探しタイプの〈裁判官〉は、潔癖症の人のように清掃を続け、たいして重要ではない詳細にこだわります。この〈裁判官〉は法廷の秩序を好みます。混乱を防ぐ壁を築くときには、カーペットや家具をビニールで覆ってから、誰にも乱されないように部屋を封鎖します。

絞首刑タイプの〈裁判官〉は、あなたが何かに反対すると、厳しい罰を与えてきます。狭い見方にとらわれ、ルールを押しつけ、あなたが申し立てを主張しようとすると、小槌を叩いてあなたの声をかき消します。絞首刑タイプの〈裁判官〉がいる法廷では、〈裁判官〉の判決が絶対なのです。

皮肉屋タイプの〈裁判官〉は、何かを傷つけることだけを求め、人間は利己的な動機でのみ動くと考えています。

最後の、**保護観察官タイプの〈裁判官〉**は、自分の領域にいるあなたを監視したがります。保護観察官はあなたに、やってはいけないこととやるべきことを教え、失敗が起きる前に知らせ、認められていない行動をとるとどんな運命が待っているかを語ります。そして、あなたはどんなに努力してもうまくいかないし、今後もうまくいきそうにないことを教えます。

そういったあなたを困らせる行動は、〈裁判官〉自身と、〈裁判官〉に対処しなければならない人の両方に害を及ぼします。世界は〈裁判官〉の基準を決して満たさないので、〈裁判官〉は常に苦痛にさいなまれることになるでしょう。また、裁かれる側は努力しても無駄だと思い込み、皮肉になったり感情をなくしたりしてしまいます。どんなに努力しても充分ではないからです。

〈裁判官〉への態度を変える

自己防衛的になると、自分自身に有罪を宣告することになります。何も言わずにいると、有罪に見えてしまいます。しかし、〈裁判官〉を正す必要はありません。自分で自分を正せばいいのです。自己防衛の優先度が最も高く、〈裁判官〉に法廷侮辱罪に問われたくなければ、たとえ〈裁判官〉に誤った扱いを受けても、相手を正したいという気持ちはあきらめましょう。その代わり、自分自身を正すのです。

〈裁判官〉への対処において重要な態度は、自分の心のなかでその有罪判決に反対することです。そのためには、有罪判決に対する前向きな推論を自分自身に語りかけましょう。

■もし〈裁判官〉が「あなたはひどい友達ね」と言ったり、ほのめかしたりしたら、自分自身にこう言いましょう。「私はいい友達だし、だからこそまだ電話を切らないでいるのよ」

■もし〈裁判官〉が「あなたが何もかもめちゃくちゃにした」と言ったり、ほのめかしたりしたら、自分自身にこう言いましょう。「私は自分がベストを尽くしたことを知っている」

■相手が「30分もあなたを待って、荷物を下に置いたから忘れてしまったの。あなたのせいよ」と言ったり、ほのめかしたりしたら、自分自身にこう言いましょう。「私のせいじゃない。荷物を置いたのは彼女よ」

そうすることで、自分の見方や考え方を守ることができるでしょう。自分自身を励ませば、憂鬱な批判にさらされても、考え方をしっかりと保つことができます。

あなたの態度を見れば、防御しなければならないものは何もないとわかりますし、あなたには後ろめたいことも何もなく、あなたにも言い分があるとわかるはずです。論理の飛躍がないように気をつけましょう。ゆっくりと段階を踏むことが重要です。

その意味では、茶化すような冗談も役に立つでしょう。その訴えがあなたには当てはまらないと示していることになるからです。ただし、辛辣なことを言うのは避けましょう。あなたが提訴するときには、こんなふうにしなければなりません。「証拠を慎重に調べてください。私が申し上げることを考慮されれば、正しい結論が導かれると確信しています」

少なくとも最終弁論までは、私情をはさまないようにしましょう。看守をやりすごし、法廷でうまくやるためには、冷静で論理的で理路整然とした継続的なアプローチが最上の方法です。

■判決には疑問を呈さない

そんなことをしたら、〈裁判官〉は侮辱罪で罰金を言い渡すでしょう。〈裁判官〉が間違っていると言えば、たとえ意図的でなくとも、法に反することになります。〈裁判官〉の言葉は相手のものの見方を反映していると考えましょう。あなたは〈裁判官〉に反論するためにそこにいるのではなく、新たな証拠を提出したり、事実に新たな解釈を与えたりするためにいるのです。

目標：判決を破棄させる

「きちんとやる」モードの〈裁判官〉が法廷に座ったとき、あなたが訴えられた理由が、裁判所が出した完璧主義的な命令に従わなかったことにあった場合は、弁護の準備をしましょう。ただし、自己防衛的になってはいけません。目標は判決を破棄させることです。

対〈裁判官〉アクション・プラン

オプション① 判決を受け入れてあきらめる

この選択肢は、少額訴訟タイプの〈裁判官〉に大きな効果があります。時には、〈裁判官〉の気持ちを変えようと時間をかけてエネルギーを消費するよりも、判決を受け入れてあきらめたほうがいい場合もあります。この選択肢を選ぶなら、〈裁判官〉のポジティブな目的に感謝してから自分の道を行きましょう。

「あなたの気持ちを正直に話してくれてありがとう」
「私にそれを気づかせてくれてありがとう」
「思いやりのある提案に感謝します」

判決を受けたのがあなたの家族だった場合は、次のようになります。

「彼らの人生がうまくいくように願ってくれてありがとう」
「あなたの考えを教えてくれてありがとう」
「あなたの洞察に感謝します」

そして話題を変え、立ちあがって去るか、相手に何かを提供しましょう。〈裁判官〉のポジティブな目的を指摘して、判決から身をかわしましょう。あなたの邪魔がなくなると、〈裁判官〉は自分自身や自分が下した結論のことを考えはじめるかもしれません。

オプション② 話し手に戻す

この選択肢は、あら探しタイプの〈裁判官〉に効果があります。〈裁判官〉が過去にあなたの大事な人たちに下した判決（批判）について聞かされるのにうんざりしたら〈裁判官〉に頼んで、その判決を差し戻すことができます。

批判を受けた人が、〈裁判官〉の法律に縛られたくないのは、あなたにとっては明らかでしょう。しかし、〈裁判官〉にとっては明白ではないかもしれません。なぜなら、〈裁判官〉は自分がつくった内なる法律書を参照していて、ほかのみんなもそのコピーを持っていると誤解しているのです。誰もそんな本は持っていないと教えるには、〈裁判官〉が判決を下す権限について穏やかに繰り返し、質問をするのがいちばんいいでしょう。

最初に判決内容（批判）を繰り返せば、〈裁判官〉には、あなたが具体的に何の話をしているのかわかるでしょう。〈裁判官〉が使った言葉をできるだけ多く使いましょう。そうすれば失敗はなくなります。

「あなたは、そんな顔の人は人前に出るべきじゃないって言ったわね。知りたいんだけど、あなたはどうしてそんな結論に至ったの？　誰のせい？」

「あなたは、黙って口ごたえしないのが正しいって言ったわね。どうしてわかるの？　誰が正しいって言ったの？」

もし返事が一般化されていて、「誰でも知っている」といった答えなら、具体例を尋ねましょう。〈裁判官〉が「みんなだ」と答えたら、「具体的には誰？」と尋ねるのです。答えが「いつも」なら、「具体的にはいつ？」と聞き返しましょう。〈裁判官〉が「そんなの常識だよ！」と言えば、その言葉を繰り返して、「誰にとっての常識なの？」と尋ねます。〈裁判官〉が「常識のある人全員」と言えば、「具体的には誰が常識と見なしてるの？」と尋ねましょう。

会話がふたたび法廷に持ちこまれるまで、何度も質問を続けましょう。質問に対する答えが「僕だ」だったら、それはふたたび会話が法廷に持ちこまれた合図です。

オプション③　上訴する

絞首刑タイプの〈裁判官〉を相手にしているとしましょう。あなたやあなたの家族について、否定的な言及がなされました。家族はその判決のせいで、〈裁判官〉につらい目にあわされています。判決には、比較する言葉が含まれています。「あなたはやりすぎる」「あなたは何もしなさすぎる」「充分じゃない」「近づいてすらいない」などなど。どの場合も、あなたは〈裁判官〉の判決を不服として上訴することができます（心のなかの裁判所ですよ！）。

絞首刑タイプの〈裁判官〉に上訴が可能なのは、〈裁判官〉の意見を否定する新たな、あるいは未審査の証拠がある場合のみです。たとえば、もし〈裁判官〉に「あなたの娘さんは体重を減らそうともしていないね」と言われた場合、娘が体重を減らすためにどんなことをしているかを知っていれば、それを新たな証拠として提出できます。あなたが新たに提出する情報に〈裁判官〉がなぜ気づかなかったかという理由を示しながら、誘導尋問をします。あなたの情報は〈裁判官〉に対して、その一般化が正確でないことを明らかにします。

「これはあなたにとって重要なこと（ポジティブな指摘）。あなたは娘がこの3週間、砂糖と糖質を断っていることを知らないのね？（新たな情報を導く誘導尋問）あの子はいつもその話をしているし、ダイエットが難しくてとても苦しんでいるけど、それでも耐えているのよ。そんな娘を誇りに思うわ。やりとげるには大変な苦労をともなうことがわかっているから」

そして、もし代わりの提案ができれば、それによって、〈裁判官〉を判決から建設的な行動に移らせましょう。あなたの情報が確かで、性格証人としての陳述が良いものであれば、〈裁判官〉の考えに影響を与え、未決勾留期間まで減刑してもらえるかもしれませんし、少なくともしばらくは厳しい批判は弱まるでしょう。

判決がほかの人に向けられたもので、その恐ろしい状況を手助けしたいと思ったら、公の場

で上訴を試みてみましょう。判決を下された人に優しい言葉をかけ、その成功や進捗について尋ねてみましょう。

外見を批判された人には、「あなたは本当にすてきなのに。あなたはどんなことをしているの？　何でもいいからそれを続けてね」、仕事ぶりを批判された人には「最近、とてもいい仕事をしていることは知っているよ。ほかには何をしている？」などと言えばいいでしょう。

しかし、もしその批判が直接あなたに向けられたなら、心のなかの上級裁判所に上訴しましょう。これは、本章ですでにお勧めした方法です。〈裁判官〉の判決に反対し、自分で自分に影響を与えましょう。もし〈裁判官〉が外見のことであなたを批判したら、心のなかで自分を励ましましょう。「私は大変な努力をして対処しようとしている。そして進歩している」、もし〈裁判官〉が「君のせいだ！」と大声で言えば、「私はベストを尽くしている。その非難を受けるべきは彼であって私じゃない」と自分に言いましょう。

おそらく、〈裁判官〉にそれを口に出して告げることはできないでしょう。〈裁判官〉には真実を扱うことはできませんから。ですから、必ず自分自身に告げるようにしましょう。そうすることで、〈裁判官〉の否定的な評価から逃れて、事実を知っているという強みを持ち、〈裁判官〉の批判的な行動があっても、相手の存在に集中することができます。

長い目で見れば、それは〈裁判官〉の意見にも影響を与え、あなたは自分の運命を自分で管理しつづけることができるでしょう。

オプション④　対極の反応を引き出す

よくある失敗は、〈裁判官〉の考えを変えようとすることです。上訴が認められるのでない限り、それは時間の無駄です。しかし、〈裁判官〉の判決を意図的に使って、〈裁判官〉の攻撃的な行動を防御の姿勢に変えることはできます。

幸い、〈裁判官〉は〈否定人〉と同じく対極の反応が強いです。矛盾しているようですが、他者を批判する人は自分が批判されることを激しく嫌います。単純に相手に圧力をかけて、起訴する立場から追い出しましょう。相手の言葉をもらい、対極の方法を使って、疑問の形で発言すればいいのです。例をふたつ挙げてみましょう。

［例1］

裁判官「ジェフは大学の勉強に熱心じゃない。いつも遊んでばかりで、それなのに何の問題もないような態度をとっている。一家の恥さらしだ」

あなた「ジェフはわざと一家に恥をかかせようとしていると思う？　愚か者だと思っているの？」

裁判官「いや、そうは言っていないよ」

［例2］
裁判官「ロレッタは他人の目に無関心だ。いつもひどい格好で恥ずかしいよ」
あなた「あの子は自分がどんな格好か知らないと思っているのね？　そんな格好をしたがっているのと思うのね？　そんなふうに見られるのを嫌がっているとは思わないのね？」
裁判官「いや、違うよ。もちろん嫌がっているさ！」

どちらの例でも、〈裁判官〉は質問に反対し、自分のもともとの批判とは対極の意見を述べています。これが、対極の反応のいいところです。相手を説得する必要はありません。相手自身に説得させるのです。
ここで、〈裁判官〉の新たな立場をさらに強めましょう。

あなた「あなたがわかってくれていて、安心したわ」

そうすることで、〈裁判官〉が協調領域に戻る可能性があります。〈裁判官〉はたいてい自分の無力さを後悔し、さらによい変化が起きるでしょう。今こそ提案をするときです！

裁判官「ただあの子に、僕の話を聞いてほしいだけなんだ」

あなた「こういう状況でうまくいく方法は、励ましてやることよ。嫌な気分のときには自分を変えられないもの。うまくいくと感じたときに成功を積み重ねるのよ」

オプション⑤　全体像をちらりと見せる

時には問題の〈裁判官〉に、あなたの行動は自滅的だが真実を告げ、より良い代案を出さなければならないときもあります。まずは、相手のポジティブな目的を認めることから始めましょう。相手があなたのことや品質や、きちんとやることに気を配っていることに感謝するのです。それから、人々の反応によってその人自身の目的が果たせなくなる経緯を説明しましょう。すばやく、もっとうまくいきそうな方法の説明に移るのです。

全体的には、どのタイプの「困った人」に対するときも同じですが、率直さが重要です（7章の「率直に告げる」を参照）。率直に告げるときの目標は、〈裁判官〉に全体像を見せることです。

■あなたのポジティブな目的を話す
■あなたを困らせる行動を具体的に挙げる
■相手の行動が自滅的であることを示す
■新たな行動や選択肢を提案する

■行動の変化を強める

これらの行動のなかでも、〈裁判官〉にとっては特に次のふたつが重要です。

❶あなたのポジティブな目的を話す

変わろうとする意欲を起こさせるには、ものごとの是非に対する〈裁判官〉の関心を認めることが重要です。次のことに対して、あなたの感謝を伝えましょう。

「彼女に正しい行いをさせたいと思ってくれたこと」
「彼の外見に気を配ってくれたこと」
「これがうまくいくようにと思ってくれたこと」
「私にいい人生を送らせたいと思ってくれたこと」
「私に充実した人間関係を築かせたいと思ってくれたこと」

❷あなたを困らせる行動を具体的に挙げる

〈裁判官〉の行動の自滅的な結果を明らかにして、変化することの利点を示しましょう。〈裁判官〉は細部にこだわって、全体を見落とす可能性があります。相手の行動が自滅的であることを示す、明快な例を挙げましょう。

「あなたがこれをすると、こんなことが起きますよ」

「大切な人に向かって他人の批判をすると、その人は、自分も陰口を言われるのではないかと心配になり、あなたから離れたくなります。大切な人を失ってしまいますよ」

「彼女はいい人でいようと努力していますから、あなたがこんなことを言っても何も言い返しません。でも、私にはわかっています。彼女はあなたの言葉を自分のなかに取り込み、自己嫌悪に陥っています。それによって自己評価がさらに低くなり、正しい選択ができなくなるのです」

〈裁判官〉が変わるとき

フクロウのオリビアと、コマドリのロビン

南に大移住する日がやってきました。渡り鳥たちは定住の鳥たちに別れを告げています。コマドリのロビンは、この日のために1カ月も前から準備していました。心配だったのは移住のことではありません。これまで何度もやっていますから、目をつぶってたってできます。けれども今日は、オリビアおばさんとお別れするときに、おばさんの批判的な言動について話をするつもりだったのです。

ロビンは近くの枝に降り立ち、さえずりました。

20
裁判官

「こんにちは、オリビアおばさん！」

おばさんは黙ってロビンを見ました。まばたきもしない大きな黄色い目が、じっとロビンを見つめます。ロビンは怖じ気づき、決心がゆらぎました。

やっとおばさんが口を開きました。

「おや、あいさつに来る礼儀を心得た者がいてくれて嬉しいよ。カモのダリアとデイジーはもう行っちまった。もちろん、あんなに太ってちゃ、よけいに時間がかかるだろうからね。あんたの兄さん、レイは見かけたかい？　私は見ていないんだけど。ガラス窓にぶつかって目を回しちまったのかもしれないね、この前みたいに。ずっと地面に倒れていたんじゃ、どこかの家猫に食われてもおかしくなかったよ。あんなに無鉄砲に飛び回ってたんだから当然の報いだね。ホーホー、ほーんとにね！　もしかしたら、あのときの衝撃で礼儀を忘れてしまったのかもね。ガンの連中ももう飛んでいったらしいよ。ガビーもガーティーもあいさつなしだった。カナダガンは地元の連中よりは多少礼儀正しいかと期待していたんだけどね」

ロビンは、〝チキン（臆病者）〟になってはいけないと思いました。話をしなければなりません。絶え間ない批判にはもう耐えられないのです。おばさんのことは大好きでしたし、おばさんのためだとも思いました。ほかの大勢の鳥たちのように、おばさんの前から永遠に姿を消したくはなかったのです。ロビンは深呼吸しました。

おばさんの目つきがさらに鋭くなりました。

「なんでそんなに落ち着かないんだい？　急いでいるのかい？　出発しなきゃいけないんだったら、どうぞ行きなさいよ」

ロビンはまっすぐにおばさんを見ました。

「いいえ、急いでいないです。愛するおばさんに、言わなきゃならないことがあるんです。私にとって、とても大事なことだから、おばさんにはちゃんと聞いてほしいの。でも、言いにくいんです」

「ホーホー。私も愛しているよ、ロビン。なんでそんなに言いにくいんだい？　話してごらん」

「おばさんがそうおっしゃるなら。おばさんがみんなのことを気にかけてらっしゃるのはわかっています。おばさんは夜行性で、肉食性で、とっても目がいいから、ほかのみんなには見えない細かいところまで見えるんですよね」

ロビンは言葉を切りました。おばさんは何も言わずに、大きな黄色い目でじっと見つめています。ロビンは続けました。

「でも、おばさんの言葉はかなり厳しいと思います。そんなに知恵をお持ちなのに、言葉がきつすぎるときがあります。だからお聞きしたいの。おばさんは、本当にダリアが見かけを気にしていないと思っているんですか？　恥ずかしい格好をしたがっていると？」

「違うよ！　もちろん、そんなことはない」

20
裁判官

「それでほっとしました」

「ただ私の言うことに耳を傾けてほしいだけだよ。あんなに大きくなる必要はないんだから」

「これまでに、ダリアが言うことを聞いたことはありますか、おばさん？」

「ないみたいだね。本当に、あの子は中華料理店の北京ダックになる準備をしているに違いないよ」

ロビンは続けました。

「そういう場合は、批判よりも励ましのほうが効果があると思いますよ。間違っていることだけを指摘しても、自己嫌悪に陥らせるだけです。自己嫌悪になったら、ダリアはまっすぐ公園に行って、もっと人間たちにパンをもらおうとするんですよ。

彼女だけじゃありません。渡り鳥たちがみんな、おばさんにさよならを言わなかったのは、単に忘れただけだと本当に思っているんですか？　お別れを言いたくなかった鳥もいたっていう可能性はありませんか？　おばさんがほかの鳥の批判をするたびに、それを聞かされた鳥は、自分も陰でなんて言われているか心配になるんです。批判を聞きたくないから、来るのをやめるんです。みんなが来るのをやめてしまったら、おばさんは手助けできなくなりますよね」

おばさんは大きな黄色い目をしばたたかせ、枝の上で身動きしました。ロビンは心のなかで思いました。「まあ、おばさんったら、本当に居心地が悪そうね。おばさんでも不安になるなんて、知らなかった！」

でも、もう後戻りはできません。

「おばさん、みんなに好かれて、話も聞いてもらえる秘密の方法を知っているんだけど、聞きたい？」

おばさんは何度もまばたきして言いました。

「聞かせてもらうよ、ロビン。何なの？」

「誰かが来たときに、ほかの鳥のことをほめればいいんです。悪いところを指摘する代わりに。おばさんはみんなを助ける力をお持ちだけど、みんなが耳を貸すような形で言わないと伝わりません」

永遠と思われるほどの沈黙が続きました。ついにロビンは言いました。

「じゃあ、オリビアおばさん、本当にもう行かなきゃ。愛しています！　よい冬をお過ごしくださいね」と言ってから、ロビンは後ろを向きました。「私の尾羽を直してくれません？　だらしない羽で、そこらを飛ぶわけにはいきませんから」

オリビアおばさんは大きな黄色い目をぱちぱちさせました。

「大丈夫だよ、ロビン。そのままできれいだよ」

しばらくして、おばさんは言いました。「ありがとう、ロビン」

そしてロビンは冬を過ごすため、南に旅立ちました。来春戻ってくるのが、今までになく

楽しみに思えました。

長い目で見れば、ちょっとした励ましのほうが、たくさんの批判よりも効果があるのです。

まとめ

【〈裁判官〉が現れたとき】

■目標：判決を破棄させる

■アクション・プラン：

①判決を受け入れてあきらめる

②話し手に戻す

③上訴する

④対極の反応を引き出す

⑤全体像をちらりと見せる

21 おせっかい

リスのサリーは、約束の枝に着きました。新しい彼氏のリスと待ち合わせしていたのです。

「これだけ家から離れていたら大丈夫かな？」

母親のスージーには見つかりたくありません。ところが、一本先の木から、厳しい口調の声が聞こえてきました。

「サリー、どこに隠れているの？　姿を見せなさい」

母親はあっという間に同じ枝にやってきて、サリーと向き合いました。そして、「シマリス君は元気？　デートしていたって聞いたけど」と詰め寄ります。

サリーは驚いて口もきけませんでした。噂がかけめぐる早さだけでなく、その話がひどく間違っていることに驚いたのです。サリーは尋ねました。

「デートしたって、誰が言ったの？」

きっと誰かに見られたんだ。だって誰にも話してないもの。お母さんになんて絶対話さない。話したら最後、質問攻めにあうのは間違いないからね。まるで尋問よ。まぶしいライト

はないけど。

「ちょっと小耳にはさんだだけよ」と母親が答えました。「どうしてシマリスなんかとつきあうの？　地面の穴に住むつもり？　母さんに言わせれば、シマリスなんて、ただのためこみ屋よ。ろくなリスにはなれないわ」

サリーはひとことも口をききたくありませんでしたが、何か言わずにはいられません。

「やめてよ、ママ！　彼はシマリスじゃない。すてきなモモンガよ。それに、まだよく知らないし」

「モモンガ？　どこの家の出身なの？　将来の計画はあるのかしら？　あのおしゃれなサミーが、毎週あなたを訪ねてうちに来てるのは知っているの？　サミーの目はきらきらで、しっぽはふさふさよ。彼に約束しておいたわ、明日、大きなオークの木のところで、あなたは彼と一緒にドングリを食べるのよ」

「そんなこと言ったの？」

サリーは悲鳴をあげました。

「聞こえたでしょ。サミーはちゃんとしたリスよ。あなたがつきあってきたようなぼんくらなリスたちとは大違い」

「明日はレッドと会うのに！」とサリーは叫び、自分の頭をしっぽで叩きました。うっかり彼の名前を言ってしまったのです。

「レッドって言うのね？　どの木に住んでいるの？　あなたが行けないって伝えてあげるわ」

「ママ！　そんなことしないでよ」

母親はびくともしません。

「レッドですって？　色の名前をつけられるなんて、いったいどんなリスかしらね？　そのレッドって何をしているの？　将来の計画はあるの？」

質問攻めにあったサリーは平静を失い、つっかえながら弱々しく言いました。

「将来の計画なんて知らないわ。彼のことは、これから自分で確かめていくつもりよ」

「今度も落第生だなんて言わないでよね、ただの集め屋も困るわ、そんなの誰だってできるもの。みんながなんて言うかわかるでしょ。目の見えないリスだって木の実を見つけるんだから」

「いえ、落第生なんかじゃないわ。それどころか飛べるのよ！　滑空できるし、かわいいし、面白いの。エンターテインメントの世界に入るんじゃないかしら？　毎日写真を撮られているのよ。画像のダウンロード回数もいちばんなの！　きっと大物になるわ！」

母親は不愉快そうにしっぽをぴくぴくさせ、たたみかけてきました。

「空を飛ぶリスもダメよ！　落っこちたら一巻の終わりよ？　1シーズン限りの相手のつもりじゃないって、どうしてわかるのよ？　ただで種が手に入るなら、わざわざエサ台を買わないでしょう？」

21
おせっかい

突然、サリーの顔に恐怖が走りました。母親の背後、数本先の枝に、レッドの姿が見えたのです！　しっぽで顔をかくして、彼に見つからないことを祈りましたが、ぴょん、ぴょーん、ひらり！　レッドはすぐそばにやってきました。

「こんにちは」と言って、レッドは母親に頭を軽く下げました。「ご機嫌いかがですか？」

サリーはまだ顔を出せません。しっぽの陰からもごもごとつぶやきました。

「こんにちは、レッド」

母親はじろじろとレッドの全身をながめました。

「あら、あなたがレッドなのね。私はサリーの母親よ」

レッドは穏やかにしっぽを払い、おじぎをして、ゆっくりと言いました。

「お会いできてうれしいです」

「うちの娘とデートしているそうね」

サリーはまだしっぽで顔を隠していました。状況はどんどん悪くなっていきます。

「レッド、娘とはどういうつもりなの？　結婚する気はあるの？」

レッドはゆっくりと口を開きかけましたが、まだ返事をしないうちに、緊迫した叫び声が響きました。

「ママ、ママ！」

サリーの妹サラでした。ぴょんぴょんと枝をはねてきます。枝を踏みはずして一度落っこちましたが、うまく立て直し、またジャンプして、サリーたちのいる枝までやってきました。

「ママ、シマリスたちがうちの巣を襲ってきそうよ」

ひとことも言わずに、母親は走り出して行ってしまいました。

「助けが必要？」

レッドが尋ねました。サラはふたりにウインクして、しっぽを振りました。サラはふたりを助けてくれたのです！

「ありがとう、サラ。恩に着るわ」

「ええ。でも今は、ふたりでここを離れたほうがいいわよ。お母さんが戻ってくる前に」

ぴょん、ぴょーんと跳びはねて逃げながら、サリーは思いました。

「どうしてママはあんなことをするの？　ママの干渉だけは絶対に受けたくない！」


〈おせっかい〉は、あなたにとって何がいちばんいいかわかっているつもりでいます。だから望まれもしない質問や助言をして、あなたの人生を管理しようとするのです。〈おせっかい〉の行動は、「終わらせる」目的と「きちんとやる」目的が結びついたときに始まります。

「終わらせる」と「きちんとやる」が結びつき、それがほかの人に向けられたとき、〈おせっかい〉は干渉せずにはいられない気持ちになります。相手の行動ややり方を変えようとして、避けるべきことを指摘し、何をすべきかを指示するのです。その態度は、相手の実行能力をまっ

21
おせっかい

たく信頼していないことを示しています。他者を批判し、やるべきことを告げて、正しい結果を出させようとします。「いつ結婚するつもりなの？」

〈おせっかい〉は知りたがり、あなたに厳しい尋問をします。彼らのやり方は説得ではなく催促なので、人に影響を与えたいという気持ちは相手からはありがたくない干渉と見なされてしまいます。

〈おせっかい〉の領域：口出しから操作まで

〈おせっかい〉の困った行動とひと口に言っても、人によって程度の差があります。口出しをしてくる〈おせっかい〉は、あなたの人生をのぞきこもうとします。無関係なことに

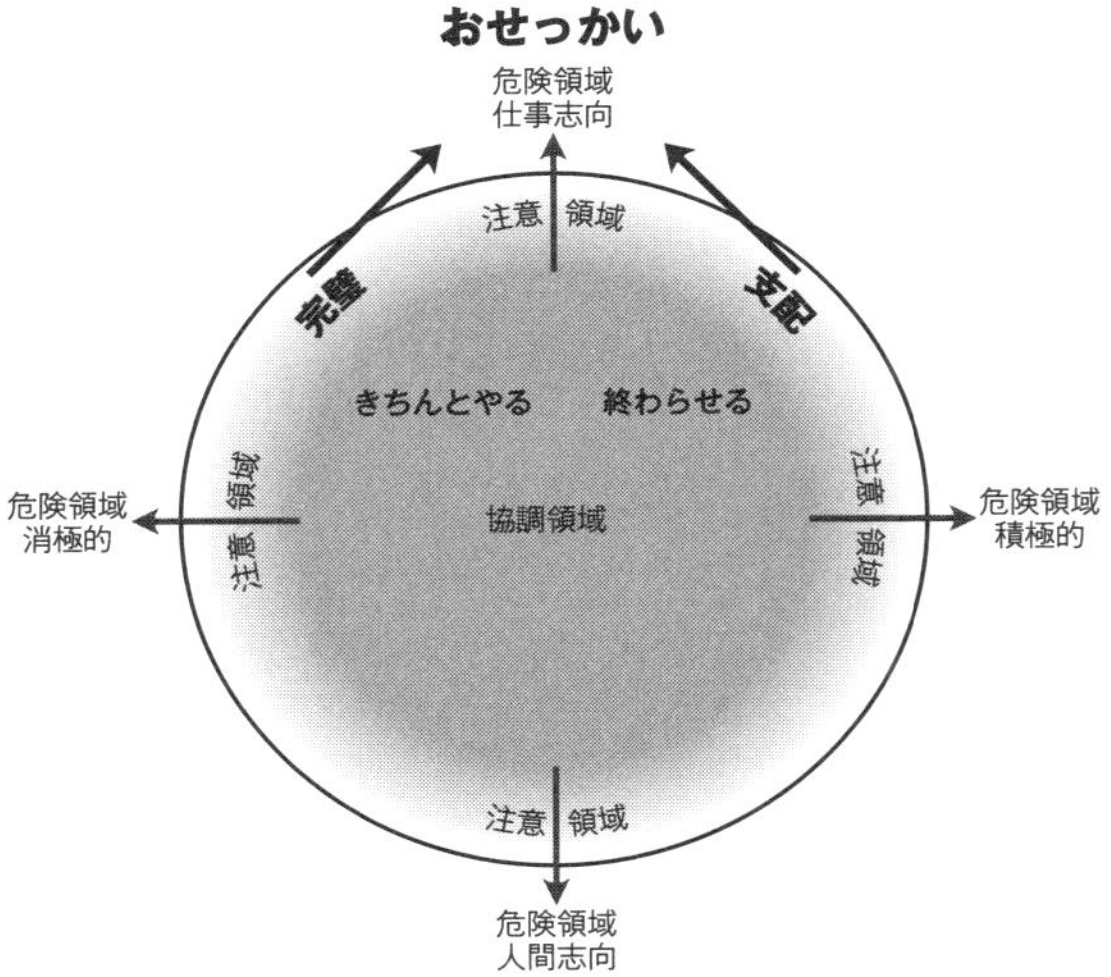

首を突っ込んで、あなたの行動を探ることもあります。

支配的な〈おせっかい〉は、自分の思い通りにあなたが行動しているかどうかを確かめようとします。これをしてはいけない、あれをしなさい、あれに気をつけなさい。あれにさわったらだめ。言われたことをしなさい、でないと失敗者と見なされるよ。

干渉する〈おせっかい〉は、あなたのはっきりとした望みに反して行動しますが、あなたのためを思ってやっているのです。結局、このタイプの〈おせっかい〉は、あなたにとって何が正しいのかをわかっています。

最後は、**操作する〈おせっかい〉**です。あなたの人生の重要な部分に干渉し、それによってほかの部分にも影響を及ぼします。もちろんあなたは最後まで気づきません。気づいたときにはもう操作が終わっているので、あなたはそこから対処しなければならないのです。

着るものから、一緒に過ごす相手、話し方、行動まで、〈おせっかい〉はあなたに目を光らせつづけます。

〈おせっかい〉への態度を変える

「困った人」のなかでも、〈おせっかい〉は最も複雑です。どんなに行動が間違っていようと、〈おせっかい〉の目的が正しいことは明らかです。〈おせっかい〉にとって、正しいことをした

いという欲求は抵抗しがたいものなのです。〈おせっかい〉が悪いことだと説得することはできません。なぜなら、この人たちにとっては、それ以上に正しいものはないのですから。

■慎重に、強い責任感を持って近づく

それは相手の「きちんとやる」目的と「終わらせる」目的に融和します。相手は自分が正しいと思うことをやらずにはいられないということを心にとめ、約束や力や決断の話から会話を始めましょう。ちょっとした困惑は自分の胸に秘めておくのが得策です。そうすれば、彼らの行動があまりに侵略的、あるいは個人的なものになっても、真剣に受け止めずにすみます。

■侵略的で敵意すら感じる質問には、リラックスして静かに考える

質問をされたからといって、必ずしも返事をしなければならないわけではありません。こちらからも質問を返して、相手の言葉の裏側にあるものに興味を抱きながら耳を傾けましょう。ダイエットや体重に関する質問をされたら、相手の食事や外見の問題に関心を寄せればいいのです。恋愛生活について聞かれたら、相手の人間関係を尋ねましょう。財政状態を聞かれたら、相手の金銭問題を聞き返せばいいのです。

自信をもって話せば、あなたが自分自身の責任者であり、最良の選択をするよう気をつけ

ていることが明確に伝わるでしょう。言葉以外の反応も、あなたの責任感と正しいことをしたいという思いを伝えるはずです。

■具体的でない質問には答えない

尋ねられなければ、言わないようにしましょう。うっかり秘密をもらしたりしないようにしましょう。そして具体的な質問をされたときには、必ずしも質問に答えなくてもいいことを忘れないように。質問の内容ではなく、その目的と人間関係のパターンに注目しましょう。

■相手に関わらせたくないことを、わざわざ知らせない

いったん袋からネコを出すと、元に戻すのは難しいものです（そもそもどうしてネコが袋のなかにいるのか、よく理解できないのですが）。相手はけじめをつけるべき地点をわかっていないかもしれませんし、あなたの希望以上に踏み込んでくるかもしれません。

■相手から得られるものがない限り、関わらせない

相手から得られるものがあるなら、できるだけ具体的に詳細に話しましょう。解釈の余地を残してはいけません。相手の情報に対する責任を果たすことで、相手との間に適切な境界線を維持することができます。

21
おせっかい

目標：境界線を守る

あなたの人生に侵入し、遠隔操作しようとする〈おせっかい〉な人に対処するときは、はっきりした信号を送って、お互いの間に越えてはならない境界線があることを示しましょう。相手の心配や関心には感謝しつつも、そのことは理解してもらわなければなりません。あなたは自分で結果をコントロールし、プロセスの細部を自分の目で確かめます。相手にやってもらえる最良のことはあなたへのサポートですが、あなたが相手に示せるのは明確に定められた境界線なのです。その線を決して越えられないようにしましょう。

対〈おせっかい〉アクション・プラン

オプション①　相手の目的を認める

おせっかいな行動は、孤独を解決する方法としてよく採用されます。〈おせっかい〉は、たいていあなたより年上で、時間がたっぷりあります。また年を重ねるにつれて、自分は必要とされていないという思いが強くなることがあります。それらを考え合わせるとどうでしょう？　あなたの相手は、自分の人生で学んできたことを自分なりによかれと思って誰かに適用し、何かの責任をもとうとしているのです。基本的には、対象は誰でもいいのです。〈おせっかい〉は、自分には本当は無関係な人のことで頭をいっぱいにすると、現実はひとりぼっちでも、その人になったような経験ができます。あなたを見たとたんに、あなたのために思いついたことを言わずにはいられないのです。

また、〈おせっかい〉は、自分自身の失敗に対する罪悪感の埋め合わせとして、おせっかいを焼くことがあります。自分のときは遅すぎたけれど、あなたを助けるにはまだ間に合う、というわけです。

〈おせっかい〉の行為が間違っていると伝えると、自己正当化と自己防衛的な反応を引き起こし、今後のお互いに関係を壊しかねません。明らかに、その方法は避けたほうがいいでしょう。あなたは〈おせっかい〉の行為を嫌っているかもしれませんが、〈おせっかい〉自身を嫌う理由はありません。そうするだけの価値もないでしょう。相手の関心と心配に対して感謝を示せば、相手を満足させられます。うまくいけば、相手の行動を干渉や押しつけではなく、あなたのための贈り物として受け取らなければいけないというプレッシャーからも解放されるでしょう。だからこそ、〈おせっかい〉の目的に対して感謝すれば、たいていうまくいくのです。

できれば〈おせっかい〉の目的を理解したうえで、その行動に対しても感謝しましょう。あなたを訪れてくれたこと、贈り物や助言をくれたこと、時間をかけてくれたこと、関心を寄せてくれたことに感謝するのです。あなたが相手の「終わらせる」「きちんとやる」目的を尊重す

る人であることを示せば、〈おせっかい〉は、今後もあなたの影響を受け入れてくれるでしょう。

オプション② おせっかいできる場所を与える

おせっかいを焼くのは、ほかに時間の使い道がないからという場合もあります。たっぷりと余った時間を有意義に使おうとするつもりで、愛する人に貢献できる方法を考えはじめるのです。すると、他人の生活を自分の趣味にすることを思いつきます。すべてがうまくいくように助言を与え、その人に目を光らせて、避けられる問題に用心するのです。

相手がおせっかいを焼こうと決意していたら、その行動の経緯を把握し、おせっかいのできる場所を与えましょう。あまり重要ではないことに助言を求めるのです。放っておいてほしいというあなたの願いからはそれてしまいますが。相手のおせっかいが無害な分野、もしかしたら建設的であるかもしれない分野を選んで手助けを頼みましょう。たとえ自分ひとりでやったほうが早い場合でも助けを頼むのです。それによって相手は責任感と充足感を手に入れます。あなたの人生に関わりたいという欲求を満たすことにもなります。

〈おせっかい〉があなたの結婚式の準備におせっかいを焼いてきたら、何かの担当者になってもらいましょう。席札を作るだけの担当でもかまいません。喜んで自分を助けてくれる人がいることに感謝し、その申し出を利用するのです。

オプション③〈おせっかい〉におせっかいを焼く

〈おせっかい〉に干渉する方法はたくさんあります。支配権を握ったり、あらかじめ答えを用意しておいたり、方向をそらせたりしましょう。

■支配権を握る

〈おせっかい〉に対する支配権を握ることで、犠牲にならずにすみます。熱心な姿勢で、情報源（もちろん〈おせっかい〉）から、可能な限りのものを見つけようとしてください。相手の関心を探り、どういう言葉を定義しているかを見つけましょう。質問をすることで答えを引き出すのです。充分な質問をすれば、相手がその件について、相手自身が思っているよりもよく知らないことが露呈されるかもしれません。すると相手は引きさがって、あなたの邪魔をやめてしまいます。相手の行動を手がかりにしましょう。そして、次に個人的な質問をされたら、何を知りたいのかを尋ね、相手の答えを調べましょう。

おせっかい：「デートに行くの？」
あ　な　た：「何が知りたいの？」
おせっかい：「どんなタイプの人と会うのか知りたいわ」
あ　な　た：「どんなタイプの人と会ってほしいの？」

21 おせっかい

おせっかい：「そんな服を着ちゃだめ。太って見えるわよ」
あ な た：「誰に太って見えるって？」
おせっかい：「みんなに」
あ な た：「太って見えるのが、どうしてそんなに気になるの？」

おせっかい：「そんなにバターをいっぱい塗ってちゃ、コレステロール値が上がるわよ」
あ な た：「このバターでどれくらいコレステロール値が上がるんです？」
おせっかい：「一般的な話よ」
あ な た：「一般的には、どれくらいのバターでコレステロール値が上がるんですか？」

■答えを用意しておく

〈おせっかい〉がどんなおせっかいを焼き、何を言うのかが予測できる場合は、あらかじめ必要な答えを用意しておきましょう。例を挙げてみます。

おせっかい：「いつ結婚するつもりなの？」
あ な た：「エレンおばさん、結婚しますよ、ハリーおじさんがおばさんを愛してくれているくらい、私を愛してくれる人を見つけたら、すぐにね」

この方法はとくに効果的です。相手の反応が2種類、考えられるからです。ハリーおじさんとの結婚が不幸せなものだったとしたら、エレンおばさんは、後悔しそうなことにあなたを無理強いすることをやめるでしょう。幸せな結婚だったとしたら、あなたがいい人を見つけるまで待つ気になるでしょう。

予測できる反応は、前もって考えておきましょう。次に〈おせっかい〉が予測可能なおせっかいをしてきたら、なんと言えばいいでしょう？　書き出して練習し、その機会が訪れたら実行しましょう。

■方向をそらす

「ジャンク・オー・ロジック（論理の破綻）」を使って方向をそらすこともできます。それは〈おせっかい〉の言葉とそれに対するあなたの返事を人工的につなぐことです（13章「知ったかぶり」でもとりあげています）。

おせっかい：「あのコートじゃ暖かくないわよ。どうしてあの子にちゃんとした冬用のコートを買ってあげないの？」

21
おせっかい

あ　な　た：「ありがとう、冬じたくの話をしてくれて。この間、街に出たとき、このすてきなウインドウ・ディスプレーを見つけたんです。きっと気に入ってもらえると思います！」（その後、少なくとも1分以上話しつづけること）

おせっかい：「太ったら誰にも好かれなくなって、ひとりぼっちで悲惨な暮らしを送ることになるよ、あんたの兄さんみたいにね。あんなふうになりたいの？」

あ　な　た：「兄さんの話を出してくれてよかった。最近兄さんと話した？　この前話したときね、兄さんは……」

返事をするときには、少なくとも30秒から1分は話しつづけましょう。相手は混乱して、〈おせっかい〉を忘れてしまいます。視覚的に混乱させることもできます。

おせっかい：「あんな車にお金を無駄遣いするなんて、信じられない。何考えているの？」

あ　な　た：「考えるといえば……見て！　あそこよ！」

そして急にどこかを指さして、そこにあるものについて話しはじめましょう。相手は混乱します。電話なら、「わっ、すごい！」と言って、ほかのことを話しはじめるのです。こういった突然の奇妙な行動は、「**パターンの破壊**」と呼ばれています。やめさせたい行動に対してこの手法を定期的に使えば、〈おせっかい〉はいつの間にか、おせっかいすることを忘れてしまいます。

オプション④　境界線の取り決めをする

おせっかいな行為に欠けているのは、あなたと〈おせっかい〉との間に引かれた明確な境界線です。〈おせっかい〉の介入によって、自分の生活が明らかに違う方向に向かっていることに気づいたら、お互いに共存できる境界線の取り決めをするときでしょう。

■話し合いを設定する

あなたの人生における〈おせっかい〉の役割について、きちんと話し合う場を設定しましょう。話せる時間と場所をすりあわせます。レストランや公園の散歩道など、ふたりともリラックスでき、日常生活の責任を感じなくてすむ場所がいいでしょう。気軽なおしゃべりではなく、きちんと計画された会話の場を設けることで、あなたを困らせる行動に焦点を当てやすくなるでしょう。

「長年、私のためにいろいろと気を配ってくださってありがとうございます。お話しした

い問題があるんですが、ランチで話し合えませんか？　私の人生であなたが果たしてくれる役割についてです。お互いのストレスを減らし、もっと生産的になれそうなことを思いつきました。話し合いでは、あなたのご意見もうかがいたいと思います」

■準備を整える

自分の譲れない線を知っておく必要があります。そうでないと、結局、設定した境界線に耐えられなくなってしまいます。そして、〈おせっかい〉タイプの人を遠ざけようとするあなたの条件に相手を同意させるためには、かなりの決意を固めておく必要があります。早急に会話を終わらせようとすれば、それがあなたにとって不利に働きます。

いずれにしても、まだ「どうしても何かをしなければならない」という状況ではありません。たとえうまくいかなくても力は残っているはずです。もし〈おせっかい〉があなたの人生に干渉を続ければ、いつでも立ち去れるのです。自分は決して囚われているわけではなく、撤退して身を守る場所があることがわかっていれば、たとえ状況が困難になったとしても、持ちこたえる余裕ができ、手順を進めることができます。

問題を調べ、どこが最も困る点なのかをつきとめましょう。時間でしょうか？〈おせっかい〉があなたや家族の時間を使いすぎているのでしょうか？　頼みもしない助言が問題なのでしょうか？　子ども扱いをされているように感じている？〈おせっかい〉は実際にあなたの生活に干渉し、明らかにあなたの意志に反することをやっていますか？

どの場合も、自分がとくに問題だと感じることをはっきりさせておきましょう。あなたが関心を抱いているものは何ですか？　今のやり方を変えられるなら、どんなふうに変えたいですか？　心のなかで明確にしておけば、実際に話し合うときにも、明確に話ができます。〈おせっかい〉の欲求や関心についても知っておく必要があります。〈おせっかい〉があなたを傷つけたくないのなら、それは貴重な情報です。〈おせっかい〉が、あなたには向上の余地があると思っているのなら、どうして相手にとってそれが重要なのかを理解することが大切です。〈おせっかい〉からあなたが受け取ったメッセージが、私の言うことを聞きさえすればもっと幸せになれるはずよ、というものであれば、それもまた貴重な情報でしょう。

情報を集めれば集めるほど、あなたにできることは増えていきます。どんな話し合いでも同じですが、情報は力であり、それによって、あなたにとってどれくらい好都合な結果になるかが決まるのです。

■賢明な態度をとる

話し合いの日には、終始感じよくふるまいましょう。いらいらしたり困ったりしたら休憩をとり、気を取り直して新たな気持ちで再開しましょう。〈おせっかい〉な人について話すのではなく、具体的な行動（7章参照）や関心に焦点を当てましょう。〈おせっかい〉があなた

21
おせっかい

の望むものを与えてくれるときにいい気分になれるような解決方法を探しましょう。〈おせっかい〉の動機をつきとめ、あなたの望みをかなえる手助けをすることが〈おせっかい〉自身の望みをかなえるために役立っていると示すことができれば、話し合いを終えて、お互いの間の境界線を引き直すことができるでしょう。心にとめておくべき注意点はつぎのとおりです。

❶肯定的な言葉から始める

ただの会話の糸口ではありますが、難しくなりそうな会話をあらかじめ肯定的な枠に組みこむ役割を果たします。「私たちのことを気遣ってくださっていることはわかっていますし、私たちのためを思って……」。つぎのように、相手のポジティブな目的を指摘しましょう。

「私の人間関係をお気遣いいただいて、ありがとうございます」
「私が幸せになれるよう願ってくださって、ありがとうございます」
「私の個人的な健康を気にしてくださって、ありがとうございます」
「私の外見を気にしてくださって、ありがとうございます」
「私の服を気にしてくださって、ありがとうございます」

「私たちの結婚式がうまくいき、適切な贈り物をもらえるよう考えてくださって、ありがとうございます」

❷問題を述べる

ここであなたの立場を述べましょう。もし〈おせっかい〉があなたの時間を要求しすぎているなら正直に言いましょう。あなたの子どもを甘やかしたり、あなたにとって大事な人に許可なく話をしたりといった、あなたの望みに反することをしているなら正直に話しましょう。率直な言葉を告げるときには、いつもこんな前置きをつけてください。「私のためを思ってやってくださるのはわかっていますが……」「手助けをするおつもりなのはわかっていますが……」など。

❸影響について話す

この段階で、いちばん言いにくいことを話します。ここが最も難しいところです。感じのよい態度でうまく話してください。大事なのは、あなたがおせっかいな行動に困っているということを正確に理解してもらえるかどうかです。あなた自身の話として語ってください。そうすれば相手は、自分に関する意見を言われているのではなく、あなたが受けた影響について話していると受け取ります。

21
おせっかい

「とても腹が立っていたので、お義母さんに話をすることもできなかったんです。お義母さんが先回りして、私がやらないでとお願いしたことをおやりになったときは、本当に困りました。その結果、お義母さんを信頼するのが恐くなったし、子どもたちを一緒にいさせるのも心配になりました。気分が悪くなって、それは良くなるどころか、さらに悪化しそうです。お義母さんの善意はわかりますけど、その行動には困っているんです」

「私は貶められたような気がして、恥ずかしくて、絶望して、がっかりしています。そんな気分から自分を守りたくて、あなたを無視するんです。こんなふうにするのは不本意だけど、今はどうにもできません。私は結婚していないし、確かに太ってるけど、そういう問題には自分で取り組んでいます」

その行動が続いたらどうなるかについて話すこともできます。よくない結果を恐れることが自分を変える契機となるケースは多いのです。その話のおかげで、〈おせっかい〉が状況を理解できるようになるかもしれません。

❹〈おせっかい〉の返事をもらう

今度は、相手の立場を聞く番です。好きなだけ説明や弁解、正当化をしてもらいましょう。表情や言葉で、完全に理解していることを示し、選択肢を与えてくれそうな言葉がないか探しましょう。おせっかいな行動の申し開きをする機会を与え、その行動の裏にある理由を知れば、実は思ったほど悪くはないことがわかるかもしれません。

❺希望する境界線を伝える

よく耳を傾けていれば、お互いのためになる方法を思いついているはずです。たとえそれがうまくいかなかったとしても、自分の望みを言わなければなりません。希望以上のものを要求しておけば、譲歩するゆとりができ、相手に多少の勝利感を与えることができます。自分の解決方法を話す前に、それを尋ねてもいいでしょう。どこかで折り合いをつけるには、いくつかの選択肢を提示する必要があります。

その問題についてどんな経験をしたいか言ってみてください。あなたにとって効果があるのは何でしょうか？　効果がないのは何でしょう？　〈おせっかい〉の関心を歓迎できるようなテーマがあれば、挙げてみてください。関心を寄せる方法がほかにあれば、挙げてみましょう。できるだけ具体的に、冷静で答えやすいような話し方をすれば、あなたが相手に求める話し方のよい見本となります。

「手助けしてくださるのは助かりますし、実際にこういう効果があるでしょう。もし私に似合わない服に気づいたら、似合うものがどこで見つかるかおっしゃってくれれば喜んで聞きます。よいパートナーになりそうな方をご存じでしたら、パートナーとして検討するのはやぶさかではありませんが、その人には言わないでおいてください。私の人生に関心を寄せてくれるのはかまいません。でも、私が言うようにしてくれないのであれば、あなたがしてくれることは私の人生の助けとはならないのです」

❻合図を決める

お互いの関係の新しい境界線に合意してもらったら、きちんと決着がついたことに満足し、いい気分で話し合いを終えられるでしょう。とはいえ、そう簡単には終わりません。〈おせっかい〉の行動は、ある程度自動的で無意識なものですから、あと戻りすることもあるからです。お互いに合図を決めておいて、問題行動が再発したら、その合図で相手の注意を引き、争いを避けましょう。合図は、たとえば人差し指を立ててゆっくりと振るなどの、小さなものにしましょう。もしその問題が電話中に発生したら、言葉の合図が役に立つでしょう。境界線を保つ方法があれば、時とともに、お互いの関係はより良いものになっていくでしょう。

❼境界線をはっきりさせる

かつての〈おせっかい〉がきちんとした行動を見せたら、評価しましょう。自分のしてほしい行動を強化するためには、責任を持って注意を払うべきです。

〈おせっかい〉が変わるとき

リスのサリーの生き方と愛

サリーは枝に座って、恥ずかしそうにレッドと木の実を分け合っていました。母親が姿をあらわすのは時間の問題とわかっています。ほら、ぴょん、ぴょん、ぴょーんと跳びはねて、ふたりのいる枝までやってきました。疑わしげにふたりを眺めまわします。

「こんにちは」

レッドがていねいに言いました。

サリーは「ハイ、ママ」と言ってから、レッドに言いました。

「じゃあ、あとでね」

レッドはその意味を悟り、しっぽを向けてぴょん、ぴょん、ぴょーんと跳びはねていきました。たちまち、母親が強い口調で尋問を始めました。

「あんたはまだレッドと会っているのね！　どういうつもりなの？　どんな関係にしていく

21
おせっかい

つもり？」

今回は、サリーに準備ができていました。心のなかでくすりと笑い、母親が質問をしたからといって、必ずしも答えなくていいんだと自分に言い聞かせました。そして言いました。

「私のために最高のことを望んでくれてありがとう。貴重な木の実集めの時間を割いて、私のところに来てくれてありがとう」

母親はしっぽをぴくりとさせ、言いました。

「質問の答えになっていないよ」

長い時間をかけて準備をしてきたサリーは、静かに、はっきりと話しはじめました。

「ママ、私がいい人間関係を結べるよう、ずっと願っていてくれて本当にうれしい。でも、ひとつ問題があるの」

「何？」

「よかれと思ってのことだとはわかっているのよ。でも、あとをつけまわされて、交際にまで首を突っ込まれたら、私、おかしくなっちゃう！　逃げ出したい気分になるの。ママを困らせるためだけに、何かおかしなことをしたくなるときもあるのよ、たとえば本当にダメなリスとつきあったりしてね。そんなの嫌でしょ？」

「もちろん嫌よ！　でもね……」

サリーは会話の主導権を渡すつもりはまったくありませんでした。

『でも』はなしよ、ママ。いろんなリスと知り合ううちに、わかったことがあるの。私は自分が人間関係に何を求めているのか、自分自身で答えを出せるのよ。これは私の問題で、ママには関係ない。ママに私の交際について話をするのは、私がそうしたいと思ったときよ。ママさえよければ、やってほしいことがあるわ。私が関心をもてそうなリスの話をしたければ、考えてみてもいい。でも、仲をとりもとうとはしないで。もしそんなことを続けて、お見合いの場を設けたり、私の交際に首を突っ込んできたりしたら、私はママを無視して、逃げ出すわよ。わかった？」

母親は仰天しました。そして、「あなたにいちばんいい相手を探しているだけなのに」と弁解するように答えます。

「それはわかっているわ。その気持ちはありがたいと思っているのよ。私が言いたいのは、どうすればそれがうまくいくかっていうことなの。私を追いかけて、誰かと一緒にいるところに立ち入ってきてほしくはない。ふたりだけのときに質問するならいいのよ。返事をしないっていう選択もできるからね。私に会わせたい相手がいるなら、そう言ってくれてもいい。だけど、ママの勧めに従うかどうかは、私が決める。わかった？」

母親は足元の枝を見つめ、言いました。

「ねえ、私も昔は若かったわ。私のお母さんも同じことをしてきたの。それを私があなたにやっているなんて、信じられない。そうされるのが大嫌いだったのに」

21
おせっかい

「じゃあ、私の交際にママが関わる条件を受け入れてくれるのね？」

「受け入れるわ。変われるよう努力する。約束よ。だけど、自然にやっちゃうのよね……もし約束を忘れたらどうなるの？」

サリーは微笑みました。

「じゃあ、合図を決めましょう。しっぽをこんなふうにすばやく横に振ったら」と言ってサリーは実際にやってみせます。「お母さんが一線を越えたという意味よ。いい？」

「いいわ」と母親は同意しました。

サリーは言いました。

「ママのアドバイスが本当にほしいこともあるの」

「まあ、サリー、最高にうれしいわ。何なの？」

母親は、娘の手助けができるかもしれないという期待に胸をふくらませました。

「鳥のエサ台にあるエサは、どうやって取るの？　ママがやってるのを見たんだけど、すごくうまかったわ」

「そうでしょ。おいで、難しくないわよ。教えてあげる」

そして、ぴょん、ぴょん、ぴょーん。サリーと母親は幸せそうに跳びはねていきました。

まとめ

【〈おせっかい〉が現れたとき】

■目標：境界線を守る

■アクション・プラン：

①相手の目的を認める

②おせっかいできる場所を与える

③〈おせっかい〉におせっかいを焼く

④境界線の取り決めをする

・肯定的な言葉から始める

・問題を述べる

・影響について話す

・〈おせっかい〉の返事をもらう

・希望する境界線を伝える

・合図を決める

・境界線をはっきりさせる

22 殉教者

冬が迫ってきました。冬眠に入るのは明日です。今夜のお父さんクマは、今年最後にとる食事のことしか考えられません。大きな椅子に座って、好物の熱いおかゆのことをうっとりと考えていました。

お母さんクマは、おかゆをさましてから食べられるよう、自分のボウルを最初に持ってきました。その次に、赤ちゃんクマのボウルです。お父さんクマは熱々のおかゆが好きですから、最後に持ってきました。みんなで食べ始めたときに、ちょうどいい温度で食べられるようにしたのです。

おかゆのにおいをかいだとき、お父さんクマは赤ちゃんのおふざけに気をとられていました。赤ちゃんクマは座っている椅子を前後に揺らして、はしゃいでいたのです。お父さんクマは優しく注意しました。

「じっとしてないと、椅子が壊れちゃうよ」

そしてお母さんクマに向かって言いました。

「あの椅子は今にも壊れそうだよ。おじいちゃんクマは家具のつくり方を知らないんだな！蜂蜜集めに専念して、大工仕事はビーバーに任せとくべきだよ」

お母さんクマは訳知り顔でうなずき、思い出しました。

「お義父さんといえば、さっきうちに立ち寄ってくれたのよ。最後の計画の手伝いに来てほしいって言っていたわ」

お父さんクマはぽかんと口を開けました。

「計画の手伝い？　手伝いを頼まれる時期は終わったよ。明日は冬眠の日じゃないか！」

そのとき、電話が鳴りました。お母さんクマが椅子を下げ、後ろに手を伸ばして電話を取ります。ちょっと大きめの声が、お父さんクマと赤ちゃんクマに聞こえました。

「おじいちゃんクマですね！　はい、はい！　ちょうど伝えたところです」

お父さんクマは、声を出さずに口の動きだけで伝えました。

「俺はもう冬眠に入っているって言ってくれ！」

お母さんクマは、手遅れにならないうちに、なんとか事を収めようとしました。

「そうですね、それはもっともだと思います……明日は冬眠を始める日ですし……」

「あいつは、両親に会いに来ないまま冬眠するつもりか？」

おじいちゃんクマのがっかりした声が、受話器を通してみんなに聞こえました。

「わかった。手伝いに来て、一緒に食事するわずかな時間も割けないというなら、わかった

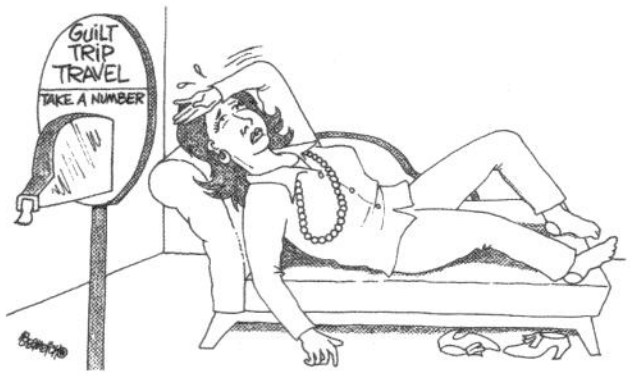

22
殉教者

よ。冬眠の準備ができていないのは、わしがずっと大工仕事にかかりきりだったからだよ。赤ちゃんクマのすてきな椅子と、あんたらふたりの大きなベッドをつくるためにね。だけど、あいつがそんなに忙しいなら……」

お父さんクマはぐるりと目を回し、歯をむき出しました。そして怒りをこめて、お母さんクマにささやきました。

「家具をつくってくれなんて誰も頼んでないぞ！　俺のベッドは固すぎるし、お前のベッドは柔らかすぎることはともかく」

「ぼくのベッドはちょうどいいよ！」と言って赤ちゃんクマは笑い、椅子に座ったままうれしそうにぴょんぴょんと飛びはねました。

お父さんクマは振り返り、大きめの声でささやきます。「それは俺がつくったからな！　飛びはねるのはやめろ。おじいちゃんがつくった椅子がばらばらになるぞ！」

お母さんクマはこんな状況には耐えられませんでした。お父さんクマに合図して、電話口に呼びます。そして「あなたの父親なんだから」と口の動きで伝えました。

お父さんクマはしぶしぶ立ちあがりました。できたての熱々おかゆは、まもなく冷めて、べとべとの固まりになってしまうでしょう。不機嫌な気分で電話を手に取りました。

「もしもし、父さん。ねえ、今、ちょうど座って食べはじめるところ……」

「やあ、お前か！」

おじいちゃんクマは、何も耳に入っていないようすで言いました。

「わしがつくってやった新しいベッドで冬眠に入る準備はできたか？　自分の家で冬眠できるなんて、いい気分にちがいない。だからこそ、わしは長年サーカスで芸をして、必死に働いてきたんだ。町から町へと旅をして、巡業暮らしを続けたのは、子どもたちに自分よりもいい暮らしをさせたかったからだよ。もしよかったら、今すぐみんなでこっちに来ないか？母さんがお前たちのために、特別なごちそうを用意したんだよ。新鮮な魚だ」

「ええっ、父さん！」と、お父さんクマは言いました。「俺が魚を苦手なのは知っているだろう？」

おじいちゃんクマは言います。「母さんにそんな台詞を聞かせたら、がっかりするぞ。すごく苦労したんだからな。ほら、母さんがお前と話したいって」

おばあちゃんクマの声は蜂蜜のように甘く響きました。

「私のかわいいテディ・ベアちゃん。今日は一日じゅう魚をとりにいっていて、新鮮なサケをつかまえたんだよ。こっちに来たらすぐ食べられるようにしてあるよ」

お父さんクマはうなります。「うーん、母さん……」

「『うーん、母さん』なんて言わないでおくれ。この前会ったとき、お前は骨と皮ばかりだったじゃないか。一日じゅう魚とりに費やして、私の毛皮が台無しになったことはともかくとしても。でも、もちろん、私たちと食事もできないほどお前が偉くなったんなら、それとも、

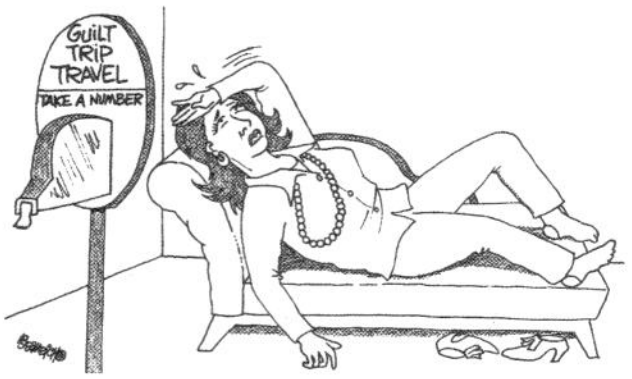

22
殉教者

私たちの食事じゃ物足りないんなら、それでもいいよ。数カ月は会えなくなるからって、無理しなきゃいけないとは思わないでおくれ。しかも赤ちゃんクマとは今年ずっと会えていないから、たぶん今ごろは、どっちみち私たちのことなんて忘れてるだろうしね」

お父さんクマはため息をつきました。

「わかったよ、母さん。すぐにそっちに行く」

電話を切ると、せつなそうにおかゆを見つめます。「ちぇっ。俺はおかゆが大好きなのに。魚は大嫌いだ。冬眠に入る前に、熱々のおかゆを食べるのを楽しみにしていたのに！」

お母さんクマはなだめようとしました。

「心配しないで。帰ってきてからでも食べられるわよ」

お父さんクマは愚痴をこぼしました。

「君はそれでいいかもしれないけどね。冷めたおかゆが好みだから。俺は熱々が好きなんだ。温め直したのとは違うんだよ。それに、まだドアの鍵の修理が終わっていない。おかゆを食べてからやるつもりだったんだ」

「そんなに悩んじゃだめよ」とお母さんクマが答えました。「森は安全よ。それに、私たちはクマなのよ！　招かれもしないのに家に入ろうなんて動物は誰もいないわ」

そこで、３匹のクマは家を出て、のしのしと道を歩いていきました。お父さんクマは、一歩ごとにブツブツうなっています。

〈殉教者〉は、相手がほしがってるかどうかなどおかまいなしに、贈り物を与えたがります。その贈り物にはもれなく、恩義がくっついてくるのです。

〈殉教者〉の行動は、「仲良くやる」目的と「認めてもらう」目的が結びついたときに起こります。「認めてもらう」目的が妨げられ、「仲良くやる」目的がほかの誰かに向けられたとき、〈殉教者〉は、愛されたいという目的のために、ますますあなたの人生に関わろうとしてあなたを困らせる行動に出るのです。愛情を競い合う人々の間にこれが起こると、〈殉教者〉は無視されたように、あるいは軽く見られたように感じてしまいます。そしてポジティブな目的が強まり、承認欲求や関心欲求となるのです。

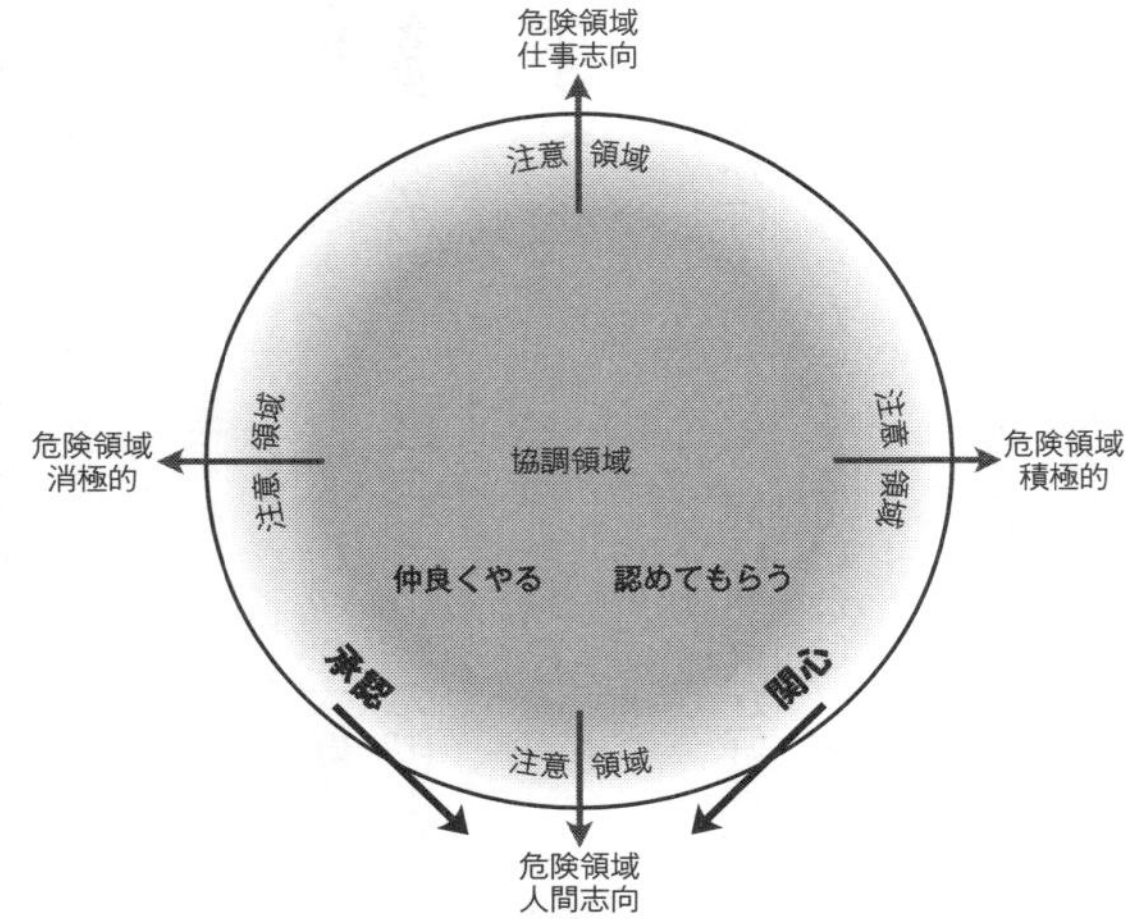

殉教者

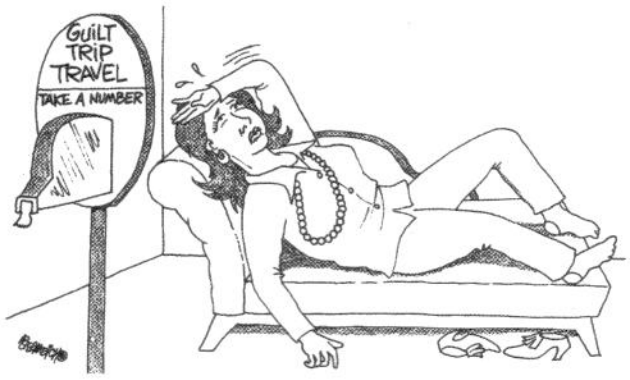

22
殉教者

〈殉教者〉は承認を求めながらも、自分がほしいものを頼むことはしません。関心を引きたいと思いながらも、その方法を見つけられないのです。

〈殉教者〉の領域：控えめなものから声に出すものまで

〈殉教者〉がほかの人を困らせ、悩ませるやり方はたくさんあります。控えめな〈殉教者〉の方法は、どの家族関係にも存在する義務感をベースとしています。初めはたいていの人と同じように、頼まれたことをやります。そして疑問を抱くこともなく、やることを増やしていきます。頼まれていないことも、相手に尋ねもしないでやるようになります。必要があると気づけばそれをやり、「あなたの役に立っている」と思うのです。このようにして、努力することが歓迎され、手助けを期待されるようになります。

声に出す〈殉教者〉の方法もあります。パターンは同じですが、ひとつだけ違いがあります。何をやるときも、「わかった、もちろん。ほかにやることもないようだし」と言いながら、いやいややるのです。不平を声に出して言いますが、頼まれたことはやりますし、そのうちに権利意識や見返りを求める気持ちが生じてきます。声に出す〈殉教者〉は「あなたの役に立っている。貸しがある」と言い出します。

時には〈殉教者〉がメルトダウンを起こすことがあります。ほかの方法を長く使いすぎた結果、そうなってしまうこともあります。〈殉教者〉がとくに不運だった日に、自らそうなることもあります。あるいは、人生というゲームで失敗し、すべてが不公平に思えたのかもしれません。〈殉教者〉は「私はどうなるの？」と叫び、自己憐憫のかたまりになって、責任を問えるものすべてを自分に強く引き寄せます。

頼んでもいない助けや、度重なる自己憐憫、罪悪感に人々がうんざりしだすと、〈殉教者〉はますますその行動をエスカレートさせますが、得られるものはどんどん少なくなります。〈殉教者〉は自分の利己心を少なくともふたつの方法で傷つけることになります。ひとつ目は、頼まれもしないのに用意された贈り物やサービスが感謝されず、しかもそんな自分を（自分自身が充分に憐れんでいるからか）誰も気の毒がってくれないことです。もうひとつは、〈殉教者〉の贈り物が軽視されるようになり、やはり感謝されないことです。周りの人はこう思います。「やりたいなら、やらせておこう！」

そこで〈殉教者〉は、試しては失敗するという循環にはまり、抜け出せなくなります。試せば試すほど失敗を重ねてしまい、失敗を重ねれば重ねるほど、また懸命に試すことになるのです。与えても与えても、感謝されることは少なくなるばかり。感謝が減れば、よけいにまた与えようとします。もう、誰もお返しなんてしようとはしません。

愛情を欲しがり、うっとうしい行動をするというのは、魅力的な性質ではないので、だれもお返しをしようと思わない。〈殉教者〉が責任感や罪悪感に訴えようとすればするほど、相手は

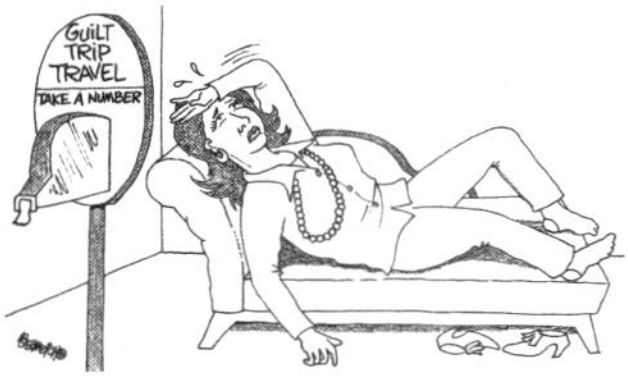

何かを与える気をなくしていきます。

〈殉教者〉への態度を変える

〈殉教者〉はあなたのなかに見つけた脆弱性を刺激しようとします。ですから、防御の盾を掲げておきましょう。〈殉教者〉の不平やあがきの原因となっているのは、誰かに認めてもらえないことではなく（本人はそう主張しますが）、重要性を認めてほしいという欲求であることを心しておきましょう。感情的な距離をとっておけば、罪悪感にかられなくてすみます。

あなたの態度は重要です。〈殉教者〉の承認欲求はとても強いので、彼らの信頼を受けてその行動に影響を与えたいなら、相手に対して多少感謝する必要があります。あなたは感謝にふさわしいという態度で〈殉教者〉に接しましょう。

もし感謝に値するようなことを何も思いつけなかったら、あなたの人生に対する彼らの影響がそれだけかぎられているのだということを感謝しましょう。彼らが何かを「しなかった」ことを感謝しましょう。あるいは、「やろうとした」ことや「やりたいと思った」ことに感謝してもいいでしょう。

いずれかの方法で、本当に思いやりと感謝にあふれた態度を見せなければなりません。同時に、相手が感謝されていないと感じていることに共感してあげなければいけません。

〈殉教者〉の行動に対処するときの注意点を挙げてみます。

■相手を〈殉教者〉と呼ばない

〈殉教者〉なんて呼べば、必ずいさかいが始まります。〈殉教者〉はあなたの感謝と共感を求めているのであって、自分の行動にレッテルを貼られたくはありません。

■自己弁護をしない

問題はあなたではなく〈殉教者〉のほうにあるのですから、自己弁護したところで何も解決しません。もし〈殉教者〉が、自分が取るに足らないと感じている責任をあなたにとらせようとするなら、あなたはただ、相手が率直に気持ちを打ち明けてくれたことに感謝するだけでいいのです。あなたの行動の是非を話し合う必要はありません。あなたが自分を守ろうとすれば、言い訳に聞こえてしまいます。そんな無意味なことはやめたほうがましでしょう。

■問題を修復しようとしない

問題は〈殉教者〉の心のなかにあります。あなたが修復しようとしても、その問題との結びつきがますます強くなるばかりでしょう。

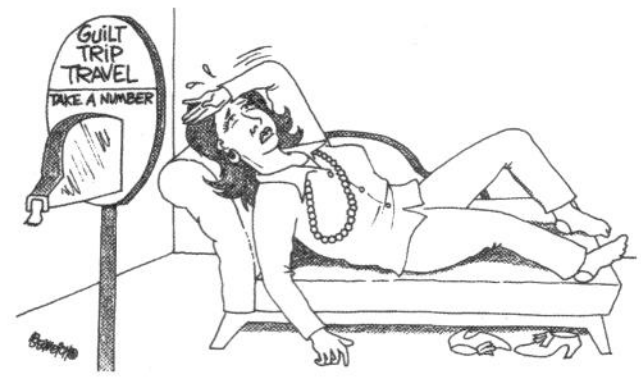

■相手にすべての重荷を背負わせない

〈殉教者〉があらゆることを引き受け、あとでその不平を言うように見えたら、公正な割り当て分だけをやるように言いましょう。そして、もしそれ以上引き受けたなら、自分以外の誰のせいにもできなくなりますよと伝えるのです。この段階でそのことを知らせておけば、また〝罪悪感の旅〟が始まったときに引き合いに出すことができます。

目標：罪悪感の糸を切り、人間関係を保つ

〈殉教者〉はあなたの人生の重要な存在になろうと必死になり、贈り物を与えようとします。そんな贈り物はどれも糸がついています。〈殉教者〉があなたに罪悪感を感じさせようとするとき、あなたは糸を引っぱられるのを感じるのです。そうやって承認を得ようとするのは、不健康で不幸な方法です。〈殉教者〉に対応するときの目標は、罪悪感の糸を切り、良い人間関係を保っておくことです。

対〈殉教者〉アクション・プラン

オプション① 与える機会を探す

重要な存在になりたがる〈殉教者〉の欲求にあらかじめ対処しておくことで、安っぽいドラマのような「なんてかわいそうな私！」という〈殉教者〉の嘆きは避けられるでしょう。それはありがたいことですし〈殉教者〉との関係を根本から変えてくれるかもしれません。

以下は、ダニーから聞いた話です。

私が家を出てから5年くらい経ったときです。母にどなられると、父は姉たちに電話をかけて、こんなふうに言いました。「俺は何ひとつまともにできないんだ。俺がやると何でもうまくいかない。どんなにがんばってみても、母さんは絶対に喜ばないんだよ。俺たちはもうダメだと思う」

けれども、姉たちが、じゃあどうして頑張りつづけてるの、と尋ねると、父の答えはいつも同じでした。「母さんには負い目があるからな」

父がそんなふうに感じていたことは理解できます。母はいつも、自分がどんなに父のために尽くしてきたか訴えているからです。では、母はどうしてそんなことをするのでしょうか？

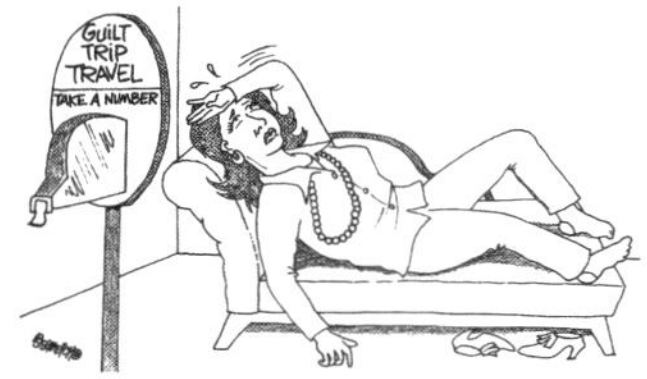

22
殉教者

母に尋ねてみると、母はこう言いました。「父さんに借りがあるからよ」

父は姉たちには、自分が子どもたちにどれほどのことをしてやったか、いつも語っています。では、父はどうしてそんなことをしてやったのでしょう？　私が尋ねると、父は答えました。「あいつらには借りがあるからな」

そして、姉たちは私に、父にしてやったことの話をするのです！　その理由を尋ねると、姉たちは「借りがあるから」と答えました！

ある日、私はふと思いました。私の大好きな人たちは、お互いのためにすばらしいことをしてあげている。それなのに、相手に心からの感謝を伝えていないのは、自分が感謝されていないと思っているから。全員が、罪悪感によって動かされている！

そこで、私はみんなに感謝を伝えることにしました。どうしてそんなことをするかって？　みんなが大好きだし、感謝するのが楽しいからです。それに、みんな、たくさん感謝されるべき人ばかりですからね！　私の感謝など大した意味はないかもしれないけど、少なくとも何かの足しにはなるでしょう。もしかしたら、いつか私の真似をしてくれるかもしれないし。

いや、わかりませんよ！　そして、私はみんなと楽しく過ごしていますし、家族たちも楽しんでくれていると思います。

あなたが〈殉教者〉を軽視してはいないことを知らせましょう。そうすれば、相手は忘れられているとは思わなくなるはずです。それには、次の方法を使うことができます。

■愛情を伝える

あなたに感謝されていないと〈殉教者〉が主張したときには、ポジティブな目的を認めていることを伝えましょう。そして、もっと感謝されるためには何をすればいいかを伝えましょう。そうやって導くことで、あなたの人生で真に重要な役割を果たす方法を学ぶことができるでしょう。

■相手の立場に立つ

あなたが相手を怒らせてしまい、あなたの言葉や行動で心が傷ついたと責められたとき、どんなに説明してもその気持ちは変えられません。しかし、もしあなたが謝罪したり相手の見方を認めたりするなら、相手は心の痛みを忘れて愛情を抱くでしょう。

以下は、ハリーから聞いた話です。

私の母シビルは、妻の妹から、うちの娘の重要な行事の話を聞いてしまいました。私はその行事の話を母に伝えていなかったのです。母はカンカンになって、口をきかなくなりました。私が電話をかけると、電話口でどなるのです。

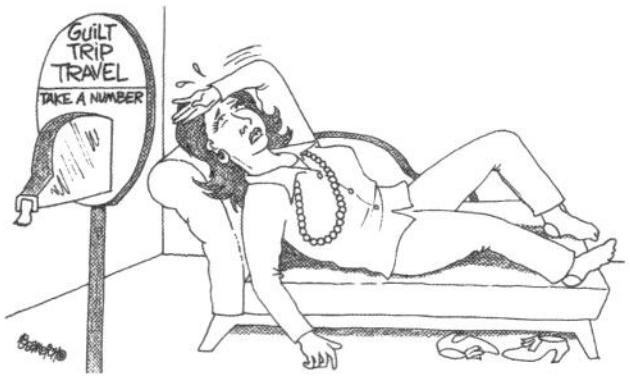

22
殉教者

「私のことなんかどうでもいいんでしょう！」

そして電話を切ってしまいます。母の家を訪ねると、ドアの向こうから「帰って。私のことなんてどうでもいいくせに！」とどなられます。それはとてもつらいことでした。そもそも行事の話を伝えなかったのは、心配させたくなかったからです。それが裏目に出てしまいました。

ある日、私は母に大きな花束を贈り、こんなメモを添えました。「母さんの言うことはもっともです。私がうかつでした。愛しています。どうか許してください」

その結果ですか？　母は電話をかけてきて「すてきな花束をありがとう」と言いました。そして「私も愛しているよ」と言ってくれました。

■内なる子どもに話しかける

子どもが時間をかけて承認を得るように、〈殉教者〉は誰よりも努力してあなたの愛と感謝を得ようとします。その行動を子どもっぽいと思ったら、相手の心のなかにいる子どもに話しかけましょう。子どもに対するような表情や口調を使い、〈殉教者〉が求めている関心を与えるのです。〈殉教者〉が哀れっぽく「かわいそうな私」と言えば、「ああ、かわいそうな赤ちゃん！　今すぐ、かわいがってほしいのね？」と言って、相手の肩の荷を軽くしてやりましょう。そういったふざけた愛情表現こそ、〈殉教者〉の心を慰めるために必要なものかもしれません。私たちがインタビューした人のうち何名かは、この効果をやってみるだけの価値があると思いました。

オプション② 〝罪悪感の旅〟をやめさせる

〈殉教者〉があなたを訪れています。電話が鳴り、あなたが〈殉教者〉に断って電話に出ようとすると、〈殉教者〉はこう言います。「いいわよ、電話に出て。私がここにいられるのはほんの短い間だけど、私のことは気にしないで。誰だか知らないけど、私の話なんかよりずっと大事な用事があるのよね」

これこそ、〝罪悪感の旅〟への招待状です。「もし～なら」「～すべきだった」「～だったらいいのに」などなど、仮定法のあふれる不思議の国への旅路です。乗車券は、あなたの罪悪感。さあ、バスに乗って出かけましょう。いいえ、あなたはそのバスに乗らなくていいのです。罪悪感の働きを理解すれば、乗らずにすむはずです。

■飾りをはぎとる

罪悪感の性質を理解すれば、責任感という飾り板をはぎとって、〝罪悪感の旅〟の仕組みをはっきりと見ることができます。

では、罪悪感とはなんでしょう？　それは、自分の大切なものを傷つけるようなことをし

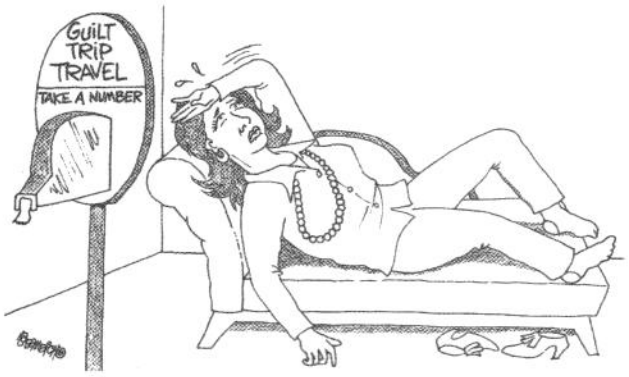

22
殉教者

たときに抱く感情です。あなたが家族を大事にしているのに、仕事に追われて家族のそばにいられないとしたら罪悪感を抱くでしょう。優しさを大事にしているのに、子どもをどなりつけたりしたら、罪悪感を抱くでしょう。

役に立つことが大事だと思っているのに、誰かが苦しんでいるのを見ても助けてやらなかったら、罪悪感を覚えます。たとえ、その状況ではその行動（あるいは行動しないこと）が最善の選択であったとしても、罪悪感を抱くことに変わりはありません。

罪悪感そのものは悪いことではありません。罪悪感をまったく抱かない人は、犯罪者になってしまうことが多いです。罪悪感は、何かの動機となることもあります。良くない行動を抑えてくれ、内省を促し、創造的思考を導いてくれることもあるのです。

罪悪感は、行動をしたり逆に行動を控えたりして消すことができます。罪悪感の力によって、私たちは自分の行動について考え、態度を変えて、大切なものを修復し、適切な場所に収めることができるのです。

罪悪感は、どのようにして責任感を引き起こすのでしょうか？　私たち人間は自分の誤りに気づいたとき、それを正そうとするものです。常に批判にさらされたり、自分がやっていないことで責められたりしながら育った人は、本当は悪くはないのに、罪悪感を抱いてしまいがちです。そんな人が反抗的行為として、意図的に悪いことをする場合もあります。その後、見つかるのではないかとおびえて過ごすのです。

彼らは〝罪悪感の旅〟に出てしまいがちです。何もしないのがいちばん悪いことだと信じて育った人たちは、リラックスしようとするたびに罪悪感を抱いてしまうかもしれません。そういった罪悪感は、〝罪悪感の旅〟のフリーパスとなります。罪悪感は、後悔の思いと責任感を結びつけ、あなたにしてほしいことをさせようとします。

実際、〈殉教者〉はこんなふうに言います。「あなたにもっと責任感があったら、私の望みどおりにしてくれたら、私の望みどおりにしてくれるでしょうに」「もっと私に感謝してくれたら……」「もっと気遣ってくれたら、私の望みどおりにしてくれるでしょうに」「もっと有能なら……」

あるいは逆の言い方をしてくるかもしれません。「あなたがこんなに無責任でなかったら、私の望みどおりにしてくれるでしょうに」「こんなに感謝知らずでなかったら……」などなど。

そのパターンを認識しましょう。その言葉をあなたのなかに取り込む必要はまったくありません。

■罪悪感を押し返す

あなたに罪悪感を抱かせるために、〈殉教者〉が直接何かを言ってきたら、その言葉を押し返して、そんな言葉を言ってしまったという罪悪感を相手に抱かせましょう。罪悪感を押し返すには、その言葉に気づかなければなりません。

〈殉教者〉が、思いやりがないといってあなたを責めてきたら、「私の思いやりに気づかない

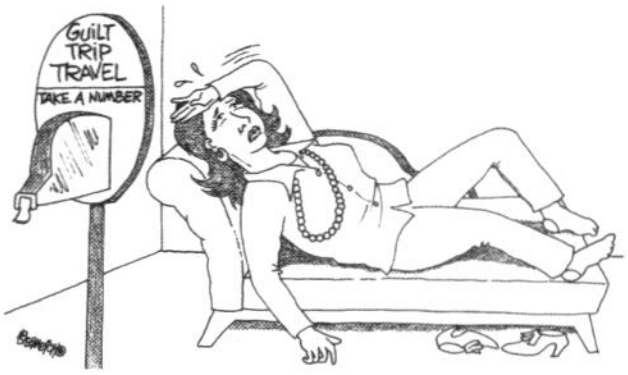

22
殉教者

なんて、あなたも思いやりがないわ」と言ってやりましょう。感謝していないと言われたら、「私の感謝を認めていないのね」と言いましょう。

あなたの行動についての指摘を受け入れず、相手の行動に疑問を投げかければ、罪悪感を押し返すことができます。そして、やりたくないことをやらなければいけない（あるいは、やりたいことをやってはいけない）という責任感から解放されます。

殉教者：「私がしてあげたことに、あなたはちっとも感謝してくれないのね」
あなた：「あなたがしてくれたこと全部に感謝しているわ。でも、あなたは私の感謝を認めてくれないのね」
殉教者：「そうじゃないわ」
あなた：「じゃあ、お互いさまよね」
殉教者：「私を本当に愛しているなら、この件で助けてくれるはずよ」
あなた：「僕を本当に愛しているなら、助けられないことを理解してくれるはずだ」
殉教者：「でも、私は本当に愛しているのに！」
あなた：「僕も本当に愛しているよ」

■接続コードを切る

〝罪悪感の旅〟にあなたを誘うもうひとつの方法は、「あなたのやりたいことをやって」と勧めながら、もしあなたが本当にそれをやったら罪悪感を抱いてしまうような条件をつけることです。〈殉教者〉は、自分の選択をすると決心したあなたが、その結果として罪悪感を抱くように企てるのです。どうしてでしょう？　罪悪感は、責任感に変わるからです。時間をかけてつくりあげた責任感をあとで呼び出すことで、〈殉教者〉は望んだものを手に入れるか、あなたにしてほしくないことをやめさせることができるのです。

このようにしてつくられた責任感であっても、それを利用すれば、人間関係におけるもっと大きな問題について、あなたを牽制することができます。それを防ぐ最上の方法は、あなたの選択と罪悪感を結ぶ接続コードを断ち切ることです。まず、あなたのなかにあるコードを切ります。助けてくれるのが当たり前であったかのように、〈殉教者〉の助けに感謝しましょう。それによってつながりは断たれ、あなたは責任感という鎖で縛られずに進むことができます。

殉教者：「どうぞ、やってください。私のことはおかまいなく」
あなた：「わかった。それはよかった。ありがとう！」

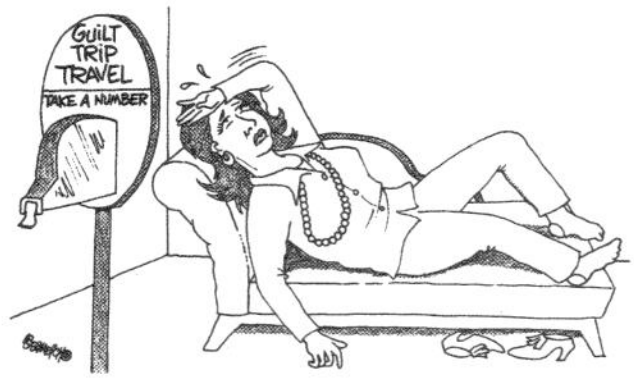

22
殉教者

殉教者：「ほら、私に伝票をよこしてください。なんとかしましょう」
あなた：「いいですよ、あなたがそうおっしゃるなら！」

〈殉教者〉は、あなたが選んだものと、あなたの人生における自分の価値とを比較し、自分への評価は低く、思いやりも感謝も足りないと言うことがあります。

「あなたは私よりも彼のほうが大事なんだ」
「あなたは私よりも自分のほうが大事なんだ」
「あなたは私よりあれのほうが大事だと思ってる」

最良の対応は、自分のやりたいことと、〈殉教者〉に設定された動機とのつながりを切ることです。その方法は簡単です。思いやりや感謝があるからこそ、自分の選んだ行動をしていると伝えるだけでいいのです。彼らの価値を認め、理解に感謝しましょう。

殉教者：「どうぞ、やってください。あの犬のほうが私よりも大事なんでしょう」
あなた：「実際、あの犬のことは大事だよ、だって約束したからね。君だって僕の立場ならそうするだろう。理解してくれてありがとう」

殉教者：「おやりなさいよ、夫や子どものほうが実の母親よりもずっと大事なんだったら」
あなた：「私は家族が必要とする世話をしているの。ちょうど、お母さんが家族の世話をするようにね。わかってくれてありがとう、だって、お母さんには認めてもらえると思っているからね」
殉教者：「会いに来なくてもいいよ、もっと大事な用事があるならね」
あなた：「そうなんだよ。今は旅行にお金を使っていられないんだ。そんなふうに気を配ってくれてありがとう」

■つぼみのうちに摘む

あなたが〈殉教者〉に対する責任を感じるのはどうしてでしょうか？　あなたは何に対して罪悪感を抱き、〈殉教者〉はどうやってそれを利用するのでしょう？　〝罪悪感の旅〟に出なくてすむためには、自分のものではない罪悪感から自分を解放し、本来の罪悪感にもとづいて行動しましょう。

もし誰かに率直で悪意のない意見をもらい、その意見によって自己嫌悪に陥った場合は、そこに〈殉教者〉は存在しません。〝罪悪感の旅〟はあなた自身のものです。傷ついた価値を明

確にし、どうにかして修復すれば、罪悪感の重荷は消えてしまうでしょう。誰かがあなたのためにやったことに責任を感じるならば、バランスをとって片づけてしまいましょう。

〈殉教者〉があなたのためにやったことのお返しにあなたがやったことの一覧をつくり、貸借対照表ではどうなっているかを確かめます。〈殉教者〉に借りがあって、まだ返していなければ、返済計画を立てて実行しましょう。あるいはあなたがどうやって返済しているかをはっきりと把握し、自分を評価しましょう。そうすれば、〈殉教者〉が責任感の糸を引っぱっても、その先には何もくっついていません。

オプション③　相手の混乱をリセットする

時には、自分で自分を混乱させつづける人もいます。

感情の問題、筋の通らない考え、あなたを困らせる行動は、外部の出来事を個人的に受け止めた結果であることが多いのです。他人の自尊心を進歩させるのに最も効果がある方法は、相手を本質的に価値ある人間とみなすことです。

■悪いことの誇張に反応する

何か悪いことがあったとき、まるでそのできごとを少しも忘れてはいけないかのように、心のなかで何度も振り返ってしまったことはありませんか？　誰もが人生のある段階でそんな経験をしますが、〈殉教者〉にはそれが習慣となっています。家族の集まりでグラスのワインがこぼれると、それ以外はすべてうまくいっていたにもかかわらず、〈殉教者〉はこう言います。「今夜はこれですべて台無しだ」

もしも食べ物が充分でなかったり、計画の細かいところが充分練られていなかったりすると、〈殉教者〉はこう言います。「今夜は最悪だ！」

しかし、そんなことでその夜全体が台無しになったのでしょうか？　それとも、そう信じることで、〈殉教者〉にとっては台無しになったのでしょうか？　家族の集まりが最悪だったのか、それとも〈殉教者〉の反応が最悪だったのでしょうか？　誰かが悪いことを誇張したときには、あなたはその誇張を誇張して、相手の言っていることは正しくないと示すことができます。

殉教者：「これ以上悪いことなんてないよ！」
あなた：「ない？　もっと悪いことをひとつくらい考えつかない？」

■**失望に反論する**

〈殉教者〉は自分の失望を、一般化した自己憐憫で表す傾向があります。たとえ自分ではコントロールのきかない特定の外部の状況であっても。そして「いつも」「決して」「みんな」

「何も」といった、一般化する言葉を使います。もし具体的な反例があれば（おそらく、使えるものはたくさんあるでしょう）、このように使いましょう。

殉教者「あなたは決して会いに来てくれない」
あなた「決して？　先週立ち寄ったじゃない？　あれは計算に入れないの？」

殉教者「誰も私のことをかまってくれない」
あなた「じゃあ、どうして去年みんなはあなたの誕生日パーティーを開いてくれたの？」

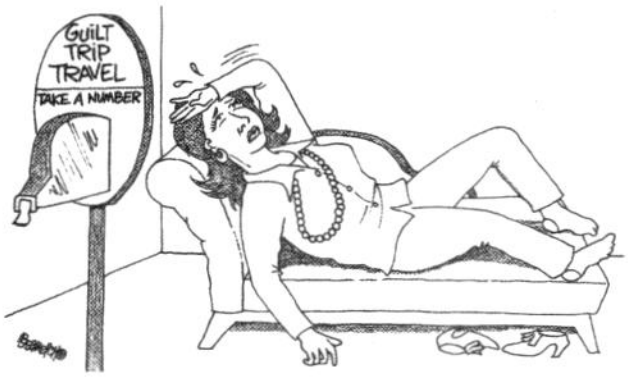

22
殉教者

■「すべき」から「してほしい」へ

人生とは、変化し、コントロールのきかないものです。人やものごとを健全に扱うときには、厳格に要求するよりも、「してほしい」「したい」という言い方のほうが効果があります。「してほしい」という言い方を使う人は、自分の考えや感情をコントロールすることができます。厳格な要求をする人は、ものごとや人をコントロールしようとし、その要求がかなえられないと惨めになります。

「すべき」を「してほしい」にアップグレードできれば、悲惨な状態から抜け出す方法を見つけられます。どうすれば何がうまくいくかに注目するのではなく、状況に応じて、どんなふうにうまくいってほしいかに集中できるからです。〈殉教者〉にはこの移行ができないかもしれませんが、あなたがアップグレードを提供することはできます。

殉教者「私の依頼について、君はもっと配慮するべきだったよ」
あなた「君の依頼について、もっと配慮してほしかったんだね？」

殉教者：「ひとこと頼みさえすれば、君のために何でもするよ」
あなた：「私が頼むことなら何でもやりたいということですね？」

この種のパターンを何度も繰り返せば、〈殉教者〉の考え方に強い印象を残すでしょう。

オプション④　理不尽な頼み事は断る

はっきりと断るのは、大事な技術です。とくに、よく練習を積み、「仲良くやる」ことが目的で争いを避けたい人にとっては大事です。「ノー」と言うことで、あなたの信頼性をますます高め、あなたの本心を人に示すことになります。そして、あなたが助けを（与えるほうでも、受け取るほうでも）断らなかったときには、誠実さと切実さを伝え、ためらったり、不信感を隠したりしていないことをわかってもらえるのです。

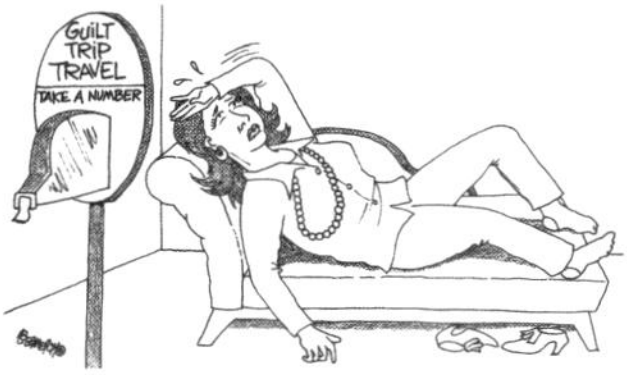

22
殉教者

また、「ノー」と言うことで利己的だと思われることはありません。その場合、あなたは自己の利益だけを考えて、他人を排除するわけではないからです。断るときには、言葉そのものよりも、その言い方が大事です。静かに、シンプルに、それが何よりも当たり前のことのように言いましょう。必要があれば、繰り返しましょう。シンプルな言い方を続けましょう。もしも言い訳をつけてしまったら、〈殉教者〉があなたに腹を立て、あなたの「ノー」は挑戦や攻撃と受け取られやすくなってしまいます。また、もしもあなたが攻撃的になってしまったら、〈殉教者〉はひどく憤り、断りの言葉そのものに集中できなくなって、それを聞いたときの怒りの感情だけが記憶に残ってしまうでしょう。

断りのメッセージを強めたいのなら、同時に首を振ってみましょう。そうすることで、矛盾のないメッセージを伝えられます。口では「だめです」と言いながら、確信なさげな、あるいは混乱した態度を見せるよりも、強いメッセージとなるのです。〈殉教者〉に断りを受け入れてもらいやすくするには、前置きとして緩衝材となる言葉を使いましょう。

たとえば、「頼んでくれたのはうれしいけど、だめなんだ」「申し訳ないけど、断らざるをえないんだ」「残念だけど、引き受けられない」などの言葉です。また、緩衝材となる言葉をもう一度、最後に使ってもいいでしょう。たとえば、「頼んでくれてありがとう」「私のことを思い出してくれてありがとう」「たぶん、また別の機会にね」などの言葉です。

うまく断れないなら、誰もいないエレベーターで練習しましょう。各階ごとに、まだ目的の階ではないのに降りるよう頼まれたと仮定して、答えるのです。「いいえ、ここでは降りません」、「いいえ、まだ降りません」、「いいえ、まだ早すぎます」そして目的の階に来たら、「はい、ここで降ります！」と言って、適切なときに「はい」と言える爽快さを味わってください。

オプション⑤　全体像をちらりと見せる

相手にあなたの行動は自滅的であるという真実を告げ、もっとうまくいくと思われる方法を伝えなければならないときもあります。全体的には、どのタイプの「困った人」に対するときも同じなのですが、率直さが重要です（詳細は、7章の「率直に告げる」参照）。率直になるときの目標は、〈殉教者〉に全体像をちらりと見せることです。

- ■あなたのポジティブな目的を伝える
- ■あなたを困らせる行動を具体的に挙げる
- ■相手の行動が自滅的であることを示す
- ■新たな行動や選択肢を提案する
- ■行動の変化を強化する

〈殉教者〉に対処するときには、特に次のふたつが重要です。

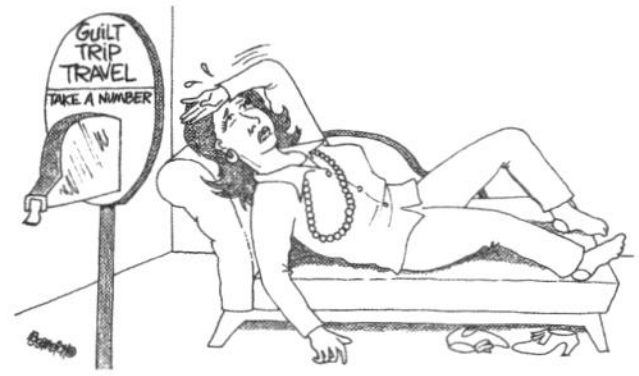

❶相手のポジティブな目的を指摘する

「いろいろと面倒をみてくれて、ありがとう」
「一生懸命やってくれて、ありがとう」
「こんなにすばらしい食事をつくってくれて、ありがとう」

❷具体的に話す

「あなたなら理解してくれるでしょう」などと前置きしてから、相手の行動の自滅的な性質を示しましょう。

〈殉教者〉が変わるとき

3匹のクマ

冬眠の日の1週間前のことです。お父さんクマは、お母さんクマと子グマ（もう赤ちゃんクマではありません）に、これからおじいちゃんクマとおばあちゃんクマに会いに行こう、と言いました。お母さんクマは、不思議そうにお父さんクマを見ました。お父さんクマは、その無言の質問に答えました。

「去年みたいに、最後の瞬間に電話されて冬眠前のおかゆを台無しにしたくないんだよ」

お父さんクマは、新しく導入した警報システムに暗証番号を入力し、錠前を再確認しました。そして3匹は出かけました。まもなく、おじいちゃんクマたちの洞穴に着きました。

「こんにちは、父さん！」

「やあやあ、息子よ！　会いに来てくれるとは、どういう風の吹きまわしだい？」

「ええと、去年の冬眠のときのお別れが、ぎりぎりであわただしかったのが残念だったんだ。今年はもっと早く来て、何か手伝えることがないか確かめようと思ってね。少なくとも、楽しく滞在して、冬眠前の挨拶はできるから」

「そうかい、お前は優しいね」とおじいちゃんクマが言いました。

そのとき、おばあちゃんクマが洞穴から出てきました。ハグし合ってから、お母さんクマはおばあちゃんクマに、新しく集めたばかりの蜂蜜のびんを渡しました。

「日ごろのお礼です」

「すてき！」と言って、おばあちゃんクマは、おじいちゃんクマにも見えるように、蜂蜜を持ち上げました。おじいちゃんクマは、お父さんクマの背中をたたいて言いました。

「じゃあ、何をやろうかね、息子よ！　家具でもつくるか？」

「いや、だめ、だめ！」とお父さんクマはすばやく答え、つけ足しました。「つまり、父さんはもうたくさんつくってくれただろ？　本当に感謝しているよ。でも今は、孫と遊んでくれ

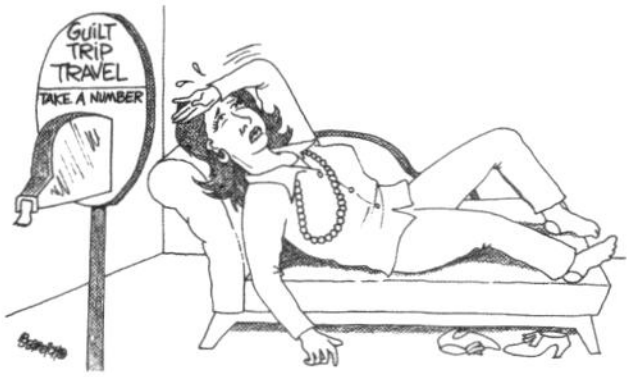

22
殉教者

たほうがいいと思うんだ」

そこで、おじいちゃんクマは、お得意のサーカスの芸を子クマに見せてやりました。その間にお父さんクマは、大ごとになる前におばあちゃんクマと話して食事の問題を片づけようと決めました。「母さん、夕食の話をしてもいいかい？」

ところが、言葉を続けようとしたとたん、おばあちゃんクマが言いました。

「サケは食べないって言わなくてもいいよ。お前は、私がつくってやる食事をちっともありがたがらないんだからね」

お父さんクマがうなったので、おばあちゃんクマは言葉を切りました。そしてお父さんクマは態度をやわらげて言いました。

「母さんこそ、俺の感謝をちっともわかってくれないんだからね」

おばあちゃんクマは目を丸くしました。息子のリラックスした態度と思いやりのある口調に混乱したように見えました。お父さんクマは続けました。

「愛しているよ、母さん。母さんがものすごく苦労してサケをとってきたのはわかっている。愛情こめて料理してくれたのもね。誰でも気に入るだろうよ。だから、サケを出してもかまわないよ。ただ、俺はサケが好きじゃないんだ、誰が用意したものでもね。だから、食べないんだよ。それでも、みんなが母さんのすてきなサケを楽しむのを見て楽しめるよ。それに、副菜のおいしそうな食べ物も楽しませてもらうよ」

一瞬後、お父さんクマはつけ加えました。

「ただ、母さんの料理の専門知識で手伝ってほしい分野がひとつあるんだけど」

おばあちゃんクマは、愛情を感じながら言いました。

「ええ、かわいい子グマちゃん、何なの？」

「うん、俺はおかゆが大好きなんだ。だから、もし、おいしく食べられる温め直し方を見つけてくれたら、とてもうれしいんだ」

「見つけるって？　そんな必要はないよ。今晩、ほかのみんなにはサケを食べてもらうけど、お前にはできたての熱々のおかゆを食べさせてあげるからね。母さん特製の」

そしてふたりは、ぎゅっとハグし合いました。

このお話の教訓は、しっかりと断ること、ぎゅっとハグすること、それに蜂蜜のびんが、より幸せな冬眠を生み出すということです。

まとめ

【〈殉教者〉が現れたとき】

■目標：罪悪感の糸を切り、人間関係を保つ

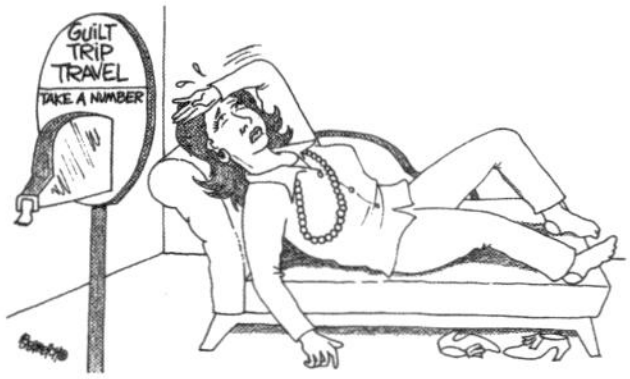

22
殉教者

■アクション・プラン：

①与える機会を探す

②〝罪悪感の旅〟をやめさせる

・飾りをはぎとる

・罪悪感を押し返す

・接続コードを切る

・つぼみのうちに摘む

③相手の混乱をリセットする

・悪いことの誇張に反応する

・失望に反論する

・「すべき」から「してほしい」へ

④理不尽な頼み事は断る

⑤全体像をちらりと見せる

23 もしあなたが「困った人」になったら

さて、そろそろ、お気づきになったのではないでしょうか？　あなた自身が「困った人」になり、最悪の状態で日々を過ごすことがあるのでは？　そんなときはどうすればいいでしょう？本章では、「困った人」とのやりとりの手紙から、その答えを探ります。

あなたが〈戦車〉になったら

リックとリックへ

あなた方は度胸があるし、衝動的に行動しますね。敬服します。あなた方のセミナー以来、私は自分が「困った人」であるという結論に達しました。私が「困った人」だと思っていた人たちは、私の扱いに困ってそうなっていたのです。ええ、私は、誰かが時間を無駄にしていると思ったらがまんできませんからね。でも私にはやることがたくさんあり、将来を見据えているのに、みんながしょっちゅう邪魔をして足を引っ張るのです。私はどうすればいいのでしょう？　率直な意見をお願いします。私なら大丈夫です、相当頑固にできてますから。

ジョー・シャーマンより

まずは、何かをやりとげたいときに、他人に無理強いするのは、おそらく最も時間がかかるとともに最も効果の薄い方法だということを認めましょう。時間の無駄はやめてください。次の質問の答えを考えてください。

その行動で、本当にやりとげられますか？　どんなことをやりたいんですか？　どんな代償を払って？　まわりの人は、あなたを恐れていませんか？　あなたはそれを望んでいますか？　あなたは、人にやる気を起こさせ、鼓舞できる真の指導者ですか？　それとも、ただの暴君ですか？　自分のあとに累々たる屍を残したりせずに、やりとげたらいかがですか？

あなたが使命を負っていることはわかります。何かを成し遂げ、それを持続したいのですよね。誰にも邪魔されたくないのです。そのことが露呈するのではないかと恐れていますね。あなたの大きな目標が、暴君ではなく指導者になることでしたら、9章で紹介した、自分の態度を変える方法を使いましょう。もし「終わらせる」ことが重要なら、すばらしい結果を出した人々の伝記や自伝を読んでお手本とし、彼らの成功を足がかりとして進みましょう。お手本の考え方にならい、自分自身の生き方を変えるのです。

あなたが〈狙撃手〉になったら

フリックとフラックへ

あなたたちから学んで成長する人もいれば、うまくいかない人もいます。自分から自分へのお説教を実践する人もいれば、お説教の練習を実践する人もいます。群れにエサをやる羊飼いもいれば、群れの毛を刈る羊飼いもいます。あなたたちが怠慢だとか嘘つきだとか言おうとしているのではありません。でも、そうですね、あなたたちは双子にちがいありません。ひとりだけではそれほど愚かなことはできませんから。

ツリーより

僕たちは皮肉の匂いを感じたでしょうか？　いえいえ。あなたの曲はまるで交響楽のように、メロディーを奏でていました。こら、悪い犬だな！　部屋の隅で伏せていろ。実際、狙いをつけて中傷する〈狙撃手〉のあなたには、目覚まし時計以外に親友がいません。あなたが中傷するたびに、みんなは、あなたがビールを飲みはじめたと思うでしょう。実際には、あなたは重い発話障害なのです。だけど、あなたを不快にさせても、あなたを変えることはできません。では、どうすれば変わるのでしょう？

もしあなたが、中傷する相手に恨みや怒りを抱いているなら、かなりの問題を取り除けます。犠牲者にそう言うだけで終わりですから。まずおすすめするのは、中傷に対する責任を認めることです。次に、そもそもの状況についての認識と反応に対する責任を認めましょう。最後に、何に怒っているのかを話して、自分がしてほしいことを頼みましょう。

しかし、あなたは、誰かに深い恨みを抱いているわけではないかもしれませんね。中傷する理由は、時間をかけすぎる相手に耐えられなくなったことにあるのかもしれません。あるいは、相手の明らかに馬鹿げた考えにいらだったせいでしょうか。それとも一日中さまざまないらだちが積もり積もって、ついにその鬱憤を誰かにぶつけたくなったのかもしれません。

いずれの場合も、中傷するという行為によってほかの重要な目的がおろそかになることに気づいてください。おそらくあなたは管理者で、部下の意見を聞きたいのに聞けないでいるのでしょう。部下はあなたの標的となることを恐れているからです。その状況をはっきりと把握することで、変わろうとする気持ちが生まれてくるでしょう。

あなたが、友好的なタイプの〈狙撃手〉で、その無礼で面白い（あなたにとっては）言葉に他意はないのなら、そして「もしあなたが自分自身を笑えないんだったら、ほかの人を笑えばいい」と思っているのなら、あなたの言葉の意味は、それに対する反応と同じ意味だと覚えておいてください。

言いかえれば、もしあなたが友好的であろうとしていても、相手にとってはそう思えないのであれば、あなたはやり方を変えてみるべきです。相手にどんなやり方がいいか尋ね、そのとおりにしましょう。そしてあなたがたまたまそれを忘れてしまったら、思い出させてほしいと頼むのです。

あなたが〈博識家〉になったら

前略　あなた方のセミナーに出席したとき、私にとって価値あることは聞けないと確信しました。なんといっても、私は経営学の学位をもっていますし、おかげさまで、ビジネスもかなりうまくいっていますから。あなた方の意見のなかには、少しは筋の通ったものもあるような気がしました。ただし、それらをうまく使いこなせるほどの知性を備えた人がどれくらいいるかは疑問ですが。そちらのプログラムのなかで、私に最も役立つものがあるとしたら、どれだと思われますか？

草々

I・M・パムパス

ご承知のことと思いますが、知識を重んじる人は、なんにもとらわれない心をもちつづけることで、知識を獲得できます。あなたが知識を習得されるには、かなりの時間を費やされたことでしょう。おそらくこれもお気づきでしょうが、知れば知るほど、知らないこと、知るべきことは増えていくのです。

どんな人も、あなたの知識量を増やしてくれる可能性があります。なぜならひとりひとり、ものの見方は異なるからです。議論する際にはこのことに留意し、他者を拒絶するのではなく、相手の話の内容を見きわめましょう。まったく役に立たない愚かきわまる意見を提案する者もいますが、その人がその提案をするに至った基準には、黄金のような価値があります。

あなたの態度に関していえば、もっと好奇心を抱き、他人の認識や行動の違いに関心をもたれることをおすすめします。コンピュータのキーを叩くだけで、百科事典全巻に１００万分の1秒でアクセスできる情報化時代には、知識よりも知恵のほうが大きな価値をもちます。知恵は年齢によって得られるものではありません。生後数カ月の赤ん坊からも大きな知恵が得られます。知恵とは、心ある探求精神によってもたらされるものなのです。

23
もしあなたが「困った人」になったら

あなたが〈知ったかぶり〉になったら

親愛なるふたりに

やあ、面白かったよ。セミナーのクラスではすごいジョークを覚えた。うちのオフィスの連中に使うのが待ちきれないよ。でも、言っとくけど、「困った人」を扱うには、もっと簡単な方法がある。困った行動に出たら、ただ相手の目を見て、こう言うんだ。「個人的な問題みたいだね！」。わかったかな？

まじめな話、唯一の問題は、僕に対する態度だ！　会話には困ったことはないけれど、聞いてくれる人がいないんだ！　たとえ僕が間違ったとしても、それにはちゃんとした理由があるんだ！　なのに誰も尊敬してくれない。何かアドバイスある？

天才、転じて天災より

あなたがご存じでないことを、少なくとも３つ思いつきました。

①間違いを認めるのは少しも不名誉なことではありませんが、それはあなたが最初にごまかそうとしなかった場合の話です。自分の情報が不十分だと気づいたり、自分の意見がいいかげんだと思ったりしたら、それを素直に認めれば、ご同輩の方々の敬意をふたたび得られるでしょう。

②誇張が少々問題となっているのでしたら、その原因に取り組むのがよいでしょう。それは、好かれたい、認められたいという欲求が妨げられているということです。あなたは自尊心を高めるようなことをしたほうがいいでしょう。自尊心の低さが、〈知ったかぶり〉の行動の原因であることが多いからです。仕事やプライベートの人間関係をテーマとした情報を集めてください。自尊感情を扱った作品を読んだり見たりしてみましょう。

③最も重要なのは、他人の関心を引こうとするのをしばらくやめてみることです。愚か者と思われるかもしれませんが、質問をやめるのもいいでしょう。沈黙に慣れる練習をして、本当に言いたいことができるまで話さないようにしましょう。忘れないでください、誰かに認めてもらう最も確実な方法は、あまたがその相手を認め、心からの感謝の意を表明することなのです。

あなたが〈手榴弾〉になったら

「困った人」のプログラムを発表した間抜けなふたりへ

あんたたちは本当にXXX（過激表現のため伏せ字）だ。俺はプログラムの間ずっと、あんたたちが自分の哲学をぺらぺらしゃべりながら偉そうに歩くのを見ていた。内心ではずっとこう思ってたね。「何様だと思ってるんだ？」

だが、俺がキレて爆発したのは、〈手榴弾〉の自己嫌悪に関する話を聞いたときだ。だからどうしたっていうんだ？　あんたたちには関係ないだろ？　俺が完璧な人間じゃないからって？　あんたたちもそうだろ？

俺にはストレスが多いんだ。生意気なガキが3人に、偉そうな上司、感謝ひとつしない同僚、そのうえ俺の態度が気にくわないという嫁。実際、うちの嫁は、態度を変えないと家を出ていくっていうんだ。だけど、そうされたところで何だっていうんだ？　俺の問題だろ。だが、あいつが気持ちを変えてくれればいいと思う。

なんでわざわざこんな文章を書いているのかわからない。あんたたちの知ったこっちゃないよな？　あまりにも大変で、こんなＸＸＸ（過激表現のため伏せ字）でもしないとやってられないんだ。

敬具

ドン・プルイット

おお！　あなたは有刺鉄線を糸ようじがわりに使っているのですか？　その言葉から判断すると、あなたはいつも気分が安定しているようですね。機嫌の悪さ＝安定ということですが。その文面通りの敵意を見せて歩いていたら、心臓麻痺を起こすのも時間の問題ですよ。態度を変えるための提案をいくつか挙げてみます。

態度を変えるには、その動機を決定しなければなりません。もっと幸せに暮らしたいなどの内面的なものでも、子どもたちのロールモデルになりたいとか、健康的な老後生活を送る可能性を高めたいとかの外面的な動機でもいいでしょう。はっきりとした動機があれば、それはスプリンクラーのように、あなたの火事が始末に負えなくなる前に働いてくれます。

次に、あなたの手榴弾のピンを探し、そのピンを抜くものを見つけましょう。爆発することはどうやってわかりますか？　最初のうち、その答えはおそらく「わからない」でしょう。でも、あきらめないでください。爆発した例をいくつか思い出してみましょう。いろいろな状況を調べて、あなたをキレさせる共通要素を見つけてください。そして、次にそのピンが抜かれたときにどうすべきか決めましょう。どんな対応がしたいですか？　その対応があなたにしっくりとなじむまで、心のなかでリハーサルしましょう。

折に触れて〈手榴弾〉になってしまうようなら、自分の感情を早めに表現する方法を身につけましょう。限界まで膨らむ前に、ガス抜きするのです。数週間かけて、最初の火花が散った時点で自分を適切に表現する力を高めましょう。

あなたが〈八方美人〉になったら

先生方へ

こんにちは。私の名前はアイド。私のことはたぶん覚えていらっしゃらないと思いますが、そちらのセミナーは本当に大好きでした。先生方はとても思いやりがあって親切だったと思います。私は友人みんなに、先生方がとても素敵だった話をしました。私に何かお手伝いできることがあれば、ひとことそう言ってくだされば、できることは何でもいたします。

とてもお忙しくて、お返事を書いていただく時間がないのはわかっていますし、それで結構です。承知しています。そんな暇があれば、ご家族やもっと大事な人と過ごされたいでしょう。それもかまいません。気にしません。私はただ、先生方のことを知る機会が少しでもあれば幸せなのです。そうそう、この手紙は大丈夫でしょうか？　くどくどと書きすぎたでしょうか？　そろそろやめたほうがいいですね、とてもお忙しいのは存じあげていますから。

心をこめて、アイド・アグリーより

心のこもった手紙をありがとう。手紙をくれて、とてもうれしかったです。とてもいい人のようですから、いいアドバイスを差し上げましょう。

あなたの課題は、自分の思っていることを、他人にその言葉がどう思われるか気にせずに口に出すことです。思っているほど難しいことではないですよ。まずは、人を喜ばせたいという自分の欲求を認識することから始めましょう。たいていは認識できていないものです。もし、できそうにもない申し出や約束をしてしまったら、失望した人々の不興を買うことは避けられません。みんなにそう言われても信じられないかもしれませんが、実際に、みんなはあなたに正直でいてほしいし、約束を守ってほしいのです。

たとえば、店員さんに「あとでまた来ます」と言ったことはありませんか？　本当は戻ってこないつもりなのに、店員の気持ちを傷つけたくなくてそう言ってしまうのでしょうが、販売員はむなしい期待を抱き、あなたのせいで貴重な時間を無駄にしてしまうのです。

いちばん親切なのは、その品物やサービスに興味がないとはっきり言うことです。あなたを愛し、幸せになってほしいと思っている人も、あなたが自分の欲求や、できることとできないことに正直でないと、あなたの幸せに手を貸せません。そして、あなたがいつも自分を後回しにし、考えや感情を表に出さないでいると、そういった人々があなたの本来の姿を知る機会を奪ってしまいます。その結果、真に親しい交わりを結ぶことができないのです。

タスク管理の技術を上達させ、約束を守る力をつけることをおすすめします。さまざまな方法を学びましょう。目標設定と行動プランを立てる方法、行動に優先順位をつけて時間を有効に使う方法、自分ひとりで抱えこまずにすむよう人にまかせる方法、時間の記録をとりつづけて正確に時間を見積もり、妨害や予期せぬ困難によって時間が費やされないよう防ぐ方法などです。

また、自己主張ができるように少しずつ練習しましょう。レストランで注文した食事がきちんと調理されていなければ、皿を戻しましょう。誰かが行列に割りこんできたら、自分のほうが先に来たと言いましょう。あらゆる機会を使って自己主張してみるのです。仕事の会議でも、自分が真っ先にあるいは最初のほうで発言することを目標にしましょう。

あなたの強みは純粋に人を思いやることですから、相手と直接会うことで役に立つことができます。あなた自身に気を配ることも忘れないようにしましょう。

あなたが〈優柔不断〉になったら

リックとリック、ブリンクマン先生とカーシュナー先生

質問なのかどうかわからないんですけど、「グループのなかで、先延ばしにする人は何人いますか？」と先生たちが尋ねたとき、私たちに手を挙げてほしかったんでしょうか？　確信がなかったのですが、迷っているうちに次に進んでしまいました。私は手を挙げませんでしたが、先延ばしにするタイプだと思います。少なくとも、そんなときがあります。いいえ、決心ができないわけではないんです。いえ、そうかもしれません。

とにかく、このグループの先延ばし屋の数は、手を挙げた人の数よりもひとり多いってことをお伝えしようと思ったんです。本当は先延ばし屋じゃないのに手を挙げた人がいれば別ですが。そんなことってあるでしょうか？

心をこめて、ロット・ダウツより

実は、本物の先延ばし屋は手を挙げたりしません。あのとき手を挙げた人たちは、半分冗談だったのです。あなたにはたくさんの、いや、実際にはほんの少しのアドバイスをしましょう。次に挙げるシンプルな法則を忘れないでいてください。

①完璧な決断というものは存在しない。すべての決断は、予測不能な損失をともないます。

②決断をしないままでいると、最後には勝手に決まってしまいます。

③判断がつかないときは、今すぐに決めてしまうこと。決断の80％は気づいたときにすぐ決められます。それ以上の情報は無益です。決断の15％は、追加の情報を得ることが役に立ちます。残りの5％は、まったく決断しなくていいものです。

あなたの決断が誰かを傷つけることが心配なら、その心配を正直に相手に話してみましょう。心配を言葉に出して、相手の感情に敏感でいることは、そのせいで非生産的な行動に縛りつけられるのでないかぎり、すばらしいスキルです。

また、あなたがうまくやれている決断のすべてに注意を向けることもおすすめします。たとえば、あなたは、書くと決めてそれを書き上げました。朝起きること、お腹がすいたら食べること、眠くなったらベッドに入ると決めます。着る服や読む本を決めます。実際、あなたはあらゆる種類の選択を毎日行っているのです。成功している決断を数えあげて「私にはできる」と言いましょう。そして自分にあった決断方法を見つけましょう。その方法を継続して使えば、あらゆる決断が前よりずっと簡単になっていることに気づくでしょう。

あなたが〈何もしない〉になったら

先生？

　私にはわかりません。何も思いつきません。

心をこめて、ダスティ・ブランク

　あなたがもの静かなタイプになりがちなら、どんな状況でも矛盾する気持ちによって〈何もしない〉になってしまうでしょう。感情にふたをして矛盾から引き下がることで、かえって自分のなかの矛盾を長引かせてしまい、ほかの人との間に距離を置くことになるのです。その距離が親密さの対極にある孤独を招きます。

　あなたの健康や幸福にとっては、自分の感情を抑えこまずに責任をもって表現するほうがいいのです。無目的な会話の静かな犠牲者になる必要はありません。自分から口を開いて、会話を別の方向にもっていきましょう。矛盾した感情を感じ、その矛盾に関わる人に話すのは危険だと思ったら、話しても大丈夫な相手を見つけて話しましょう。ときには、自分の気持ちを話すだけで、矛盾を解決する見方が得られることもあります。

　ほかの人の感情の爆発を避けるために、あなたが〈何もしない〉になった場合はどうでしょう？　本書の初めのほうで紹介した、〈手榴弾〉の戦略のほうがはるかに効果的で、あなたも、〈手榴弾〉タイプの人の消耗や涙も少なくてすむでしょう。感情的な人とのつきあいが多ければ多いほど、爆発を避けられる可能性は高いのです。手榴弾のピンを抜く最高の方法のひとつは、沈黙だからです。

集団に属している場合は、はっきりと話をするように心がけましょう。ときには、会話の主導権を握らねばならないときもあるかもしれません。最初は奇妙な感じがするでしょうが、だんだんと慣れて来ます。あなたの大事な人に、自分の本当の感情をもっと話しましょう。自分が何に腹を立てるか、次の形で伝えましょう。

「あなたが○○（あなたが対処しにくい相手の行動を述べる）をするとき、私は△△（相手の行動があなたに与える影響を述べる）と感じます。将来は、あなたに◇◇（ここで頼みたいことを述べる）してもらいたいです」

たとえば、「あなたがそんなふうに声を大きくすると、私は話しかけられているのではなく、どなられていると感じます。これからは、もっと会話らしい口調で話しかけてくれればうれしいです」など。この方法で、あなたは責任をもって自分自身を表現するとともに、あなたを知る機会を相手に与え、人間関係を強めることができます。

あなたが〈否定人〉になったら

先生方へ

この手紙を書く目的はふたつあります。まず、〈否定人〉に対するあなた方の意見には反対です。否定することで、愚かな過ちや費用のかかるミスを防げるなら、結果的には非常に肯定的なことをしているわけだからです。次に、私たちが現実的な目標を設定し、それを達成できるという前提に疑問を感じます。私の人生では、大勢の知人が目標の達成に失敗し、成功するのはごくわずかで、それもたいていは特権を用いたものです。

この手紙に返信しても意味はありません。私の気持ちは変わらないからです。あなた方のプログラムに参加するほかの人たちとは違い、私には心理学や成功の簡単な処方箋などは必要ありません。私は苦い経験を経て、目立たないように行動することを学びました。あなた方に惑わされて立ちあがり、むやみに撃たれるような真似はごめんです。

不信感とともに、ウィル・グライプ

あらゆる人生に、多少の雨は避けられません。誰だって、自分は準備不足だったと感じるようなつらいときを経験するものです。誰もが失望を味わったことがあり、できればしたくなかっ

23
もしあなたが「困った人」になったら

た経験をしています。否定的になることは、人生の経験のうちで重要な部分を占めています。私たちはやる気をそごうとしているのではありませんが、否定的な気分のときには、人間やものごとに対するあなたの認識は不正確になりがちです。

もしあなたが、あなたのそばにいる人の状況がどんなものか本当に知りたいのなら、レコーダーをセットしてみましょう。もちろん、レコーダーをセットすることで、あなたの否定的な態度は大きく変わります。録音時間が進むにつれて、レコーダーがあるおかげで否定的な態度をとらなかったことが何回あったか気づいたでしょうか。そして録音を聞いたときには、自分は録音されているより倍は否定的だと思うことでしょう。

ところで、あなたの人生の目的は何でしょうか？　与えられた環境で自分がやってきたことを振り返ったとき、達成しているものはなんだと思いますか？　「私は他人のエネルギーとやる気を奪うことに人生を捧げた」というのは、誇らしい遺産ではありません。

まわりを見てください。飛行機、テレビ、自動車、人類のありとあらゆる発明や業績。そういったすべての恩恵は、不可能ではなく可能であることを信じようとする人々が、時には絶望的な闘いの末に成し遂げた努力の結晶です。彼らは問題の一部ではなく、解決の一部を担うことを選んだのです。あなたには想像もできないような障害や危険を前にしながら、自分のなかに勝ちたいという意志を見いだしたこともありました。あなたにもそれができるはずです。そうしようという決意をもちさえすれば。

人生で苦い経験をしたときには、過去の歴史を変える訓練をすることをおすすめします。まず、大きな失望をした辛い経験のリストをつくります。そして、当時そのことに関する知識があれば、人生が変わっていたかどうかを自問してみてください。情報を得てからもっと効果的な方法で記憶をなぞってみましょう。そこから学ぶべき教訓を学び、失望を消し去りましょう。すべては移りゆくものです。もしそのまま放っておいたら、あなたが消し去る前に、ふたたび起こりうるのです。

９章を繰り返し読むことをおすすめします。そこに書かれたスキルをすべて使って上達しましょう。カウンセラーやセラピストなどの専門家の助けを借りて、過去を整理し、ものごとの流れをつかむのもいいかもしれません。過去の不快な思いに囚われて過ごすには人生は短すぎますが、あなたには失われた時間の埋め合わせをするだけの未来があるのです。

他者との関わりにおいては、批判に注意しましょう。相手を評価することはその人の向上につながり、その意味では肯定的な行為です。ですが、批判を与えて進歩することはほとんどありませんし、たいていは相手の目的をめちゃくちゃにしてしまいます。誰かが提案をしたり、自分の考えや業績をあなたに伝えてくれたりしたときには、あなたの志向を話す練習をしてから、それらを向上させる方法について意見しましょう。

情報を集めてさらに理解を深め、とくに、基準となるものを確認しましょう。重要な部分に触れて、具体的な欠陥を指摘するのは、問題解決において重要なプロセスです。しかし、徹底して否定的な一般論は、まるで風呂の湯と一緒に赤ん坊を捨ててしまうように、大事なものをなくしてしまいがちです。ですから、具体的になるよう注意し、ものの見方を一定に保ってください。

最後に、あなたが建設的になりたいと思っていることを相手に伝えましょう。すでに知り合ってからしばらく経っているのであれば、あなたが本当に変わったということを理解してもらえるまで相手に時間を与えなければいけないでしょう。

幸運を願います（不運がひとつもありませんように）。

あなたが〈愚痴り屋〉になったら

カーシュナーさんとブリンクマンさんへ

ああ、このプログラムは複雑すぎます。学ぶことが多すぎるし、進行が速すぎて覚えられません。それだけではありません。みんながこのプログラムを習ったら、効果がなくなるんじゃないでしょうか。もしそうなれば、あまり面白くないでしょう。誰もがあなた方のやっていることを知っているわけですから。

それに、「困った人」の扱い方を教えるという本や教材やセミナーはほかにもありますが、あなた方のものと全部が一致しているわけではありません。あなた方の教えが間違っているという誤解が生じるかもしれません。そうなったら困ったことになるでしょう。あなた方のプログラムのせいで、どんなに困った状況が生じているか、ちっともおわかりでないのですね。

心をこめて、モナ・ロット

〈否定人〉と同じように、あなたはあらゆるものごとの悪い面に注目し、何ができるかということにはあまり目を向けていませんね。おそらく、自分自身にも欠点を見いだしているのでしょう。もしあなたが未来を変えたいのであれば、やることは4つあります。

❶問題解決モードに変わる

自分のしたくないことを続けるのは、前にあるものにぶつかりたくないからといって、車をバックさせつづけるようなものです。自分自身に問いかけてください。「私は何がしたいんだろう？　どこでこれを手に入れたいんだろう？　何を目指しているんだろう？」。目標がなければ、目指すことはできません。具体的な目標を書きとめましょう。

❷もう一度、より現実的な目でまわりの世界を見る

あなたがつくりあげた膨大な一般論を叩き壊し、実際に見たり聞いたり感じたり対処したりできる小さな具体例に変えましょう。〈愚痴り屋〉よりも行動する人のほうが、ものごとへの反応に費やす時間はずっと少ないのです。彼らは自分のエネルギーを使って、可能だと信じる結果に近づいていきます。

❸自分の人生で働いている力と自分の業績に気づいて感謝する

あなたが今までたどってきた道のりには、見過ごしてきた節目がたくさんあったでしょう。それによって、業績の達成にともなう満足感ややる気が奪われます。自分自身の目立つ場所にメモを貼りましょう。「感謝を忘れるな」というメモです。

❹無力感や愚痴でまわりの人をいらだたせる代わりに、これらの方法を用いる

そうすることで、はるかに大きな満足が得られるはずです。次に自分が不平を言いはじめたら、やめましょう！　愚痴をこぼさずに、なんでもいいから何かに取り組みましょう。そうすれば、あなたも、あなたの周りの人も、きっぱり習慣を断つことができるはずです。

手紙をありがとう、そしてもしあなたが考えを変えたら、教えてください！

あなたが〈裁判官〉になったら

愚かな先生たちへ

とても信じがたいことですが、私は今、あなた方の子どもっぽい愚かなアドバイスに対して手紙を書こうとしています。どうしてこんなことをするのかって？　それはたぶん、あなた方の本のアドバイスの未熟さを私が直接経験できるからでしょう。その未熟さは、自己啓発書やビジネス書が与えてくれる一般的なアドバイスの特徴でもあります。

率直に言って、人間関係における複雑で困難な問題に直面している人々に向かって、あなた方がこんなに単純なアドバイスを与えてそれを正当化できることに、私は当惑しています。過度の単純化を行った責めを負うべき人物がいるとすれば、間違いなくあなた方ふたりでしょう。そして私が気づいたのは、人々が基準を満たさなかった場合、たいていはその後に失敗が続き、哀れな言い訳で自分の無能さの言い逃れをするということです。

しかし、それは取るに足らないことですね。私が聞きたいのは、たったひとつの質問に対してあなたが方するであろう貧弱な答えです。その質問は、「どうすれば人を見下すのをやめて、まわりの愚か者たちと、議論ではなく会話できるようになるか？」というものです。

無礼をこめて、Ｕ・Ｒ・ギルティ

正しいことをしたいというお気持ちに感謝しますが、それはたやすいことではないだろうと思います。あなたが人々を愚か者と考えるとき、あなたの態度もそれに準じたものになることになります。ですから、最初の段階は、人を見下す考え方をやめることです。そうすれば、嫌な反応ではなく、良い反応が得られるでしょう。それであなたの問題すべてを変えられるわけではありませんが、あなたの質問に対する答えとしては最良でしょう。

その後は、さらに複雑になります。自分自身に判決を言い渡さなくてはなりません。その判決には、さらに現実的で役に立つような、人々が行動をする理由についての理解が含まれていなければなりません。ここが難しいところです。他人について明快に、思慮深く考える方法を学ぶ間、陪審員がしばらく不在でいてくれることを期待しましょう。

しかし、自分の意見を述べる代わりに思慮深くなれば、良い結果を出すために判断しなければならないときに役立ちます。そして大事な人たちの傷を侮辱したり、長々と上訴したりするのではなく、正しい扱いをする手助けとなるでしょう。

K先生、B先生

あなたが〈おせっかい〉になったら

おふたりが、「もしあなたが『困った人』になったら」の章で質問を紹介すると知っています。そのことをふまえたうえで、お尋ねしたいことがあります。ただし、その質問をする前に、答え方についていくつか提案をするつもりです。

まず、単語や文章についてよく考えてください。短い言葉は、複雑な言葉よりも理解しやすいです。それに、句読点を正確に打つのをお忘れなく。句読点が乱れていると、意味を読み取りにくくなるでしょう。また、本全体を通して、例文の質を高めるといいと思います。実際、もし私が先生の本を書くとしたら、「困った自分」の章を最初にもってきて、再構成するでしょう。「困った人」について不平を言う人は、たいてい自分自身も不平を言われる「困った人」なのですから。いっそ、私に原稿を送り、出版社の連絡先を教えてください。後々、私に感謝したくなるはずです。

そうそう、私の質問はこれです。「私はただ、役に立つ質問をしているだけなのに、どうしてみんな腹を立てるのでしょう？」

なる早でお返事ください、ベット・ウェイ

まず、さまざまな提案と手助けの申し出をありがとうございます。お気遣いは重々承知しています。人と衝突するという問題が生じるのは、あなたがそんなふうに、役に立とうとする質問をすると、相手は自分の人生を乗っ取られるような気分になるからです。

ですから、あなたには、相手に干渉する気などなく、相手の選択を尊重するつもりだと伝えるのが、おそらく最良の方法でしょう。そして、最も重要な質問をするようにしてください。

「でも、関心があるの。いくつか質問をしてもいいでしょうか?」

その答えがノーなら、時期尚早ということです。それはまた、あなたが相手を尊重するようになったことを示す最初の機会です。もちろん、あなた次第ですが。あなたの人生、あなたの選択、あなたがもたらした結果です。そうそう、私たちはこの章を元の位置に残しておきます。その選択を尊重してくださることを、あらかじめ感謝させていただきます。

あなたが〈殉教者〉になったら

先生方へ
お返事は期待しておりません、たとえあなた方がそうすべきだとしても。けれども、おふたりはあまりにもお忙しくて、私のような見知らぬ者に時間をとれないのは間違いないでしょうから、それで結構です。たとえ私が助けを必要としていて、気遣ってくれる人は誰もいないからって、それが何だというのでしょう?
毎日寸暇を惜しんで、わざわざみんなの面倒をみて、何もかもを犠牲にしてきたあげくに、何の感謝もされずに完全に忘れられ、助けを必要としていても少しも時間を割いてもらえないからって、それがどうしたというのでしょう？　私はもう慣れっこです。あんなに一生懸命尽くしてきて、あれほどのことをしてあげたのに誰も感謝してくれません。だからなんなのでしょう？　私はただ知りたいのです。人はどうして奪うばかりで、ほんのちょっとでも返そうとはしないのでしょうか。

でも、心配しないでください。もしいつものように自分で解決できなくても、頭をオーブンに突っ込むことはいつでもできますからね。こんなにたくさんのことをやっているのに、見返りがあまりにも少ないことのつらさは、きっと先生方にはおわかりいただけないと思います。私が知りたいのはただ、私がみんなのことを思っているのと同じくらい、みんなに気遣ってもらうためにはどうすればよいのかということだけです。

悲しみをこめて、ディディット・フォーユー

あなたが経験した苦労を経験している者に対して、あなたは重要な質問を簡潔にぶつけています。すばらしい！　その質問は、どうすればみんなに気遣ってもらえますか、という質問ですね。この答えを聞くとあなたは驚くでしょう。

人に気遣ってもらうためには、相手を責任感の糸から自由にしてやることです。言いかえれば、与えるたびに見返りを要求するのをやめて惜しみなく与えることです。どうぞご自由に、好きなことをやってください、と相手に言うときには、本気で言いましょう。本当の気持ちをこ

めて言うのです。そして自分を憐れむ気持ちになったら、まわりを見回しましょう。そこには、助けてくれる人を必要とするたくさんの欲求を抱えた人が大勢いるでしょう。

他人の欲求を持続的にかなえてあげることで、忠誠心や、真の賞賛が見られ、愛情さえ生まれることがあります。著名な人道主義者、アルベルト・シュバイツァーは学生たちに言いました。「私は君たちの未来がどうなるかは知らない。だがこのことは知っている。君たちのなかで本当に幸せになれるのは、人を思いやる方法を探し求め、見つけた者だけだ」

あなたの質問を受けた私たちにとって、この言葉は本当に重要な意味をもちます。

パート 4

デジタル時代のコミュニケーション

電話や、電子メールなどの電子媒体によるコミュニケーションによる限界と落とし穴を解き明かし、ちょっとした予防策でその限界を利点に変える方法を示す。

24 コミュニケーションの新たな挑戦

従来の顔を合わせたコミュニケーションも充分に難しいものでした。現在では、便利なテクノロジーのおかげで、かつてないスピードで良好な人間関係を険悪なものとし、トラブルを悪化させることができるようになっています。

本書の4章から6章では、「自分に反対する人とは協力しない」という仮説にもとづき、お互いに共通する土台があるような表情や口調で話すことの重要性を述べました。対面のコミュニケーションでは、その共通の土台を示す信号を送受信する方法がたくさんあります。しかし、電話や電子的コミュニケーションでは、それらの信号のいくつかが妨げられるために、ほかの信号が強められます。それが重要な利点や欠点をもたらすことになります。

パート4ではこの問題の性質を解き明かし、争いを減らして、電話や電子的手段によるコミュニケーションを進歩させる方法を示します。

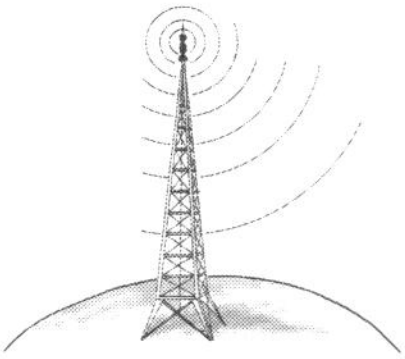

意味の数字

１９６７年、カリフォルニア大学ロサンゼルス校のアルバート・メラビアン教授は、人が感情や態度を伝え合うときの言語メッセージと非言語メッセージの相対的重要性を調べる研究を行いました（Albert Mehrabian, Silent Messages: Implicit Communication of Emotions and Attitudes, 2nd ed., Wadsworth publishing, Belmont, CA, 1980）。

教授の観察によれば、ほとんどの人が多くの場合に混合メッセージを送っていました。そこで教授は、どのようにしてそのメッセージの意味をくみ取ることがどのようにして可能となるのかを知りたいと考えました。

メラビアン教授が考案した研究には、自分の感情を伝え合う人々の撮影が含まれていました。同じ行動の３つの異なるバージョンを撮影し、その映像をあるグループの人々に見せます。その人たちはまず、音声抜きの映像を見ました。それから、音声合成装置を通した音声を聞きました。言葉は聞き取れないようになっていますが、口調や声の大きさ、話す速さはもとのままです。その後、映像中の実際の会話を含む脚本を読みました。

研究対象グループの大半の人は、次の３つの異なる場面を体験しているのだと思っていました。ビジネスの会議、お互いに怒りをぶつけあう人々、会話をする友人同士。ところが、実は全部同じ場面だと知って、とても驚きました。彼らの反応から、メラビアン教授は次のような結論を導きました。

■感情と態度を伝え合うコミュニケーションにおいては、どんな場合も意味の55%は視覚をもとにして得られる。
■意味の38%は、聴覚（口調、声の大きさ、話す速さ）をもとにして得られる。
■意味の7%は、実際に話される言葉をもとにして得られる。

この結果は、親しみをこめて「55、38、そして7」と呼ばれます。「意味の数字」と呼ばれることもあります。これらの「意味の数字」は、一般的なコミュニケーションを理解する際にも重要であると私たちは考えます。

今日では、このパーセンテージはいろいろな意味で、驚くに値しないでしょう。実際、「百聞は一見にしかず」や「行動は言葉よりも雄弁」といった格言は、コミュニケーションにおいて視覚がもつ55%という強い影響力を示しています。

テレビ局のディレクターも、このことに気づいているようです。あなたはおそらく「どっきりカメラ」というテレビ番組を観たことがあるでしょう。その元祖であるアメリカのテレビシリーズで、司会者のアレン・ファントは、混合メッセージを含む愉快なシナリオを書き、撮影

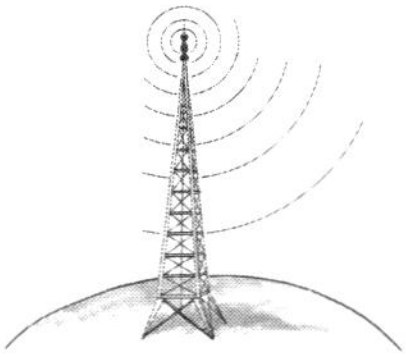

24
コミュニケーションの新たな挑戦

して、何も知らない人々に見せました。ある回では、病院の待合室に俳優たちを入れて、雑誌を読みながら順番を待たせました。しかし、俳優たちは下着しか身につけていなかったのです。待合室に入ってきた本物の患者は、一瞬驚いてから服を脱ぎ、雑誌を手にとって読みながら、順番を待ちました！

この例は、他者とのコミュニケーションにおいては視覚効果が大きな説得力をもつことを示しています。だからこそ、両親がこんな説得をしても効果をもたないのです。「私の言ったことをしなさい、私がすることではなく」

コミュニケーションの38％を占める、話をするときの口調は、通常は感情の状態を反映して自我のメッセージを伝えます。あなた自身についての個人的なメッセージであり、混合メッセージを読み取るうえで重要な役割を果たします。

7章で述べたとおり、人は相手の口調を個人的なものとして受けとります。技術サポート担当者は、電話ですばらしいアドバイスをくれるかもしれませんが、その声は「あんたは馬鹿だな！」と言っているように聞こえます。あなたは友人にパーティーについて筋の通った指示をするのですが、急いでいる口調のせいで、まるで「ちょっとくらい急いでよ！　もっと大事な人と話さなきゃならないし、あんたとしゃべるほかにも大事なことはいっぱいあるの！」と言っているように響きます。

そして、コミュニケーションの意味を伝えるうえで、実際に使う言葉が果たす役割はたったの7%しかありません。しかし、誰もが知っているとおり、たったひとつのちょっとした言葉が引き金になって連鎖反応を引き起こすこともあります。

かつて、ある患者に、子どものころ近所の子どもたちにいじめられたという話を聞いたことがあります。子どもたちは彼女に「ヘラジカ」というあだ名をつけ、容赦なくそのあだ名を使いつづけました。30年後、研究員となった彼女はカクテルパーティーに参加しました。気楽な会話のなかで「ヘラジカ」という言葉が出たとき、彼女にとってそのパーティーの様相は一変してしまいました。その言葉を発した人に否定的な感情をもつようになり、ひたすら逃げ出したいとしか思えなくなったのです。

彼女の意識の上では、その反応の意味はわかりませんでしたが、無意識のうちに、不安な感情が引き起こされたのでした。同じ理由から、子どものころのあだ名を教えたがらない人はたくさんいます。

「55、38、そして7」の最も大きな価値は、私たちがお互いに意味を見いだすときの優先順位を覚える役に立ち、混合メッセージによって生じる誤解がどのようにして起こりえるのかを知る手がかりになることです。

目にしたもの、耳にしたものと、実際に言われた言葉の間に食い違いがある場合、人間関係のトラブルが起こる恐れがあります。対面のコミュニケーションであっても、言葉と口調の間に食い違いがあれば、一般的な混合メッセージは発生します。たとえば、口論の最中に、夫が

妻に向かって「お前を愛している！　わからないのか？」と叫んでも、おそらく妻にはわからないでしょう。それぞれの言葉を一語ずつみてみればなんの問題もないように思えます。しかし、怒った口調と大きな声、そして態度が似つかわしくないのです。そういった食い違いがあると、数字の大きいほうの手段に反応してしまいがちです。

口調は人の感情の状態を示し、たとえ当人が隠そうとしても、感情を暴露してしまいます。あなたが見ているものか聞いているものに感情的に強く反応しているところを想像してみてください。あなたは良いコミュニケーションをしたいので、ポジティブな目的のもとに、感情は抑えようとして脇に押しやります。問題は、あなたの意識は懸命に言葉を選んで発言しようとするのですが（７％）、抑圧された感情が口調から漏れ出そうとすることです。

残念ながら、聞き手はあなたが慎重に選んだ言葉を無視し、口調にのみ反応を見せるかもしれません。どうしてでしょうか？　なぜなら、混合メッセージの場合は、「55、38、そして7」という数字の大きいほうに反応しがちだからです。

何かが失われ、何かが得られる

電話で話したり、文章を書いてコミュニケーションをとったりするときには、耳にしたものを説明してくれるかもしれない、視覚的な微妙な手がかりが失われます。相手の表情が見えませんし、相手にもあなたの表情は見えません。

会話中にあなたが相手の目を見つめたり、うなずいたりすると、あなたがちゃんと聞いているることが相手に伝わります。しかし、それらの信号は、電話の向こう側までは伝わりません。書き言葉のコミュニケーションでは、55％と38％が失われ、言葉だけが残ります。相手の口調を自由に想像するのは自然な反応ですが、その想像に対してまるでそれが事実のように反応してしまうのです。

コミュニケーションでは、人生と同じで、何かが失われれば何かを得られます。この例では、電話と書き言葉のコミュニケーションは、不利な点と思われるものをしのぐ大きな利点をもちます。もしあなたがそれらの利点に気づいてうまく活用すれば、コミュニケーションを成功に導くことができるでしょう。

25 電話の8つの注意点

電話で話すときには、耳で聞いたことの意味を補ってくれる視覚的な手がかり（55％）が失われます。

電話のコミュニケーションは、声と口調（38％）と言葉（7％）に存在します。残りの55％はどうなったのでしょう。顔を合わせることによる視覚的な要素が取り除かれたとき、私たちは心に描いたイメージで補おうとします。たとえば、会ったことのない人と電話で話すときのことを考えてみましょう。耳にした声が、個人的な昔の記憶に残っている誰かを思わせるかもしれません。また、その口調や話す速さや声量が、やはりあなた自身の経験に刻まれた誰かを連想させるかもしれません。するとあなたは心のなかで、耳にしたものの意味と合ったイメージをつくりあげ、その心的イメージに対して反応します。

電話でしか話したことのない相手と初めて顔を合わせたとき、その相手の外見が予想とまったく違っていた経験はありませんか？　それは、あなたが実物の顔を見るまで、心のなかのイメージを本物だと信じていたからです。では、心のなかでつくりあげたイメージに対して否定的な感情を抱いていたとします。そのことが、耳にした言葉の意味の解釈に影響を及ぼすとは思いませんか？　その言葉を耳にした方法が、あなたの反応に影響を及ぼすとは思いませんか？　もちろん、それは頻繁に起こりえることです。

それでは、電話を有効に利用するための８つの注意点を紹介します。

①知覚を形成する

電話の会話とは、つきつめれば知覚を形成する短い瞬間です。電話の会話はすべて、そんな瞬間がつながったものです。相手が電話に出たときのあいさつに始まり、何かを言われたときの返事の仕方、その返事に対する相手の対応、待たせる・待たされるときの言い方や口調などがあります。そんな瞬間に、人間関係の心地よさが増したり、少なかったりしますし、次の瞬間には、あなたに必要なものが単純化されたり複雑になったりします。おかしなことに、これらの瞬間は真実とはほとんど関係なく、知覚と大きな関連をもつのです。

電話の会話では、何もかもうまくいっていないにもかかわらず、すべてをうまくやっていると思ってしまうことがあります。それは、視覚によるフィードバックがないからです。自分の言うことなすことのすべてが間違っていると思っているのに、話している相手が、あなたが時

間を割いてくれたことに感謝してくることもあります。このため、自分がどのような印象を与えるのかは不明だと考えることが重要なのです。

そして、自分にできることはすべてやって、電話の向こうの人物についての知覚を活発に形成しましょう。たとえば、相手の言うことを聞きながらメモをとるのは、聞いたことの経過を追うすばらしい方法です。しかし、相手にはあなたが書いていることが見えませんから、メモをとることを話さなければ、あなたの沈黙に心配になるかもしれません。

相手が話しているときに微笑むこともあるでしょうが、その事実を口にしない限り、相手には決して伝わらないでしょう。説明された問題に心を悩ませることがあっても、その心配を口に出さない限り、相手はあなたが気にしていないと推測する恐れがあります。

皮肉なことに、電話でのコミュニケーションがうまくいくことはかなり少ないのです。たとえ態度の悪い人を相手にするときでも、大きな違いを生む小さな行動にあなたが失敗したら、問題が大きくなりかねないことを考慮しましょう。すべての人間関係の核心は、小さなことが重要であるというシンプルな事実に行き着きます。

そして、小さなことは積み重なります、良いものも、悪いものも。たとえば、一般化するために必要な例は、２つか３つだけでいいのです。いったんそういった一般化をすれば、自動的に、無意識のうちにその一般化を満たす経験を探し求めることになります。

電話で相手に自分の名前を伝えたのに、少しあとになって相手に名前を尋ねられたことはありませんか？　電話で相手に電話番号を伝えたのに、しばらくして電話番号を尋ねられたことは？　そんなとき、その人の聞き取り能力について、どのような一般化をしますか？　いったん否定的な意見が形成されると、その意見にもとづいて判断するため、否定的に判断可能なものすべてを否定的だと判断することになります。

一般論はあなたの味方にも敵にもなります。つまるところ、知覚を形成するのはこれらの小さな瞬間であることが多いのです。それは、小さなものが重要になる瞬間です。

②体を使って口調をコントロールする

感情的な反応と口調をコントロールする能力は、電話で話すときの最も大きな利点のひとつです。口調は体の動きと密接な関係があり、体を使った動きは口調に影響を及ぼします。おそらくそのせいで、電話セールスが上手な販売員は、机の上に鏡を常備し、微笑みを忘れないようにしています。

このことを有効に利用しましょう。電話の会話で自分がちょっとかたくなになりすぎていると感じたら、うしろにのけぞって両脚を上げ、リラックスした姿勢をとりましょう。そうやって緊張をほぐせば、あなたの口調ははっきりと変わります。もっと自己主張を強くしたり、威厳を出したりする必要があれば、立ちあがって両脚を肩幅に広げ、安定した力強い姿勢をとり、膝をややかがめて柔軟性を足しましょう。気軽な口調にしたければ、机にもたれましょう。

電話の場合は、顔をつきあわせたコミュニケーションよりも、感情の反応をもっとうまくコントロールできます。

ハイテク企業の技術サポートを担当するハンクは、怒った顧客が個人的な侮辱の言葉をぶつけてきはじめたときに、うまく扱う方法を教えてくれました。ヘッドセットを装着しているおかげで、椅子から立ちあがって歩き回ることができます。そこでハンクはヨガのストレッチをやりながら、攻撃的な顧客の相手をしました。それはリラックスする助けとなりました。なにしろ、ヨガのポーズをとりながらものごとを個人的に受け止めることなどできませんから！

確かに、「困った人」と顔を合わせながらヨガを始めたら、おそらく相手を混乱させてしまうでしょう。最悪の場合、頭がおかしくなったと思われるかもしれませんし、たいていは不適切だと見なされるでしょう。ありがたいことに、電話はプライバシーを守ってくれ、感情の状態を生産的に変えるための、効果的で変わった行動をとらせてくれます。

政府の機関で働くマーシーは、電話でラジオのインタビューを受ける必要に迫られました。彼女はそもそもラジオに出ることに緊張していました。それまで一度もやったことがなかったからです。さらに悪いことに、インタビューを行うのは、マーシーの働く政府機関に敵意を抱いていることで有名な人でした。

マーシーはプロの司会者が緊張と闘うためにときどき使うという戦術について聞いたこと

がありました。それは、聴衆が下着姿だと想像してみることです。彼女はそれを逆に使ってみようと思いました。それは、インタビューを自宅で受けました。完全に素っ裸で。そして、インタビュアーがどんなに挑発しても、決して引っかかりませんでした。なぜなら、インタビューの間中、マーシーは自分のプライベートなジョークを面白がって、ずっと微笑んでいたからです。それは彼女の口調にも表れました。

マーシーにとっては残念なことに、オフィスの全員が彼女の態度に感銘を受け、今後のインタビューはすべてマーシーにまかせると決めてしまいました。

③呼吸をする

意図的に呼吸をすることは、感情を押さえつけずに反応をコントロールするよい方法です。感情を抑えつけてしまっても、あとになって恨みという形で表面化し、あなたの努力を無にするだけでしょう。自分の呼吸に関心を払い、吸うときには自分を元気づけ、吐くときには緊張をほぐしましょう。その間、電話の向こうにいる相手に対しては、ときどき相手の言葉を繰り返したり、確かめたりするだけとなります。

直接会っているときよりも、電話のほうがもっと深く呼吸できます。なぜなら、直接会っているときにそういった行動をすると、否定的な反応を引き起こしてしまうことがあるからです。消音ボタンを押して何度か呼吸してもいいでしょう。消音ボタンがなければ、相手が話してい

る間に、受話器を口から遠ざけて、何度か深呼吸しましょう。それも電話での会話の便利なところです。

④メモを書く

電話で話すときには、攻撃的な相手と直接顔を合わせるときよりも、メモをとりやすくなります。あなたが非難の的となっているときは、相手が口にする重要な言葉や文章を書きとめて、効果的に繰り返しましょう。自分が話す番になったときに返答に使いたい言葉を思い出すため、重要な言葉を書きとめるのもいいでしょう。そういったメモは、本書のパート３で提案した戦略を使うときに役に立ちます。あるいは、合理的に返答するときにも使えます。

また、メモをとることは、電話の向こうでひどいふるまいをする相手に対する感情的な反応のはけ口ともなります。その相手の外見を想像しておかしな絵を描きましょう。頭に角をつけ、口ひげを足して、絵の全体にいたずら書きし、最後に顔にバツ印をつけましょう。人に対する感情が手に負えなくなったら、幼稚園で学んだすべてのことが役に立つかもしれません。

⑤保留の使い方を心得る

保留ボタンはあなたの味方ですが、事態を悪化させる危険性もはらんでいます。保留することは、待たせることだからです。たいていの人はあなたとの関係の外で人生を送っていますから、保留によって、もっと生産的な活動に使えたかもしれない時間を奪われてしまいます。

待つことが耐えられないのは、どんなときでしょうか？　いつまで待てばいいかわからないときです。切迫した問題を抱えているのに、あなたがいつ戻ってくるのかわからなければ、2分間は1時間のように思えます。一般的には、保留にする前に相手の許しを得て、どれくらい待たせることになりそうかを伝えます。相手がその選択を気に入らなければ、ほかの選択肢を与えましょう。

相手が〈**戦車**〉のような行動をしている場合は、保留することで問題を悪化させる可能性が高くなります。〈戦車〉はスピードをあげて前進していますから、時間のかかることや無関係なことは怒りの種となるかもしれません。〈戦車〉に保留を使うつもりなら、まずはその目的を告げ、それがどのように相手の利益となるかを説明しましょう。これは8章で「目的の説明」として述べたことです。

「君の問題を早く解決するために、ほかの人と話をしなきゃいけないんだ。たった1分、最長でも2分ですむから、ちょっと待っててくれないかな、それともこちらからかけ直そうか？」

目的の説明は「君の問題を早く解決するために……」の部分です。これは〈戦車〉の行動欲求に融和します。次に時間の枠を与えること、すなわち「たった1分、最長でも2分ですむから」で、〈戦車〉に待ち時間をコントロールする感覚を与えます。〈戦車〉に時間がたっぷりあるわけではないのですから。

しかし、その時間枠が現実的なものであるよう気をつけましょう。〈戦車〉に「たった1分ですむ」と言っておいて、4分かけてはいけません。戻ってきたときには、〈戦車〉は全面攻撃の準備を整えているでしょう。許可を求めて答えを待つことも、かけ直すという選択肢を出すことも、〈戦車〉の支配欲求に融和しています。〈戦車〉にも行くところがあり、やることがあり、会う相手がいると仮定するのは、間違いではないでしょう。

一方、**〈手榴弾〉**が相手の場合は、保留することはかなり大きなメリットとなります。〈手榴弾〉に対処する方法のステップ④は「時間をかける」です。〈手榴弾〉は失うことが嫌いなので、あなたが保留ボタンを使えば、プライベートな時間を相手に与えることになります。〈手榴弾〉に電話で対処するとき、その電話を途中でほかの人に替わってもらえば、〈手榴弾〉は普通の人に戻る可能性が高いでしょう。あるいは電話を切る口実をつくり、自分から数分後にかけ直すと伝えましょう。かけ直したときには、もっと落ち着いた理性的な相手になっているでしょう。

長い間保留にされていた相手と話す状況になった場合は、待たせたことを認め、長い間待たせた迷惑を謝罪して融和しましょう。「長い間お待たせしていたことは存じています。ご不便をおかけして本当に申し訳ありません。何についてお話しになりたかったのでしょうか？」すばやく融和し、前進することに注目すれば、相手はすんだことにくよくよするのをやめて、電話した理由に集中するでしょう。

⑥聞いているというサインを送る

聞いているということを認識させるためのサインはたくさんあります。アイコンタクト、うなずき、メモ取り、意味ありげな表情などは、目で見てわかるサインです。電話ではそれらを送ることはできませんから、その代わりに必ず言葉を使って、聞いているというサインを送りましょう。


「うんうん」

「おや」

「あらまあ」

「わあ」

「まさか！　それでどうなったの？」


単語や文章の一部を言って、聞いていることを伝えることもできますが、相手の邪魔にはならないようにしましょう。

5章で述べたとおり、繰り返すことはいつでも重要です。しかし、電話の場合、繰り返しの力はさらに増幅されます。繰り返すと、聞いていることを伝えるだけでなく、相手に尋ねたい

質問や次に言う言葉、会話の舵をとる方法を考える時間を稼げるのです。

メモをとって繰り返す場合は、あなたがまだ電話口にいることを相手に知らせましょう。沈黙していると、あなたが聞いていないという間違った印象を相手に与えてしまいがちです。

⑦準備が整っているという印象を与える（本当はそうでなくても）

電話中に、相手が個人的な情報を伝えてくることがあります。そんなときは、あとで参照するためにメモをとりましょう。そういった個人情報は、人間関係を構築する手助けとなるからです。そして次に電話をかける前に、あるいは電話中にその情報を調べて、あなたが相手との会話を大事にしているという印象を相手に与えることができます。

！注意：同時にほかの行動をする場合は慎重になりましょう。その場を離れたり、ネットを検索したり、ゲームをしたりしてはいけません。あなたが聞いていないという漠然とした印象を相手に与えてしまうかもしれません。

⑧目を閉じてもいい

電話で会話する際の８つ目のメリットは、集中するために（睡眠不足を解消するためではなく）目を閉じてもよいことです。目を閉じれば、目に入るものに気をとられることなく、耳に入る音に集中することができるでしょう。コミュニケーションの正確さが重要な場合や、難しい問題を話しているとき、過去の経験から聞いている内容をチェックされそうだと感じるときに有効です。

目を閉じて聞いているということを最大限に生かす方法があります。まず、自分は何も知らないと仮定するところから始めましょう。心のなかに、何も書かれていない黒板を用意します。そして相手の言葉を使って、細かいところを埋めていきます。何かが足りなかったら、その言葉を繰り返し、質問をして確かめ、空白を埋めていきましょう。

顔を合わせたコミュニケーションでは長くは続けていられませんが、電話の場合は、目を閉じて耳を傾けるのは良い選択でしょう。

電話は、パート3の戦略を実行する際にメリットとなる手段です。これらの方法を使えば、10タイプ（＋3）の「困った人」の対処に役立つでしょう。

まとめ

【電話の8つの注意点】

①知覚を形成する

②体を使って口調をコントロールする
③呼吸をする
④メモを書く
⑤保留の使い方を心得る
⑥聞いているというサインを送る
⑦準備が整っているという印象を与える（本当はそうでなくても）
⑧目を閉じてもいい

26 メールの8つの注意点

ここでもう一度、確認しておきましょう。人と人のコミュニケーションでは、何かが失われると、ほかの何かが得られます。電子メールの場合、非言語的な（身体的な）サインと聴覚のサインは失われますが、文字の色や奥行きや立体感が得られます。失われるものは非常に多く、「意味の数字」のうちの55％と38％がなければ、残りの7％がコミュニケーションのすべてとなってしまいます。その損失を補うものは、相手の声を想像して得られる人工的な幻覚の38％です。

しかし、電子メール、ショートメール、ＳＮＳなどの電子的なコミュニケーションツールの使用によって得られるのは、時間という要素です。書き言葉によるコミュニケーションは、どんなに緊急であっても、対面や電話による直接的コミュニケーションのように、瞬時の反応を要求することはありません。たとえ数分で返信を書いたとしても、少なくともそのぶんの時間

26
メールの８つの注意点

をリラックスや意味の明瞭化にあてられますし、それによって筋の通った、よく考えたメッセージを送ることができます。

かつては（どれくらいさかのぼるかにもよりますが）、誰かに向けて書くという行為は、座って紙と羽ペンを用意することでしたが、やがてそれは紙とペン、紙とタイプライターに代わり、そして紙、プリンター、コンピュータを用意することになりました。手紙を書いたらそれを読み返して修正し、また読み返しました。いったん出してしまったら、もう戻ってこないからです。書いた内容に満足したら、封筒に入れてポストに投函し、集配されるのを待ちます。

そうやって時間をかけたあとでも、郵便配達が来る前にポストに走って行って取り出さないといけないこともあったでしょう。書き言葉の文書を生み出すための長いプロセスには、たっぷり考える時間をもつことができるという利点がありました。このやりとりにはかなりの時間がかかるため、返信しても意味がないと判断することもあったでしょう。

情報の時代がすべてを変えてしまいました。かつてはその性質上、かなりの時間と思考を費やすプロセスであった書き言葉のやりとりですが、今ではコピー＆ペースト、引用、返信を用いることができ、印刷を省略して、そのままたった数分で送信できます。かつては手紙を送って読んでもらうまで数日、数週間、あるいは何カ月もかかりましたが、情報化時代のコミュニケーションの加速によって、まずその日数がたった１日まで縮まり、今では、メールがほぼ瞬時に送られるようになりました。

電子的なコミュニケーションの量が爆発的に増えるとともに、誤解が生じる量も非常に多くなりました。電子的媒体に利点を見いだそうとするなら、それは時間しかありません。電子的なコミュニケーションの速度によって引き起こされる問題は圧倒的な量があり、毎日のように悪化していきます。受信箱に入るメールの驚異的な数は人々に悲鳴をあげさせ、多くのメールを受信すればするほど、じっくりと読んで特別なメッセージを返信する時間はなくなっていきます。

1日に50~80通のメールに返信するなら、それほどの混乱のない非電子的なコミュニケーションの社交辞令はどんどんなおざりにされていくでしょう。「やあ、元気？　どうしてる？　ぺらぺらぺら……」で会話を始める代わりに、今使われているのは、「Re: これこれについて。これをやって。あれをやって。そしてこれが目的です」なのです。

声や表情による友好的な、あるいはいらだった雰囲気はまったく伝わらなくなりました。ですから、メールを読む人には書き手の感情は見えません。にもかかわらず、メッセージを読む人が書き手の感情を自由に想像することは当たり前のように行われています。さらにそれは、メッセージを読んでいるときの読み手のホルモンバランスや血糖値にも左右されることになります。以前のメッセージの引用が抜けていることもしょっちゅうです。

その結果、急いで書かれた言葉が要点を外し、悪気のないちょっとしたユーモアが中傷や嘲笑として受けとられ、いろいろな意味を持つ言葉が誤解されることになります。前後の文脈や

手がかりが抜けていることが争いを招き、視野の狭い文章が視野の狭い反応を長期にわたって引き起こすといったことも頻繁に起きます。

電子的なメッセージが争いを起こす要因はもうひとつあります。私たちははコンピュータの画面に向かってそのメッセージを書き、その考えは孤立した言葉となります。ただちに意見してそれを改善してくれる人がいなければ、やりとりをする者の間の距離のせいで、ほかの場面では口にする前に再考を促してくれるような社会的なタブーが取り除かれてしまいます。

あなたはおそらく、マーク・トウェインの警告を思い出したのではないでしょうか。「何も言わずに愚か者と思われたほうが、口を開いて愚か者であることを確実に証明するよりはいいだろう」。悲しいことに、孤立した言葉は、送り手の心のなかに留めておくべき言葉であっても、送信されてしまいます。メールでは、人間が実際に考えている露骨で下品な表現が許容されてしまうのです。

ですから、視覚的な、あるいは聴覚的な手がかりがないこと、圧倒的なメッセージの量、礼儀正しい社会の細やかさに欠けること、画面を見つめる行為によって人間性が失われていること、時間をかけて考える代わりに衝動的に返信してしまうことによって、電子的なコミュニケーションにおける誤解は大規模な意思疎通不全を引き起こしています。

時間をうまく活用する

メールが予定表に割りこんでくるのは確かですが、それをいつ読み、いつ返信するかはあなたの自由です。メールの返信が拙速だったせいで、困った副作用や悲惨な結果を招いたという話は山ほど耳にしたことがあるでしょう。無数の船を進水させる合図の弾を一発撃つように、送信ボタンを押したときには、損傷はすでに与えられているのです。

私たちの最初のアドバイスはシンプルなものです。どんなメールに対しても（たとえそれが感情的な内容のメールであっても）、決して返信を急いだり、衝動的に返したりしてはいけません。そして、強い感情的な内容を含むメッセージのやりとりを自分から始めてはいけません。

感情的なメールにも、時間的メリットはあります。そのメリットを活用しましょう。結局、あなたが感じる感情は自分のものなのです。その話題に関するあなたの心の状態や感情によって、読んだ内容の強さや意味を誤解してしまうことがあります。急いでメッセージを送り、それによって引き起こされた結果に対処するよりも、あらかじめ時間をかけて筋の通った返事を書くほうがかかる時間は少なくてすみます。

獲得した時間を使って、読んでいるものの内容への感情的反応に対処しましょう。時間は、配偶者（人に愛想良くするのに疲れたときに向かうのが家庭だった場合）や友人（あなたの不平

に耐える根気を備えた人〉に対するあなたの反応を安全に発散させてくれます。

一方で、あなたが他者とのコミュニケーションに究極的に求めているものを考え、再考しましょう。時間をかけて草稿をつくり、次の日に見直してから、また次の段階に移ります。時間があれば、本書を開いて適切な章を参照し、最適な戦略を見つけましょう。それを使って返事を書きましょう。

さらに良い点は、あなたが時間をかけることで、相手にも時間が与えられることです。昨日、〈**戦車**〉のような行動に出た人たちが、あなたを排除しようと撃ってきたとします。あなたは返事を保留にし、相手に一日与えて、彼らの血糖値がおさまり、いらだちと攻撃を引き起こす原因に対処して、危険領域から出るのを待ちました。返事に時間をかけることで、より効果的にコミュニケーションをとることができ、メッセージを送る相手もあなたの意図どおりに内容を読みとってくれるようになる可能性は大きくなります。あなたのほうが有利なのです。

本書ですでに述べた、個別の「困った人」に対処するための戦略は、書き言葉のコミュニケーションにも適用できることがあります。あなたはおそらく、顔を合わせたコミュニケーションのあとで、完璧な言葉を思いついてしまい、あのとき言えばよかったと思って落ち着かない経験をしたことがあるでしょう。残念なことに、あまりにも遅すぎました。面と向かってのコミュニケーションでは、〈**戦車**〉に対しては追いつめられたように感じ、〈**狙撃手**〉に対しては言葉に詰まり、〈**博識家**〉に対しては自分が間抜けなように感じ、〈**優柔不断**〉には怒りを覚えるものです。しかし電子的なやりとりでは、時間的メリットを味方につけ、自制心をもって明確に対応できるという強みが得られます。

さらに重要なのは、メールを使うとき、自分や相手の最悪な部分をさらけだすような誤解を最初から避けたければ、時間を味方につけて、あなたが最優先するものを明確にすることです。

メールの8つの注意点

いつものように、あらかじめ注意しておけば、あとで対応する手間を省けます。電子的なやりとりをする際には、これらの注意点に留意して、問題を防ぎましょう。

①怒りを爆発させてもいいが、返信はしない

怒りを掻き立てるようなメッセージを受け取り、返信を要求されたら、何か言わねばならないという思いに駆られ、とても待てないことがあります。もしどうしても怒りたければ、対抗して怒ればいいでしょう。ただし、返信を送ってはいけません。

激情にかられた言葉で感情を発散させることには、一種の治療的効果があり、感情をすっかり解放できることもあります。しかし、その激情を誰かに伝えることは危険です。行動は反応を引き起こしますから、もし相手があなたの反応に対処しなければならなくなると、自分もま

26
メールの８つの注意点

た相手の反応に対処しなければならないでしょう。インターネット上の困った行動を表現する専門用語として、あなたは〝炎上〟という言葉を頻繁に目にしているはずです。

〝炎上〟はたいてい、誰かが意図的に（あるいは意図的でなく）相手を怒らせるような、あるいは侮辱的な言葉を投げかけることで始まります。意図的であれば、それは〝炎上攻撃〟です。しかし、「良かれと思ったことが裏目に出る」ものですから、無邪気なメッセージが怒りに満ちたコメントを引き起こすこともあります。攻撃を受けとったほうが、同じやり方で返すことも珍しくありません。こうして〝炎上〟が始まります。誰かが始めた攻撃が火をつけ、それが炎となり、どんどん広がっていって、子どもっぽい無分別な感情が満ちあふれるのです。きつい言葉が言われると、たいていはもっときつい言葉が呼び起こされます。

アドバイスですか？　どんなに熱い激情がほとばしっても、炎は抑えてください。メッセージの差出人が炎上を求めていると確信したら、自分のメッセージを下書きに保存し、そのメッセージがあなたの言いたいことを的確に表現するようになるまで何度も練り直しましょう。少なくとも一日は待ってください。

もうひとつ、安全を守るための大事なヒントがあります。もしあなたが文章で感情を発散させるつもりなら、メールソフトは使わず、テキストアプリケーションを使いましょう。感情をぶちまけた文章を書いたあと、保存ボタンの代わりにうっかり送信ボタンをクリックしてしまった、という恐ろしい話も頻繁に耳にします。

本書の冒頭から、人間関係に対処するときには、自分のしたいことを自分に問いかけるように繰り返してきました。電子的なコミュニケーションの場合にも、自分のしたいこと、必要とすることを再考する時間をとってください。炎上させ、戦いを起こす必要がありますか？　次に受け取るメッセージに怯える必要があるのでしょうか？　自分がどんな損傷を与えたかを心配する必要などありますか？　そうは思いません。苦しみに満ちた世界から自分を守りましょう。怒りを爆発させてもいいですが、返信はしないでください。

②もう一度、読み返す

あなたの書いているメッセージが争いを引き起こす、あるいは事態を悪化させる可能性があるなら、それを書くのにどんなに時間をかけたとしても、もう一度読み直して、争いや誤解の種になりそうな語句がすべて取り除かれているか、確認したほうがいいでしょう。どのメッセージも、少なくとも一度は読み返してから送信しましょう。自分のメッセージを未完成の下書きと考え、再読しながら手直しするのです。

③時間をおいてから読む

さらにいいのは、仕上がった返事を送信する前に、あなたが受け取ったもともとのメッセージをもう一度、時間をおいてから読み返すことです。一日のなかで、血糖値は何度も上下しま

す。同じ言葉も、時間によって受け取り方が変わってくるはずです。最初は気づいていなかった語句に気づくこともあるでしょう。

おそらく、あなたが考えた送り主の意図に返事をするよりも、送り主の意図を明確にしてもらうような質問を送るほうがよいでしょう。読んだ言葉をすべて理解するように努め、どうしてそんな言葉が言われたのかを確かめてから、返事を書きましょう。

④ほかの人の意見を聞く

そのメッセージに気持ちを逆撫でされたなら、誰かにそれを読んでもらうのが賢明かもしれません。そうすれば、あなたには見えなかった別の意味を見つけられるかもしれません。驚いたことに、まったく同じ言葉から違う解釈を引き出すことができるのです。そして、あなたが書いた返事を読んでもらうのも悪くないでしょう。どんなふうに返事をするのがいいか意見を求めてから返事を書くか、少なくとも自分の書いた返事への意見を聞いてから、最終的に送信する決断をしましょう。

⑤目的から始め、指示で終える

7章では、あなたのポジティブな目的から話しはじめることの重要性について述べました。その点では、電子的なメッセージは強力な伝達手段です。なぜなら、インターネット上で見られれるメッセージに文脈をつけることができるからです。メッセージはまず、あなたの目的を明確に書くことから始めましょう。そうすれば読み手は、あなたがなぜ書いているか、何を得たいと思っているかを、メッセージの内容を読み進める前に知ることができます。そしてメッセージの最後は、指示を述べて締めくくりましょう。自分が書いた文章を読んでもらった結果として、求めている内容を読み手に伝えるのです。

もしあなたの目的が、読み手に情報を与えることであり、返事は不要であれば、メッセージの最初にシンプルに「ご参考まで」と書いて、返事がいらないことを読み手に知らせましょう。

「ご参考までに、このプロジェクトに関して私がやってきたことを簡単にまとめてみます。次の会議でどんな助けを求めているのかを理解してもらうのに役立つと思うからです」

これで、読み手は自分たちの返事が必要ではないことがわかります。その情報を受け取って、会議での助けについて考慮する用意をすればいいのです。

また、メッセージの最初と最後を印象的にすることで、自分のメッセージに意図したとおりの重要性をもたせることができます。

ダニエルは、あるウェブサイトの改善に取り組むグループに所属していました。彼はある

サイトを見つけ、非常に気に入り、それをいいお手本にしようと考えました。そこで、同僚たちにメッセージを送りました。「このサイトをチェックしてください。いろいろな意味ですごいと思います。みんなの意見を聞かせてください」

ところが、メッセージを見た同僚たちは、そのサイトのどこが具体的に「すごい」とダニエルが思ったのかわからず、それを明確にするために質問することもしなかったため、ダニエルの指示どおりにしようとしながらも、自分自身の基準でしかその「すごいサイト」を見ることができませんでした。

マーガレットは、ウェブデザインの面からそのサイトを見て、すぐに、ダニエルをこのプロジェクトに関わらせているのが賢明なことかどうか、疑問を抱きはじめました。

「あの人はこれがすごいサイトだって思っているの？　ウェブデザインのごく基本的な決まりも全然守られていない。ダニエルをこのプロジェクトに近寄らせていいものかしらね」

一方、ルーカスはそのサイトのコンテンツを見て、かなり腹を立て、その場でチームを辞めてしまいそうになりました。ハリエットはサイト内の移動や使いやすさという観点から見て、すぐにダニエルにメールを送る気になりました。もしこれがすごいサイトだと思ったのなら、判断力が大きく欠けていることを示しており、彼がこのプロジェクトに参加することへの深刻な疑問が生じただけでなく、プロジェクトの将来に大きな障害を確実にもたらすものだと言いたくなったのです。

メールが立て続けに飛びかい、事態は悪化していきました。そして召集された会議の席で、グループはやっと問題を解決することができました。そのサイトのどこを気に入ったのか、みんなにどこを見てほしかったのか、具体的に説明する場がダニエルに与えられたからです。

しかし、この問題は実は前もって防ぐことができたはずです。ダニエルが、一般的な指示だけではなく、その指示を出す目的を説明し、具体的にそのサイトのどこを評価してほしいか告げていたら、そして指示の最後に、各自がどう評価するかを答える方法を示していたら、こんな誤解はまったく起きなかったでしょう。

「グループメンバー各位　次のウェブサイトを閲覧し、マーケティングの観点から見た評価をお願いします。デザインやコンテンツは無視してかまいませんが、サイトの双方向性機能の可能性を訪問者に伝える手法と、それぞれのすべてのセクションで製品の購入を可能とする方法に着目してください。評価は私あてに送信し、もし私たちのサイトの双方向性や製品売上を高めるために使えそうなものがあれば聞かせてください」

ダニエルの同僚たちは、最初の指示に対して違った反応を見せることができたかもしれません。「耳を傾けて理解する」ためにメールを使って、そのサイトを評価してほしいというダニエルの意図を明確にし、評価の方法に関する指示を仰ぐことができたかもしれないのです。全体的な教訓はシンプルです。目的から始め、指示で終えれば、複雑な問題を避けられるのです。

⑥早めに引用、何度も引用

電子的なメッセージにあなたが返事をするとき、送られてきたメールの具体的な単語やフレーズへの言及がなければ、読み手はあなたの言葉が何に対する返答なのかわかりません。自分かあなたのメッセージに含まれるどんな言葉も想定できてしまい、混乱を招きかねません。そういった一般的な返信の問題点は、あなたの意図したものとまったく異なる反応を引き起こしかねないことです。

本書の５章で、顔を合わせたコミュニケーションにおいて、繰り返し、すなわち相手自身の言葉を使うことの重要性を述べました。繰り返しは、質問や意見の文脈を示す効果的な方法です。電話を使った会話でも大きな価値をもち、言葉の長い連なりを、ほかの重要な考えと関連のある意義深い意見に変えてくれます。

しかし、繰り返しがどんな形のコミュニケーションよりも本当に容易なのは、電子的なやりとりの場合です。相手の言葉を正確に使うことができるのですから。その方法はインターネットや電子メールを使ったコミュニケーションの先駆者によって開発済みです。繰り返すには、ただ引用符（＞）を、誰かが書いた言葉の前につけるだけでいいのです。この記号は、今では一般的に、やりとりの相手の言葉を引用する際の記号として知られています。これによって、あなたが何に対して返事をしているかを相手に知らせるのです。

電子メッセージの場合、引用にはほかの目的もあります。ある語句や文章の意味を尋ねるときに、引用を使うことができるのです。たとえば、次の例のように。

＞あなたがそれをちゃんと入手できるかどうか、見てみましょうよ。
あなたのこの言葉ですが、
皮肉を言っているのか、それともふざけているのかわかりません。どちらですか？

また、引用を使って選択肢を示すこともできます。たとえば、次のようにです。


＞あなたがそれをちゃんと入手できるかどうか、見てみましょうよ。

あなたの意図が皮肉を言うことなら、私はこう答えましょう。

「ほんとに？　じゃあ、提案があります。お馬さんごっこをやりましょう」

もし、ただふざけているだけなら、私の返事はこうなります。

「（笑）　うん、台なしにしないように気をつけます(^_-)」

⑦顔文字を使って理解を助ける

メールにおける貴重なコミュニケーションの可能性はもうひとつあります。メールの初期の

ころから、顔文字と呼ばれる記号の組み合わせが出現し、インターネットで一般的に使われるようになりました。顔文字は、メールの送信や返信の文章中で感情の状態をあらわす小さな記号です。言葉に文脈上の意味を付加し、誤解を受ける可能性を少なくします。

この前にあげた例でも、送り手は絵文字を使って、言葉の背後にある意図を明確にすることができます。

>あなたがそれをちゃんと入手できるかどうか、見てみましょうよ(^_^)

メッセージを受け取ったほうは、それらが攻撃的な言葉ではなく、友好的な言葉であることがひと目でわかります。

文字をベースとしたコンピュータの世界では、顔文字を使って自分の言葉に多少の感情を付加することで、楽しみを生み出し、争いを減らすことができます。話し言葉と同じように、顔文字の使い方はひとつではありません。顔文字を使って表現できる感情の幅は、驚くほど大きいです。さらにいろいろな指示、感情、意味を与える一般的な略語を使うこともできます。

⑧ジョークを慎重に使う

面白いことに、何が面白いかに関する観点は人によって大きく違います。電子的なやりとりでは決して面白いことをやるなというわけではありません。どんどんやってください！　結局、困難な状況で自分の見方を取り戻すには、ユーモアが大きな助けとなるのですから。ただし、ちょっとした冗談が大きな影響を与えることがあることは忘れないようにしてください。

また、相手がそのジョークを理解したときにしか、その効果はありません。駄洒落や言葉遊びのような形のユーモアの場合は、あの〝「5％（視覚）、38％（聴覚）」なしでも効果がありますが、ほかのユーモアは、口調や表情に依るところが大きいのです。

ユーモアの場合、ある人にはつまらないゴミとしか思えないものが、ほかの人にとっては貴重な宝物となることがあります。確実に人を笑わせるという自信がない限り、ユーモアは避けたほうがいいでしょう。ゴミと思われるかもしれないものを送れば、大惨事を招きかねません。

ユーモアが書き言葉にもたらす効果については、デイブ・バリーの著作を読むことをおすすめします（訳注：アメリカの人気コラムニスト。邦訳は『デイヴ・バリーの笑えるコンピュータ』など）。もちろん、好みはさまざまですが。誰かとユーモアの感覚が同じだということを確認できれば、好きなように友人とジョークを楽しんだり、同僚とからかい合ったりできます。けれども確信がもてなければ、ユーモアは除外してください。

時間を活用して、時間を節約する

これまでに述べた８つの注意点を活用すれば、否定的な反応や誤解にかける時間を節約できるでしょう。私たちの著書『Life by Design』（http://www.thericks.com/）を読まなくても、インターネットの世界で闘いつづけるよりももっと大事な、やるべきことがあるということはわかるはずです。時間をうまく活用すれば、他者への対処に当てていた時間とエネルギーを節約し、ほかのことに有効に使うことができるのは間違いありません。

まとめ

【メールの８つの注意点】

①怒りを爆発させてもいいが、返信はしない
②もう一度、読み返す
③時間をおいてから読む
④ほかの人の意見を聞く
⑤目的から始め、指示で終える
⑥早めに引用、何度も引用
⑦顔文字を使って理解を助ける
⑧ジョークを慎重に使う

おわりに
――小さなステップを使って、大きなステップを踏み出す

本書の終わりにたどりつきました。これから、あなたが「困った人」に対処していく未来が始まります。あなたが学んだことを生かして、「困った人」にうまく耐え、最悪の状態の相手から最良の部分を引き出せるようになることを願います。そのためには、本書に書かれた小さなステップを使って、大きなステップを踏み出さなければなりません。

すぐに取りかかれる簡単な行動のステップをいくつか紹介しましょう。

❶効果的にコミュニケーションをとれるようになることを目標とし、あらゆる機会を生かしてテクニックを学び、試してみましょう。映画を観ているときも、会議に出席しているときも、探すのを忘れさえしなければ、本書に書かれたスキルや戦略を使ったり、使うのに失敗したりしている人たちを見つけられるでしょう。

❷コミュニケーションを熱心に学びたがっている人をパートナーとして、チームを組みましょ

う。私たちもそうしてきました。本書のような情報をパートナーと共有すれば、話し合いに使う共通言語を手に入れることができます。毎週一度会って、前の週に観察し、習得して試してみたことについて話し合いましょう。ほかのどんな行動をとるよりも、コミュニケーションのパートナーと定期的に話し合うことによって、自分のスキルの進歩と改善に取り組みながら、関心を抱きつづけることを忘れずにいられます。

ここで、最後のステップに進みます。

❸自分の恵まれた点を数えあげましょう。本書を読む余裕があるなら、おそらくあなたはすでに地球の人口の80％よりも恵まれています。時にはそんなことを当たり前と思ってしまうかもしれませんが。あなたにはたぶん、屋根のある家と充分な食べ物があり、大切な人がいて、あなたのことを大事に思ってくれる人もいるでしょう。

人生とは難しいものですし、たくさんの苦難がありますが、あなたは否定的な気持ちでいっぱいになったり、不安やストレスで生きる力を無駄にしたりはしていません。あなたが今日、この瞬間も、自分の恵まれた点を数えるのを忘れず、そして毎日続ければ、「困った人」からもたらされる困難を楽しむ力をもてるようになるでしょう。

おわりに

本書で概略を述べたコミュニケーションの戦略は、人間関係の問題を即座に修復するためのものではありません。長い時間をかけて問題が大きくなっているのなら、あなたもそれに見合う時間とエネルギーを投資して解決しなければなりません。

本書で述べた行動と戦略の実践を始めたときには、簡単に成功することもあるでしょうし、努力が実らないこともあるでしょう。勝つこともあれば、負けることもあります。勝ち負けよりも重要なのは、多くの選択と機会を得て、苦しみから変化したものを手にすることです。

今やあなたは、他人の行為の犠牲にはならずに、次のできごとを自ら引き起こせるほどの力を蓄えています。他人を変えることはできませんが、あなたの柔軟性と知識は自分自身を変えるときの助けとなります。辛抱強く関わりつづけることで、「困った人」の対処にも間違いなく成功するでしょう。

「困った人」は誰の生活にも存在します。そして有史以来、明らかにずっと私たちのそばにいるのです。神が「光あれ」と言ったとき、「困った人」は最初に世界に現れたのです。それからずっとここにいて、戦争を起こし、個人の争いに首をつっこみ、他人を責め、なだめ、混乱させ、そして引きこもっています。

それでも、誤解を減らし、地球に災厄をもたらしてきた紛争を排除するために、ひとりひとりが何かをすることはできます。実際、人類の将来は、お互いに違いがあるにもかかわらず、相手に対してがまんする方法を習得できるかどうかにかかっているのです。その意味では、今こそ、最悪の状態にある人たちから最良を引き出す好機と言えるでしょう。

私たちの努力に、子どもたちは未来を見いだします。私たちは良い手本となり、正しいことをして、良い生き方をするように求められているのです。次にあなたが「困った人」に対処するときには、思い出してください。人生はテストではなく、これは現実の危機であるということを。幸運を祈ります。

謝辞

本書の執筆に協力してくれた多くの皆さんに感謝します。私たち著者を励まし、ひらめきと助言を与えてくれた妻たち（リンディー・K、リサ・B）や娘たち（アデン・K、カーレ・B）、私たちを信じて惜しみない支援をしてくれた両親（ロイスとアラン・K夫妻、シモーンとフェリックス・B夫妻）、皆が寝静まったあとも遅くまでつきあってくれたネコたち、進むべき方向を示してくれたロバート・ドートン、あたたかな信頼を寄せ、有用な提案と時宜を得た対応をしてくれた編集者のベッツィー・ブラウン、言葉で表現する機会を与えてくれたジミーとジェフ、指導と助言をくれたフレッド・Hとアラン・Sに心から感謝します。

人間関係の問題および問題のある人間について、言葉や行動によって私たちの理解と洞察を深めてくれたたくさんの人（レスリー・キャメロン・バンドラー、デイビッド・ゴードン、ジョン・グラインダー、ミルトン・エリックソン医学士、ロバート・ディルツ、バージニア・サティア、ケン・キーズ・ジュニア、レニー・カッツ、マックスとモシェ・ゴールドマン、フィデル・ラミレス、ファアレス・シャピロ、ロバート・ボルトン、ロバート・M・ブラムソン、バート・ミラー、ローランドとセオドア・クローバー）、名前を挙げ忘れたすべての方々、私たちのセミナーに参加し、映像プログラムを観て体験談を話してくれた皆さん、そして最後に、「大胆に進め」と教えてくれたKとSに感謝の言葉を贈ります。

■著者紹介
リック・ブリンクマン（Dr. Rick Brinkman）
リック・カーシュナー（Dr. Rick Kirschner）
ともに講演家・ベストセラー作家として世界的に知られている。もともとは精神・感情面の健康維持と治療を専門とする自然療法医として活躍。『「困った人」の対処法』の視聴覚教材がベストセラーになり、６本の視聴覚教材を開発。共著書“*Dealing with People You Can't Stand*”は国際的なベストセラーとなり、25か国語に翻訳された。他の共著書に“*Life by Design: Making Wise Choices in a Mixed Up World*”“*Love Thy Customer*”“*Dealing with Relatives*”など、ブリンクマンの著書に“*Dealing with Meetings You Can't Stand*”がある。現在は、世界各地で講演を行うとともに訓練プログラムを開催。AT&T、ヒューレット・パッカード、テキサコ、NASA、アメリカ陸軍、「Inc. 500」カンファレンス、ヤング・プレジデンツ・オーガニゼーションなど、多数の企業や政府機関、職能団体を顧客としている。

The Ricks（ふたりのウェブサイト）：www.DealingWithPeople.com
リック・ブリンクマン：www.rickbrinkman.com／dr.rick@rickbrinkman.com
リック・カーシュナー：www.TheArtOfChange.com／drkinfo@theartofchange.com

■訳者紹介
菊池由美（きくち・ゆみ）
大阪府出身。京都大学卒業。旅行会社などに勤務したのち、翻訳を手がける。訳書に、デイヴィッド・ドゥカヴニー『ホーリー・カウ』（小学館）、バーナード・ストーンハウス『ダーウィンと進化論』（玉川大学出版部）など。京都在住。

■翻訳協力：株式会社リベル

2017年11月３日 初版第１刷発行

フェニックスシリーズ ⑥⓪

「困《こま》った人《ひと》」との接《せつ》し方《かた》・付《つ》き合《あ》い方《かた》

著　者　リック・ブリンクマン、リック・カーシュナー
訳　者　菊池由美
発行者　後藤康徳
発行所　パンローリング株式会社
〒160-0023　東京都新宿区西新宿 7-9-18　6階
TEL 03-5386-7391　FAX 03-5386-7393
http://www.panrolling.com/
E-mail　info@panrolling.com
装　丁　パンローリング装丁室
印刷・製本　株式会社シナノ

ISBN978-4-7759-4183-6